美国明德汉语教学模式移植研究

MEIGUO MINGDE HANYU JIAOXUE MOSHI YIZHI YANJIU

娄开阳◎著

中央民族大学出版社
China Minzu University Press

图书在版编目（CIP）数据

美国明德汉语教学模式移植研究/娄开阳著．—北京：中央民族大学出版社，2016.10（2023.4重印）

ISBN 978-7-5660-1253-1

Ⅰ.①美… Ⅱ.①娄… Ⅲ.①汉语—对外汉语教学—教学模式—研究 Ⅳ.①H195.3

中国版本图书馆 CIP 数据核字（2016）第 260259 号

美国明德汉语教学模式移植研究

作　　者　娄开阳
责任编辑　戴佩丽
封面设计　汤建军
出版发行　中央民族大学出版社
　　　　　北京市海淀区中关村南大街 27 号　邮编：100081
　　　　　电话：68472815（发行部）传真：68932751（发行部）
　　　　　　　　68932218（总编室）　　　　68932447（办公室）
经 销 者　全国各地新华书店
印 刷 厂　北京鑫宇图源印刷科技有限公司
开　　本　787×1092　1/16　印张：20.25
字　　数　220 千字
版　　次　2016 年 10 月第 1 版　2023 年 4 月第 4 次印刷
书　　号　ISBN 978-7-5660-1253-1
定　　价　78.00 元

序①

《美国明德汉语教学模式移植研究》是中央民族大学副教授娄开阳博士的一部新著。全书十章，就内容看可分为三大部分，一部分是作者对美国明德暑期语言学校特别是对明德中文教学模式从总体环境到教学对象、教学理念、师资队伍（包括教师培训、学生对教师的评估）、课程设置、教学安排、教学程序、教学方法、教材选用、课堂教学、文化活动等以及明德暑期中文学校一年级、二年级教学情况所作的介绍，介绍全面、具体，并对明德汉语教学模式的特点和内在理据作了一定的分析；一部分是对明德教学模式在华的中文项目的介绍，介绍比较详细，并说明了移植改进情况及其对我们国内长期班教学的启示；还有一部分是对"美国明德汉语教学模式研究"的评介，评介公允到位。全书的重点是"明德模式的移植研究而非明德模式本身的研究"。

娄开阳博士将书稿交由出版社之前，发邮件来嘱我写序。我虽然比较忙还是乐意为之，因为对于美国明德汉语教学模式虽早有所闻，也读过一些有关的评介文章，但没有很深的认识。娄开阳博士将书稿电子版发送给我要我写序，这对我来说

---

① 陆俭明先生（1935-）：国际著名语言学家，北京大学中文系教授，博士生导师，兼任国家语委咨询委员会委员以及香港中文大学等 17 所海内外大学的荣誉教授，曾任国际中国语言学会会长、世界汉语教学学会会长、中国语言学会副会长、北京大学汉语语言学研究中心主任。

其实是给了我一个新的学习机会，可让我更好地了解、认识美国明德汉语教学模式。

娄开阳博士在国内长期从事对外汉语教学，他为什么要写这部书，他自己在书中交代说，“主要是缘于以下两个原因：一是明德模式的吸引，二是现实教学的需求”。娄开阳博士没去美国明德暑期中文学校任教或访问过，但他在 2004 年应聘参加了设在北京师范大学的美国普林斯顿大学北京暑期中文项目“普北班”（PIB）的教学，担任二年级的大班课老师。在为期 8 周的教学实践中，他“接受了明德模式全新的教学理念和教学方法的洗礼，为明德模式高效的教学效率和极佳的教学效果所震撼”。他看着自己所教授的二年级学生汉语水平一天一个样地进步，萌发了要进一步了解、研究明德汉语教学模式，并将该教学模式移植到国内长期班汉语教学中的想法。为此，他做了四件事：

第一件，寻找机会多次访问明德暑期中文学校的多位校长以及多位美国在华中文项目的负责人，并就明德汉语教学模式的相关问题分别向他们进行访谈请教，获取了第一手有关资料与理念。

第二件，全面搜集国内外对美国明德语言学校特别是有关中文教学的研究成果，仔细阅读、吸取。

第三件事，他和他的同事具体进行教学实践。从 2008 年秋季学期开始，将明德汉语教学模式中的“大班-小班”课形式改造为“讲练-复练”形式进行了 9 个学期的“美国明德汉语教学模式移植教学改革实验”；自 2013 年秋季开始进行了 6 个学期的单人独立课型“美国明德汉语教学模式移植教学改革实验”。

第四件，设立研究专题，进一步对明德汉语教学模式展开深入研究。

该书可以说是娄开阳博士进行上述四件事后所取得的研究成果，也是迄今为止国内对美国明德汉语教学模式及其在华中文项目进行最为全面评述的研究成果。

这里我想借着要为该书写序的机会，说说我自己在学习、了解明德汉语教学模式后的一点体会。

美国明德汉语教学模式属于短期班强化型教学，基本指导思想正如书中所说的，是要让从未学过中文的外国学生在最短的时间内能最快最好地学习、掌握好中文，并形成初步的实际生活的语言交际能力；秉持注重效率目标、注重密切师生关系、实施全面沉浸（total immersion）的外语教学理念，要让学习者建立一种新的语言习惯，掌握言语技能。为此，不按听说读写不同技能设课，而无论是高班还是低班，都只设置一种课型，采用一本教材；在教学方法上，采用密集强化操练法，以强化的课堂教学为主。这种教学理念与教学模式、教学方式确实值得我们汉语教学界借鉴。为什么？

汉语教学从本质上来说属于外语教学的范畴。对学习者来说，学习外语是要建立一种新的语言习惯。那么如何能建立起一种新的语言习惯呢？大家知道，外语教学的任务完成得怎么样，其标尺具体在“阅读”与“写作”两方面。这里所说的“阅读”，包括读和听，这是“输入”，具体要求是，能运用所学外语输入知识、输入鉴赏力、输入真善美；这里所说的“写作”，包括写和说，这是“输出”，具体要求是，能运用所学外语逐步达到文从字顺、条理清晰、言简意赅、得体到位的程度。

现在需要我们思考的是：怎么才能使学生具有这样的“输入”“输出”能力？我们觉得，其前提条件是对所学外语的口语、书面语都能有丰富的语感。

大家千万别小看语感，相反，必须高度重视对学生语感的培养。一个熟练的驾驶员，他开车，特别是超车、并线、进入高速路、从两个大货车中间超越通过等，靠的是“车感”；20世纪60年代我国乒乓球队的智多星徐寅生先生，他曾这样说道，一个乒乓球运动员，面对对方凶狠刁钻的来球，该如何回击，容不得你思考，靠的是“球感”；世界围棋冠军我国棋手柯洁在一次有关与阿拉法狗对弈问题的访谈中说到，真正的高手在关键时刻靠的不是计算，而是“棋感”。在外语素养上，能自如地、高水平地“输入”与“输出”，说实在的靠的是语感——凭语感能感知说话、文字之高下好坏；不但能知其然还能知其所以然，能知道如何纠错；能知道如何画龙点睛。这种语感并不是主观揣摩，而是对语言的感性认识与理性认识的结合。外语教育的目标，我想就应该定在培养学习者对所学外语的口语和书面语的丰富的语感。

车感也好，球感也好，棋感也好，都不是凭空得来的，更不是天生的，都是刻苦用心练出来的。那么语感呢？也得用心练才练得出来。具体说，就是要大量阅读、大声朗读，要适量背诵，要勤于动笔，在老师指导下从模仿写作到有创意地写作。没有别的捷径。我体会，明德汉语教学模式走的就是精心培养学习者对汉语口语和书面语的丰富的语感这样一条路。这条路子，不仅值得汉语教学界借鉴，也值得整个外语学界借鉴。

娄开阳博士由于在书中既要对明德暑期中文学校作扼要介

绍，又要对明德暑期汉语教学模式作详细评介，又要对采用明德模式的在华中文项目作具体评介，又要对有关“对明德暑期中文学校（包括明德暑期汉语教学模式）研究成果”加以评述，还要介绍明德汉语教学模式在中国的移植，这就免不了会出现同一内容在书中多处重复的现象；但望在日后出版修订本时对全书的架构作适当调整，以减少这种重复现象。是为序。

2016年10月7日

北京蓝旗营寓所

重视语言教学模式的探索[①]

——娄开阳《美国明德汉语教学模式移植研究》

教学模式对语言教学的意义十分重大。语言教学模式是在一定理论指导下形成的，这理论包括语言学理论、语言学习理论和教育学理论。语言教学模式又是长期语言教学实践的提升，是实践经验的模式化，并在实践中不断得到检验和发展完善。语言教学模式是针对特定语言学习人群的量身打造，不同的学习者适应不同的教学模式，不同的教学模式适应不同的学习者。

由于教学模式是多学科、多层面地从理论到实践的成果集成，因此它不仅具有科学性，而且可以复制，可以评价，更具有教育实践意义。“明德模式”便是最好的说明。

美国明德大学原名“明德学院”（Middlebury College），位于美国佛蒙特州（Vermont），建校于 1800 年。明德大学的外语教学颇有特色，特别是其暑期语言学校，采用密集型外语教学方式，教学效果极佳，蜚声海内外。明德暑期语言学校创办于 1915 年，最早开办的是德语，此后又开办了西班牙语、意大利语、俄语、中文、日语、阿拉伯语、希伯来语和韩语等，每个语种一所学校。中文暑期学校创办于 1966 年。

---

① 李宇明教授（1955-）：国际著名语言学家，北京语言大学教授兼党委书记，博士生导师，曾任华中师范大学副校长、教育部语言文字应用研究所所长、教育部语言文字信息管理司司长、国家语委副主任等职，现任国际中国语言学会会长。

本书的“明德模式”是一种短期强化的速成汉语教学模式，其基本特点是：1. 采用全面沉浸式（Total Emersion）语言教学，学生入学要进行“语言宣誓”，在学期间只允许说汉语。2. 教学程序为大班课（8~12人）、小班课（4~6人）和单班课（师生1对1）。3. 只使用一本教材，课上采用密集强化操练，以练代讲，课外辅以语言实践活动。他们认为，“语言是学生练出来的，不是老师教出来的”“语言学习是新习惯的建立，而不是新知识的获得”。4. 使学习者在目的语（或模拟）环境中快速掌握语言。

20世纪80年代以来，美国许多大学在华开设暑期汉语教学，有10余个项目，如普林斯顿大学在北京师范大学开办的“普北班”，哥伦比亚大学的北京暑期中文项目“哥大班”，哈佛大学在北京语言大学开办的北京书院等，都沿用了明德模式，且有所改进，其速成的教学效果都有值得称道之处。

我国的汉语第二语言教学，几十年来取得了很大成绩，理论上有新研究，教学上有新探索，培养了数以十万计的国际汉语人才。但是有点遗憾的是，尚未形成有影响的教学模式。特别是近些年来，语言教师的个人学术活动也许有了较大进步，但集体教研活动的力度似乎有所减弱，教学模式就更不容易创建了。而且，观察近些年发表在汉语教学杂志上的文章，教学模式的研究仿佛也不多见。这种情况，应当引起业界足够重视，应当有所改观。

开阳和他的同事们受到中央民族大学的课题资助，研究明德汉语教学模式，并致力进行移植性教改。开阳做这一研究有其优势：其一，他本身是汉语国际教育的研究者和教师，有学术积累，也有课堂实践；其二，他曾经在普北班任教，对于明德模式有切身体会；其三，他熟悉“普北班”“哥大班”和哈佛北京书院等项目的主事人，能够进行深入访谈。

有此优势，研究起来就会深入一些，实用一些，便于发掘出明德模式的基本内容，并从中发现我国汉语教学可以借鉴的东西。考虑到我国语言教学模式探讨的不足，开阳他们的这一研究的意义就不仅是探讨了明德模式，更可以看作是对语言教学模式探讨的倡议。

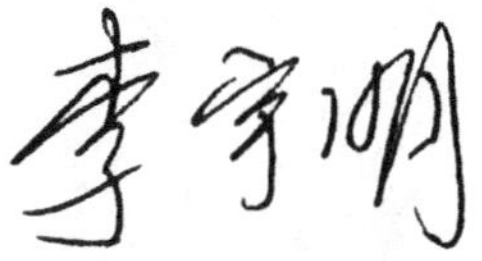

2016 年国庆节

序于北京惧闲聊斋

目　录

第一章

绪　论

陆俭明先生曾经说过（陆俭明，1999）：“汉语教学所担当的核心任务是，要想方设法帮助外国的汉语学习者尽快、尽好地学习、掌握好汉语（包括口语和书面语）。”我们认为美国明德汉语教学模式较好地实现了这一核心任务，如果能将这一汉语教学模式移植到国内对外汉语教学中来，将有助于我们更好地完成帮助外国汉语学习者尽快尽好地掌握汉语这一教学任务。

美国明德汉语教学模式（下文简称“明德模式”）是北美主流汉语教学模式，是赵元任先生在“二战”期间开创的，由美国明德大学暑期中文学校最终完善的一种短期强化速成教学模式（朱永平，2012），也被称为“赵元任模式”（周质平 2015a，2015b）或普林斯顿模式（朱永平 2010a，2010b，2012），其主要观点是：①教学理念：采用全面沉浸式（total emersion）语言教学，学生在学期间只允许说汉语。②教学程序：按大班课（8~12人）、小班课（4~6 人）和单班课（师生 1 对 1 个别谈话）的顺序来上，不按技能分课型。③教材教法：只使用一本教材，课上采用密集强化操练法，以练代讲[①]，密集强化，同时课外辅以“中文桌子”、外出语言实践周、“北京之夜”汇报演出等语言实践活动。④教学目标：使学习者在完全目的语的环境中快速掌握所学语言。明德模式最大的特点是教学效率高，教学效果好。

不过明德模式面对的基本是具有单一文化背景的美国精英学生，属于短期速成教育；而本研究的目的是想面向来华留学生，面对多元文化共处、非精英教育的长期汉语进修班的教学，汲取明德模式的精髓，剔除、完善与补充其与国内情况不相适应之处，将明德模式引进移植到我国长期班汉语教学中，以期取得良好的教学效果。

本章主要回答以下几个问题：研究缘起、研究对象、研究目标、研究方法、研究意义和本书框架。

1.1 研究缘起

笔者之所以要展开这一课题的研究主要是缘于以下两个原

① 也有人认为是“以练带讲”，我们觉得这恰恰反映了明德模式对讲练比例分配的不同理解：以普北班为代表的传统明德模式几乎不鼓励课上讲解（以练代讲）；而改进明德模式则认为可以适当少讲（以练带讲），如哈佛大学北京书院讲求的是“一口脱”，即用一句话把语法意义说清楚。

因：一是明德模式的吸引；二是现实教学的需求。

1.1.1 明德模式的吸引

笔者曾于2004年暑期参加了设在北京师范大学的美国普林斯顿大学北京暑期中文项目“普北班”（PIB）[①] 的教学，担任二年级的大班课老师。在为期8周的教学实践中，接受了明德模式全新的教学理念和教学方法的洗礼，为明德模式高效的教学效率和极佳的教学效果所震撼，看着自己所教授的二年级学生汉语水平一天一个样地进步，萌生出将来有机会将该教学模式移植到国内长期班汉语教学中来的想法。

1.1.2 现实教学的需求

主要是提高课堂教学效率的需求。笔者在现实工作中主要从事的也是初级汉语教学，曾担任综合（精读）课、口语课和汉字课等课程的主讲教师。在教学实践中，发现现行的对外汉语教学模式是分技能教学模式，尽管教学效果也不错，但从总体上来看还是明显不如明德模式。究其原因主要有以下几点：

（1）学生精力分散：分技能教学使得留学生要同时学习几本教材，每天要复习四本书中的生词、语法和课文，大大分散了学生的精力。此外，听、说、读、写这四项技能实际上是紧密相连、密不可分的，显然如能采用明德模式的讲练-复练模式就可以较好地解决上述问题，使学生集中精力，从而大大提高学习效率和教学效率。

（2）老师缺乏配合：分技能教学模式脱胎于“精读课+小

① 普林斯顿大学北京暑期中文项目下文简称“普北班”。

四门”模式，原本的教学设计是以精读为主，其余四门课辅助配合，各门任课教师之间应该是彼此配合的（崔永华，1999）。但分技能设课，分课型编写教材之后，教授同一班级的主讲教师之间的配合越来越少了。

（3）教学成本较高：从经济角学度来看，采用分技能教学的成本也比明德模式要高。以一个初级班为例，分技能教学模式分设综合、口语、听力、汉字等四种课型，需要四位教师和四本教材；而明德模式只分讲练课（大班课）与复练课（小班课）两种课型，讲练复练使用同一本教材则只需三位教师（一位大班老师和两位小班老师）和一本教材。

此外，由于明德模式下学生只需集中精力学习一本教材，因此教学进度较快，通常一个学期可讲授两本教材①。而分技能教学虽说学习了四本教材，但却是同一水平下的四本教材，听、说、读、写能力反而没有前者进步快。

鉴于这两条原因，笔者和同事自2008年秋季学期开始了双人合作，以“讲练-复练”形式进行了9个学期的“美国明德汉语教学模式移植教学改革实验”②；自2013年秋季开始进行了6个学期的单人独立课型“美国明德汉语教学模式移植教学改革实验”③。在教改实验中，我们积累了一定的经验，并发表相关教改心得8篇，本书就是前期教改实验的全面梳理与经验总结。

---

① 以我们的教改实验为例，每学期可学完《新实用汉语课本》（1-2册）或《新实用汉语课本》（2~3册）。

② 合作同事是杨太康老师和郭红焱老师，使用教材为《新实用汉语课本》（刘珣主编，北京语言大学出版社），九轮教改学期分别为：2008年秋、2009年春、2009年秋、2010年春、2010年秋、2011年秋、2012年春、2012年秋、2013年春。其中除2012年春季学期是与郭红焱老师合作的之外，其余学期均是与杨太康老师合作的。

③ 使用教材为《初级汉语口语》（戴桂芙等主编，北京大学出版社），五轮教改学期时间为：2013年秋、2014年春、2014年秋、2015年春、2015年秋、2016年春。

1.2 研究对象

研究对象有两个：一个是美国明德汉语教学模式，一个是国内长期语言进修班教学情况。

1.2.1 美国明德汉语教学模式

主要以美国明德暑期中文学校及美国在华中文项目为考察对象，又分为传统明德教学模式和改进明德教学模式两种。前者主要以周质平教授主持的美国明德暑期中文学校和普林斯顿大学北京暑期中文项目普北班（PIB）为代表[①]；后者以哥伦比亚大学北京暑期中文项目"哥大班"（CIB）[②]、哈佛大学北京书院"哈佛班"（HBA）[③]、美国各大学联合汉语中心（ACC）[④] 和美国 CET 高级学术项目（CET）[⑤] 为代表，这些项目或为长期或为短期，不过都对传统明德模式做了不同程度的调整、完善或补充。

1.2.2 国内长期语言进修班教学情况

主要以中央民族大学的长期语言进修班（下文简称"长期班"）为考察对象。由于我们的研究目的是为国内汉语长期进修班服务的，因此，对国内汉语长期进修班的教学情况也

---

① 美国明德暑期中文学校的教学模式也是发展的，在周质平教授卸任校长之后，其教学模式也吸收了 OPI 及任务教学法等其他内容，与传统明德模式不同。

② 哥伦比亚大学北京暑期中文项目下文简称"哥大班"。

③ 哈佛大学北京书院下文简称"哈佛班"。

④ 美国各大学联合汉语中心下文简称"ACC"。

⑤ 美国 CET 高级学术项目下文简称"CET"。

要比较了解。

本课题的目的就是为了改进国内长期班的汉语教学，提高其教学效率，增进其教学效果。我们进行的明德模式移植教改的本质是根据国内长期语言进修班的教学情况，将原有的分技能教学模式改换为明德模式；但在移植过程中又不能照搬照抄原有的明德模式，而是要根据国内情况做适当的调整、完善或补充，因此这两方面的情况都应该比较了解。

1.3 研究目标

研究目标有两个：解析明德汉语教学模式的内部理据；探索明德模式在国内长期班的移植。

1.3.1 解析明德汉语教学模式的内部理据

指希望找到明德模式背后的设计理据，具体又包括两个下位小目标：

（1）对传统明德模式的介绍及其内部理据分析：主要介绍传统明德模式的代表普北班的教学模式并分析其内部理据，特别是具体剖析一下明德模式课堂教学操练技巧的类型及其理据。

（2）明德模式对传统模式的改进及其理据：主要介绍美国在华长短期中文项目对传统明德模式的改进、完善和补充，并探究其内部的理据。

1.3.2 探索明德模式在国内长期班的移植

指希望面向国内长期班，探索出一条移植改造后的明德模式教学之路。我们的移植教改是要通过继承、改造和完善明德模式，汲取其精髓，剔除其与国内情况不相适应的部分，并对其进行完善补充。在国内对明德模式进行移植教改要面对很多问题，要意识到明德模式是一个牵一发而动全身的有机教学系统，其背后有严密的教学设计理据。因此我们所进行的明德模式移植教改绝不可能是简单地照搬照抄，也不是小修小补——本质上应该是遵循明德模式内在理据的各方面教学因素的重铸。换言之，是秉持明德模式的教学理念，依据明德模式的内在理据，遵循其教学原则，借鉴其教学方法的一种教学诸因素的重新设计。具体的两个下位小目标是：

（1）双人讲练-复练移植模式：指在教学改革时模仿明德模式采用讲练-复练模式——由两位教师合作，其中一位教师负责讲练，另一位教师负责复练，共同承担一个班级的教学。该模式与传统明德模式接近但又略有不同，我们该如何操作？

（2）单人单课型移植模式：指由一位教师在单一课型中独自完成讲练和复练的教学任务[①]，在单一课型中采用明德模式的汉语教学方法。这一模式是将传统明德模式中三位教师的角色（大班老师、小班老师和单班老师）以及讲练-复练模式中两位教师的角色集中到一个人身上，相比较而言变动较大，我们又该如何操作？

1.4 研究方法

研究方法主要采用观察法、访谈法及个案分析法等。

---

① 就海外条件而言，汉语作为外语选修课的一种只能由一位老师来担任，单人单课型的教改实验是非常有必要的。在国内教学中，限于当前的现实条件，我们所从事的单人单课型教改也只能是诸多分技能教学课型中的一种（综合课或者口语课），而无法由一位教师和一门课涵盖整个班级。

1.4.1 观察法

笔者曾利用多次机会对明德模式进行近距离观察，这些机会包括参加集体备课、接受教师培训、课堂观摩等。

（1）集体备课：笔者曾担任普北班二年级大班老师，参与每周两次的集体备课，对二年级的课堂教学准备有较深入的了解。

（2）教师培训：曾作为受训教师或旁听教师多次接受普北班（PIB）、哥伦比亚大学暑期中文项目哥大班（CIB）和美国各大学联合汉语项目（ACC）[①] 的教师岗前培训。

（3）课堂观摩：曾多次深入一线课堂观摩普北班、哥大班和哈佛大学暑期中文项目北京书院（HBA）的二年级课堂教学。

1.4.2 访谈法

笔者曾多次与明德暑期中文学校校长及多位美国在华中文项目的负责人接触，并就明德模式的相关问题做过正式或非正式的访谈。这些人包括：明德暑期中文学校前任校长、普林斯顿大学暑期中文项目负责人周质平教授、明德暑期中文学校现任校长白建华教授、明德暑期中文学校四年级负责人及欧柏林大学中文项目负责人李恺教授、明德暑期中文学校一年级负责人陈彤教授、明德暑期中文学校二年级负责人张锦教授、哈佛大学暑期中文项目北京书院前项目负责人冯胜利教授、哥伦比亚大学暑期中文项目负责人刘乐宁前任教授、ACC 项目前任

---

① 也曾在 2010 年暑期参加国家汉办主办的“汉语作为第二语言教学法培训班”，接受过现任明德暑期中文学校校长白建华教授和 CET 主管朱俐老师的培训。

总负责人靳洪刚教授、密西西比大学暑期中文项目前任负责人朱永平教授、佛蒙特大学中文项目负责人印京华教授、CET 高级学术项目负责人朱俐教授、CET 暑期中文项目负责人刘芳教授等。

1.4.3 个案分析法

主要是在前期观察与访谈的基础上对普林斯顿大学暑期中文项目普北班（PIB）、哥伦比亚大学暑期中文项目哥大班（CIB）、哈佛大学暑期中文项目北京书院（HBA）和美国各大学联合汉语项目（ACC）进行个案分析。之所以把这四个美国在华项目作为个案进行分析是因为它们分属于不同的类别，尽管同属明德模式，但在教学安排上又各有特色。其中，普北班是传统明德模式的代表项目，哥大班和哈佛大学北京书院则是改进明德模式中在华短期中文项目的代表，而 ACC 项目则是明德改进模式中在华长期中文项目的代表。对这些美国在华中文项目分析的侧重点也不同：

（1）对普北班的个案分析：主要分析明德模式的教学方法——“密集强化操练法”，试图将这一颇有特色的教学方法归类并找出其内部理据。

（2）对哥大班、哈佛北京书院的个案分析：主要考察这两个项目作为美国在华短期项目在课型增设、教学程序、教学要求及隐性课程等方面对传统明德模式所做的改进和完善，并分析其内部理据。

（3）对 ACC 项目的个案分析：主要考察该项目作为美国在华长期项目在课型增设、教学方法等方面对传统明德模式所做的改进和完善，并分析其内部理据。

简言之，通过观察、访谈与个案分析等方法，笔者对以普北班为代表的传统明德模式及以哥大班、哈佛北京书院及ACC项目为代表的改进明德模式有了较为深入的了解。

1.5 研究意义

对当前分技能教学模式进行改革正当其时，本课题的研究是有意义的，首先需要回答两个问题：

(1) 为什么要进行对外汉语教学模式的改革？主要是进入21世纪以来，形势发生了很大的变化，对外汉语教学已转变为汉语国际传播，分技能教学模式的效率已经不能满足国际汉语教学事业的发展。

(2) 为什么对外汉语教学模式的改革要采用明德模式？传统分技能教学模式大大分散了教师和学生的精力，影响了教学进度，课堂教学效率有待进一步提高。明德模式只采用一本教材，通过反复操练的形式，可大大提高课堂教学效率，加以改造后可为我所用。因此，本课题的研究具有一定的理论意义和较强的实践价值。

1.5.1 可丰富国际汉语教学模式的理论

有关对外汉语教学模式的理论研究目前成果相对较少（崔永华，1999；刘颂浩，2014；吴勇毅，2014；宗世海，2016等），而目前有关北美主流教学模式移植到国内长期班教学中的系统研究更为少见，本课题的研究将在理论上为国内汉语教学模式研究略尽绵薄之力。

1.5.2 可为国际汉语教学实践提供借鉴

明德模式移植教改中的双人讲练-复练模式可为国内对外汉语教学实践提供借鉴，而明德模式移植教改中的单人单课型模式则可以为海外汉语作为外语教学的实践提供借鉴。

此外，本研究可对汉语国际教育硕士的培养及赴外志愿者汉语教师的培训提供借鉴，帮助他们尽快掌握国外主流教学模式与教学方法，尽快适应海外教学环境。

1.6 本文框架

本文主要包括以下三部分：

1.6.1 引言部分

包括绪论（第一章）、美国明德汉语教学模式研究述评（第二章）和美国明德汉语教学模式介绍（第三章）等内容。

（1）绪论部分：简要介绍本课题的研究缘起、研究对象、研究目标、研究方法和研究意义等。

（2）美国明德汉语教学模式研究述评：即文献综述，主要介绍国内外明德模式的研究现状，梳理学术研究史，同时评述前人研究的缺陷与不足。

（3）美国明德暑期中文学校及相关项目概况：主要介绍美国明德暑期中文学校及在华设立的长期和短期中文项目。

1.6.2 主体部分

包括美国明德汉语教学模式的基本特点（第四章）、美国在华中文项目对传统明德模式的改进（第五章）、美国明德汉语教学模式的内部理据（第六章）、美国明德汉语教学模式移植的顶层设计（第七章）、美国明德汉语教学模式移植的两种形式（第八章）以及美国明德汉语教学模式移植的补充手段（第九章）等内容。

（1）美国明德汉语教学模式的基本特点：主要从教学模式的角度，阐述明德模式在教学对象、教学理念、教学目标、教学方法、教材选择和教学程序上的基本特点。

（2）美国在华中文项目对传统明德模式的改进：主要阐述美国在华短期中文项目（如普北班、哥大班和哈佛班）对传统明德模式的改进及其理据，以及美国在华长期中文项目（如 ACC）对传统明德模式的改进及其理据。

（3）美国明德汉语教学模式的内部理据：主要阐述教学设计的一般原理及基本步骤，分析明德模式的总体教学设计，探究明德模式课堂教学方法的类型及其内部理据等。

（4）美国明德汉语教学模式移植的顶层设计：主要阐述明德模式给国内长期班汉语教学带来的启示，明德模式移植过程中出现的问题及其对策，以及明德模式引进移植的宏观设计、总体分析与原则步骤等。

（5）美国明德汉语教学模式移植的两种形式：主要介绍双人“讲练-复练”移植形式和单人单课型形式。主要内容包括移植教改的意义、基本操作流程，以及教改过程中出现的问题与对策等。

（6）美国明德汉语教学模式移植的补充手段：主要介绍两种补充手段，一个是教学方法上的补充，介绍艾宾浩斯曲线在国内对外汉语课堂教学中的应用；另一个是教学材料上的补充，介绍中国传统曲艺形式在国际汉语课堂教学中的应用。

1.6.3 结尾部分

总结全文的主要观点并简要介绍下一步要做的工作：一是对明德模式教学管理的进一步研究；一是对明德模式师资培训的进一步研究。

1.7 结语

前文我们简要介绍了本课题研究的缘起、对象、目标、方法、意义和框架，还有两点需要特别说明：

（1）本课题的研究目的是为国内对外汉语教学服务的，面向的是国内长期班汉语教学，面对的是国内来华留学生。因此研究重点是明德模式的移植研究而非明德模式本身的研究，尽管也需要对明德模式做深入剖析，但那是为移植研究服务的，最终目的不是为了研究国外的教学模式和教学方法。

（2）我们借鉴的明德模式兼及传统明德模式和改进明德模式，其中侧重借鉴美国在华长短期中文项目而非美国明德暑期中文学校。原因在于由于办学地点的改变，美国在华中文项目的教学性质已经演变为汉语作为第二语言的教学，而美国明德暑期中文学校的教学性质属于汉语作为外语的教学，国内长期班的汉语教学与前者的教学性质相同，教学环境类似，当然更值得我们借鉴。

第二章

美国明德汉语教学模式研究述评

本章主要综述前人对明德模式的研究。明德模式作为一种行之有效的短期速成汉语教学模式一直受到国内外学界的关注，国外对明德模式的研究基本上是为美国学生的汉语学习服务的（Kubler，1997；Baijianhua，2001），不在我们的关注范围之内，本章主要介绍国内学者的相关研究。自1994年施仲谋在《世界汉语教学》发表《明德中文暑校经验的启示》一文以来，对明德模式的研究一直没有间断，从内容上来说前人的文献大致可分为三大类：引介评述类、细化分析类和比较借鉴类。需要说明的是，这三大类其实也是明德模式研究的三大发展阶段，只是从时间上来看这三大阶段之间的界限不甚分明，对前人文献的归类只是为了论述方便而根据内容侧重点的一个大体归纳，在内容上互有交叉。

2.1 明德模式的引介评述类研究

此类论文的研究对象主要是美国明德暑期中文学校和美国在华长短期中文项目，研究内容主要是从教学模式与教学特点等方面展开的多角度介绍。

2.1.1 关于美国明德暑期中文学校的引介评述

引介评述美国明德暑期中文学校的论文较多，下面按论文发表的时间顺序来择要介绍前人的成果。

施仲谋（1994）《美国明德中文暑校经验的启示》一文介绍的是早期明德中文暑校（周质平教授时任校长）的大致情况，其内容对应的是传统明德模式。文章写于 1994 年，是对 1993 年明德暑期中文学校教学的一次描述性总结。该文从历史背景、课程特色、课型结构、教材、要求和教法、成绩评估等六方面对明德模式做了简明扼要的介绍。这是国内比较早的一篇明德模式研究文章，虽然介绍性居多，但依然能给人带来很多启示，实际上在教学环境营造、教学安排、课程进度等方面也都做了总结。不足之处在于：①有些描述不够全面，如三年级的教学。还有一些信息不够全，如某些教材的出版社及出版日期等。②没有内部理据解释，未涉及这种教学模式的语言学、教育学、心理学、管理学及传播学理据（后两者尤其被人忽视）。

郜云雁、张鹰、龚映杉（1996）《美国的“汉语热”与汉语教学》一文通过采访美国明德大学中文系主任姜贵格，介绍了明德大学中文系和明德中文暑校的师资选聘、教学方法、教学重点、教学要求以及教材选择等方面的情况。在当时比较及时地向国内介绍了明德模式的大致情况。遗憾的是该文是一篇人物专访，而非真正意义上的论文，其内容也不太成体系，基本上属于情况介绍性质，未从学理上探讨明德模式背后形成的原因和理据。

张和生（1997）《美国明德大学的汉语教学》一文非常简明地介绍了1995年明德暑期中文学校的情况，包括教师队伍、环境营造、课程设置和教学内容等。该文虽然简略但各方面的主要内容都涉及了，不足之处是论文篇幅较短，仅是介绍性质的，未做进一步深入分析。还有一点需要指出的是，明德暑期中文学校的汉语教学与明德大学（中文系）的汉语教学不同，前者是短期强化教学，后者是长期班常规教学，在教学模式上有明显差异。

张喜荣、田德新（2004）《美国明德学院的中文教学》一文介绍了明德学院和明德暑期中文学校的基本情况。对后者的介绍较为详细，简要介绍了明德暑期中文学校的办学规模与管理模式、教学安排与办学特色。该文非常有贡献的一点是总结了明德暑期中文学校的教学理念：①学以致用，注重学生的实际需求；②情景教学，注意使语言教学活起来；③授人以渔，想方设法教会学生怎样学；④真实语料，教科书及课内外不使用人造的不自然的语言材料；⑤实际运用，强调学生随时随地使用所学语言；⑥以学生为中心，用学生的学习成绩检验教学效果；⑦定期严格测试，保质保量完成教学计划。不足之处是上述七条理念并非明德模式所特有，似乎区别性不够。

丰琨（2013）《明德暑期中文学校介绍》一文是最新介绍

明德暑期中文学校的文章（白建华教授担任校长），对当前明德中文暑校的情况做了最新介绍。内容包括学校情况简介、语言誓约、教师培训、教学环节、OPI（Oral Proficiency Interview）考试、教学方法理论基础等。其中对OPI考试和教学方法理论基础的介绍尤为详细：①对OPI口头面试的基本概况、程序和步骤、评分标准等方面做了清晰明了的说明。②教学方法的理论基础侧重说明当前明德中文暑校的教学方法秉持的理念是Focus on Form，认为Focus on Form最理想的实施框架是任务型语言教学（TBLT）[①]。明德中文暑校对Focus on Form的应用主要体现在两个方面：一是语法方面的操练，反对单纯语言形式的操练而主张在一定的语言环境中练习；二是体现在每个年级的活动课中，让学生用所学语言完成一项任务。该文介绍的内容，一方面说明明德暑期中文学校吸收了很多第二语言习得领域的最新成果；另一方面也表明明德中文暑校目前的核心教学方法已经偏向了任务型教学法，与传统明德模式采用的密集强化操练法有了明显的区别。

陈彤（2013）《明德大学中文暑校一年级教学特点及教学安排简介》一文详细介绍了明德暑期中文学校一年级的教学情况。该文从一年级学生的特点（教学对象）、课程安排（教学程序）、教学方法、测试、多媒体辅助、备课会的气氛和成功之秘决等方面阐述了一年级中文教学的全面情况。最后举了一个备课的样例作为具体说明。该文介绍的是明德暑期中文学校最新的情况，也比较全面，不过对教学理念和教材选择等教学模式等重要因素未能涉及。

① 这一点与周质平教授在校时的认识不同。

张锦（2013）《明德大学中文暑校二年级教学情况简介》一文介绍了明德中文暑校二年级的教学情况。该文首先介绍了教师背景差异与教学、学生背景差异与教学，然后从课程安排、集体备课会以及语言点教学方面谈了三年级教学的特点。最后提及二年级教学特别关注的几个方面：①培养语篇能力；②重视教师反馈；③流利度与准确度的平衡；④使用真实语料；⑤总结汉语语法规律等。该文介绍的相关情况比较细致，尤其是较详细地描述了师资力量和教学对象的背景，略显不足的是观点的呈现似乎不太系统。

姚瑜雯（2013）《齐心协力共创明德中文暑校三年级的课程》一文介绍了明德中文暑校三年级的教学情况。该文简明扼要，从以下四个部分阐述了三年级的教学：教学目标篇、教学材料篇、教学方法篇及年级会议篇。尽管篇幅不长，但言简意赅，较成体系，略显不足的是“年级会议篇”与另外三部分之间似乎不在一个层面上，削弱了论文的系统性。此外，该文未涉及教学对象、教学理念和教学程序等方面的情况。

吴凤涛（2013）《关于四年级的教学》一文介绍了明德中文暑校四年级的教学情况。该文从教学对象、教材、教学方针、教学方法和作业批改等方面简要介绍了四年级的中文教学，然后举例详细介绍了四年级小班课。该文特别提到了自己的八字教学方针（温故、巩固、充实、提高），给人以很大的启发，此类有关教学原则的表述尚不多见。同时小班课的举例说明因为有例句的存在，也显得非常实用。不足之处是该文从性质上说更偏重个人教学感想，学术色彩略淡。

上述几篇论文尽管介绍的均为明德中文暑校，但具体内容并不相同。根据论文发表的情况大致可分为对前期明德中文暑校的介绍和对后期明德中文暑校的介绍。因为校长的更迭、治校理念的变化，所采取的教学措施亦不相同，明德模式也在发展变化。我们大致把 1993 年前后周质平教授在校时的明德中文暑校归为前期，其教学模式称之为传统明德模式；把其后的明德中文暑校归为后期，其教学模式称为非传统明德模式[①]。本文侧重研究传统明德模式，后文所谓的“明德模式”如果不加说明即专指传统明德模式。

2.1.2 关于美国在华中文项目的引介评述

有多篇论文介绍了美国在华中文项目，如普林斯顿大学暑期中文项目“普北班”（PIB）、哥伦比亚大学暑期中文项目（PIB）、哈佛大学北京书院（HBA）以及其他项目如 ACC、CET、IUP、CIEE 等。

李恺、刘芳（2010）《略论美国在华中文教学项目》一文中全面介绍了美国在华中文项目。该文首先介绍了美国在华知名中文项目的办学简况及发展历史，这些项目包括普林斯顿大学班（普北班，PIB）、哈佛大学班（HBA）、哥伦比亚大学班（CIB）、西北大学班、达慕斯大学班、杜克大学班、南加州大学班、美国国际教育交流协会（CIEE）、美国文理学院联合中文项目（ACC）、美国各大学联合中文项目（IUP）[②]、美国在华中文教育学术项目（CET）等。指出上述项目有自己的人事权和财务权，教材选择和教学管理也独立施行而不受制于中方合作单位。然后阐述了美国在华中文项目的特点，明确指出上

① 我们将美国在华中文项目中除普北班之外的明德项目的教学模式称之为改进明德模式。

② 国内所谓的“美国各大学联合中文项目”通常指 ACC 而非 IUP。

述美国在华中文项目的教学和管理模式基本移植于美国明德大学暑期中文学校。接着探讨了美国在华中文项目存在的条件，包括办学观念、教材教师及薪酬的协调以及高质量的师资来源等。最后讨论了美国在华中文项目的可借鉴之处，包括：①严格的项目管理：时间安排紧凑、学习进度快、要求严格等；②不分课别、只用一本教材，只上一门课，听说读写齐头并进的快速教学方式；③项目教师的敬业精神及教师培训的细致具体。该文有三大优点：一是全面介绍了美国在华的主要中文项目，是同类文献中介绍最为全面的；二是难能可贵地从宏观上勾勒了美国在华中文项目的发展历史；三是明确指出美国在华中文项目的负责人几乎悉出“明”门，均曾任教于美国明德中文暑校，其教学和管理模式均移植自明德模式。

朱志平（1996）《目的语环境中的强化教学一例——北京师范大学“普北班”评介》一文介绍了普北班的基本特点：学生人数多、母语背景一致、办学目的明确单一、具有集中性等。接着从学制上比较了普北班与美国国内中文教学的学时长短，详细阐述了每天的课程安排。此外，从学生的反映说明“普北班的优越性主要体现在二年级”。最后总结出两条普北班的成功经验：①语言环境是使语言教学成果得到最大发挥的重要条件；②在充分利用语境条件下加强教学的力度则是教学质量的根本保证。该文是较早介绍普北班的文章，给人耳目一新之感。不过全文论述系统性不够强，对教学理念、教学方法与教材选择等明德模式重要的构成要素涉及不多。此外，对普北班成功经验的总结似乎也值得进一步商榷。

高晨（2009）《美国短期汉语教学项目一例——“哥伦比亚在北京”暑期汉语项目研究》一文较全面地介绍了哥伦比

亚大学北京暑期中文项目（CIB，哥大班）。该文从教学理念、教学目标、教材、学生、教师、教学组织结构、住宿管理与课外活动、教学评价等方面详细介绍了哥大班的教学模式，并在最后画了一个课堂教学模式的流程图。该文的介绍比较全面，而且对哥大班的理解比较正确，其基本观点得到了哥大班项目负责人刘乐宁教授的肯定[①]。此外在内容上有详有略，对教学组织结构方面的阐述尤其详细，是美国在华中文项目专门研究中比较优秀的一篇。

程伟民、杜玲玲（2004）《清华—哥伦比亚大学暑期汉语项目“家住”计划（Home Stay）的调查及分析》一文主要介绍了哥伦比亚大学暑期中文项目（哥大班）的“家住计划”[②]。该文通过问卷的方式对三期家住计划的实施情况进行了调查：首先是了解家住计划的效果，其次是了解“家住”双方如何交往。调查数据显示：①“家住”计划总体上是成功的，它不仅提供了一种在国内学界尚属新颖的住宿方式，更显示了一种广泛意义上的汉语课堂教学的延伸。②语言学习对主客双方的意义不同：调查显示中国家庭并不很看重通过这项活动来提高自身的英语水平，但留学生则更愿意用这个机会来练习汉语。③主客双方的交往方式集中在看电视、吃饭等日常活动，每天交往 1～3 小时被双方普遍认为比较合适，相比之下中方更为主动。④双方一致认为交流中遇到的最大障碍是语言和生活习惯。该文是为数不多采用问卷调查的形式进行定量研究的论文，遗憾的是调查的样本量较小，问卷回收率较低，问卷设

---

① 笔者亲闻：刘乐宁教授曾在教师的岗前培训会上说，他对 CIB 的介绍借鉴了高晨学位论文的研究成果。

② 我们后文称之为“住家计划”。

计上也有可改进之处，这些一定程度上影响到统计结果和结论。

黄自然（2007）《HBA 的教学模式探析》一文介绍了哈佛大学北京暑期中文项目——哈佛大学北京书院（HBA，哈佛班）。该文首先回顾了外语教学的相关理论和国内外的汉语教学模式；然后结合教案详细介绍了 HBA 的教学模式及其理论基础、操作程序、教学手段和教学策略等；最后通过问卷调查和个人访谈对比了 HBA 与国内主流汉语教学模式的异同，分别评析了各自的优劣，以期找到 HBA 的教学模式对国内现有教学模式的借鉴作用。该文可贵的一点是比较注意从理论上进行分析，不仅介绍了 HBA 的教学模式，同时也对比了国内汉语教学模式与哈佛中文教学模式之间的异同。从立足点上来说，该文已经可以归入比较借鉴类研究中去了。

娄开阳、杨太康（2011）《论美国在华短期汉语项目对明德汉语教学模式的改进》一文不是全方位地介绍，而是侧重介绍了美国诸多在华短期中文项目对传统明德模式的改进措施：增加朗读课和讨论课、分化单班课、增设住家项目（Home stay）、细化语言实践周、增加三校汉语演讲比赛等。并进一步从理据上说明这些措施从本质上来说是一种宏观教学设计上的改革，改革的内部理据是随教学参数的变化而变化，即根据教学地点由模拟语境转换为目的语语境而调整、补充相应的教学环节。该文的不足之处是虽有从理论上进行挖掘的意识，但限于教育学与心理学方面的学养，其分析深度有待进一步挖掘。

娄开阳（2016）《论美国在华长期中文项目对传统明德模式的改进及其理据》一文是上文的姊妹篇，侧重阐述部分美国在华长期中文项目对传统明德模式的改进措施：①在项目安排方面增加了中国学生为居住语伴；②增加了中华文化课的内容以及增加了远程预科教学；③在课型设计方面增设了讨论课、缩小了教学规模；④在师资培训和教学方法上都做了进一步深化和完善。并在此基础之上阐述了上述改进措施的语言学、教育学和传播学理据。美国在华长期中文项目无疑是与国内长期进修班的教学环境与教学参数最为接近的，但该文的不足之处在于没有从教学模式六要素（教学对象、教学理念、教学目标、教材选择、教学方法、教学程序）的角度系统梳理长期项目对传统明德模式的继承与改进，内容阐述上不成体系。

此外，还有一些论文介绍了美国在华的其他中文项目，在此恕不赘述了。通过上述文献的介绍，我国国际汉语教学界开始对明德模式的总体情况、教学对象、师资力量、课程设置、教学方法及教材选择等方面有了大致的了解，不过经过这个阶段之后国际汉语教学界开始不满足于简单介绍，继而进入细化分析阶段。

2.2 明德模式的细化分析类研究

细化分析类文献的研究对象依然是美国明德中文暑校或者美国在华中文项目，但在内容上已经不再满足于宏观介绍或抽象概括，而是开始进行个案研究或就教学中某个具体环节与问题展开深入探讨，包括针对教学模式、教学理念、教学策略、教学方法、教师培训等方面。

2.2.1 关于总体模式的分析

张美青（2004）《短期中文强化教学的运作模式及它与日常循序教学的衔接》一文以明德中文暑校一年级为例详细分析了中文强化教学的运作模式。该文认为短期中文强化教学的实质在于最大限度地调动学生的语言学习潜能，使之获得超常发挥，其根本特征也就表现在调动潜能的种种特殊的强化手段上。短期中文强化教学的诸原则包括：①确立单纯而明确的教学目标：采用最恰当最有效的教学组织形式和教学法，让从未学过中文的外国学生在最短的时间内能最快最好地学习、掌握好中文的基础知识与技能，并形成初步的实际生活的语言交际能力[①]。②确定统一而清晰的教学内容：一是适宜而优良的教材的选定，二是教师对每堂课教学内容所进行的提炼、剪裁与组织。③突出功能训练的循环往复的课堂组织：采用把语法教学融化在具体的语言交际情境中的功能教学法，课堂组织形式上实施“大班教，小班练，似流水，如连环”的“流水连环法”。④强力促进“中介语”向目的语的过渡：鼓励学生尽早、尽多地开口说话，认为口语能力是一种表达习惯，不能“教会”而只能“练会”。在语言功能训练中，示正和纠错是及时强化、迅速提高学生口语能力的两大手段。⑤强制营造迅速扩大语言习得成分的中文学习环境：采取了强化交际性的教学内容、引入更多的真实语料、设置实际口语交际情境、把情景教学法与功能教学法结合起来等措施，尽量扩大目的语输入量以增加课堂教学中自然习得的成分。该文简明扼要，抓住了

① 此认识与陆俭明（1999）的观点不谋而合。

明德模式的运作规律及教学原则，对我们的国内移植教改启发很大。此外，该文对强化教学的理解很深，指明其实质是运用各种有效的教学手段，最大限度地把学生的语言学习潜能激活、集中、调动起来，使之在一个较短的学习时间段中显现为活跃、主动、兴奋的语言学习能力，取得单科突进的明显绩效。

汲传波（2006）《论对外汉语教学模式的构建——由美国明德大学汉语教学谈起》一文从教学模式的角度开始分析明德模式的特点以及模式构建问题。该文认为明德大学的汉语教学经验已经形成了一套汉语教学模式，具备整体性、理论性、简明性、可操作性、创新性和明晰的目的性等特点。文章指出国内对外汉语教学模式存在四个问题：缺乏理论总结，缺乏危机意识，缺乏品牌意识，宣传、推广力度不够。文章最后谈到如何构建对外汉语教学模式及构建对外汉语教学模式在提高教学质量、师资培训等方面的意义。该文尽管以明德大学的汉语教学为例分析了明德模式在教学模式上的特点，但最终目标是为国内对外汉语教学模式的构建服务的，给人以很大启发。不足之处是所总结的明德模式教学模式上的特点区别性特征不鲜明，如整体性、理论性及明晰的目的性等是所有教学模式都具有的特点，似乎并非明德模式所独有。此外，对国内对外汉语教学模式的问题总结很有道理，不过略显宏观，读者很想知道国内现有教学模式在教学对象、教学理念、教学目标、教材选择、教学方法及教学程序方面有何具体的问题。

2.2.2 关于教学理念的分析

施仲谋（1994）《明德中文暑校经验的启示》一文中谈到

了明德模式的教学理念："中文暑校坚持两个信念：一是没有真正的语言能力，就不能对该文化有深切的了解；二是语言教学必须具备该文化的内涵。"这两个理念对教学方法选择和教材编写都具有指导意义："前者体现在课程对学生语言能力的严格要求上，尤其是听讲训练法的操练，以求语音准确和对句子结构的充分掌握；后者则体现在教材的编写和选择方面，以确保教学内容切实反映该文化的内涵。"上述两个理念的陈述似乎有些过于概括，反倒是该文中提到的"全面浸入式"教学法可视为一种教学理念。

汝淑媛（2006）《美国明德中文暑校的教学理念特点与教学策略评价》一文对明德模式的教学理念特点与教学策略进行了分析与评价。该文通过对明德暑期中文学校在中文教学方面的经验考察，总结出明德中文暑校在教学理念方面的四个特点：①实践性：指在教师的控制引导下练习所学习的内容，也是指学生在将语言规则内化后自动生成的重构过程。②阶段目标的明确性：明德中文暑校在多年教学经验的基础上，在充分考虑了学生在学期间所能达到的水平之后，为五个年级都制定了非常明确的教学目标。③反复性：无论是汉语课的教学安排、教案设计还是课堂练习，都应该从学生习得第二语言的规律出发，遵循循环往复、螺旋式上升的教学规律，而不是直线式地推进教学。④渐进性：在明德中文暑校，循序渐进的教学理念作为一条重要的教学原则不仅体现在前面谈到的每个年级的教学目标上，而且已被细化到很多具体教学环节之中。该文很大的一个优点是在谈观点之前先介绍相关理论基础，如介绍何为"教学理念"。但所归纳的上述四点教学理念方面的特点区别性特征不明显，很难说是明德模式所独有的，如其他教学模式也很强调循序渐进，渐进性应是所有教学共同遵循的理念和原则。

2.2.3 关于课程设置的分析

朱永平（2010a）《逻辑推理方式与对外汉语教学法和课程设计》一文介绍了明德模式的课程设置。该文将明德模式称之为“普林斯顿模式”，首先，分析为何局部区域迁移教学技巧能够很好地激发习得者的联想能力，使词语意义、句型练习和转换在相关和相邻区域间进行，帮助学生领会和掌握所学的语言知识；其次，说明逻辑思维中的诱展推理方法对语言习得负迁移的影响，以及如何在实际教学中避免；最后，本文针对传统的不同课型设计，指出如何综合不同的课型特点和习得者的逻辑思维能力，采用相应的教学方法。该文认为大班课的教学大多采用归纳法；而小班的教学则是反其道而行之，宜采用演绎法。个别谈话作为一种补充则应在自然轻松的环境下和学生进行一种综合性的、功能性的、实际的会话练习，并有机地融进学生学过的语言知识。参看表1：

表1　课型、教法与逻辑推理方法的关系

课型	逻辑推理法	语言理论	年级
大班课	归纳法	结构主义为主	一、二年级为主
小班课	演绎法	结构主义为主	一、二年级为主
个别谈话	综合法	功能主义为主	各个年级

该文对课型设置及教学方法的分析较为深入，令人耳目一新。

2.2.4 关于课堂教学的分析

课堂教学涉及的内容很多，下面分别从教学策略、教学方法、提问技巧及课堂话语模式来阐述。

汝淑媛（2006）《美国明德中文暑校的教学理念特点与教学策略评价》一文涉及了教学策略：①从教学准备阶段的教学策略：实行集体备课制度，问题的设计要由易到难，在新语言点的练习中要尽量复现此前所学的生词，且不能使用任何学生未学习过的词语和语法。②教学实施阶段的教学策略：通过大班课和小班课，始终以学生为中心，在充分考虑学生的接受能力和理解能力的前提下提高学生的听说读写能力。③教学评测阶段的教学策略：对学生采用笔试与口试相结合的办法。每周有一次周考，中间有期中考试，最后有期末考试，学生入学时除了分班考试以外还有一个 OPI 口语水平测试。④其他教学策略：还有个别谈话（每个学生 15 分钟）、晚间答疑和随时随地地纠错要求。该文按阶段进行总结很有条理，系统性较强。不过，其中所谈的教学策略的内容略显庞杂，有些并非典型意义上的教学策略，如 OPI 口语考试实际上属于教学测试的范畴；而且诸多教学策略不在一个层面上，如“个别谈话”实际上是一个独立的课型单班课，是与大班课和小班课在同一个层面上的，而“随时随地的纠错要求”则属于课堂教学技巧，层次就低多了。

亓华、李雯（2009）《中美联办普北班中、高年级课堂话语互动模式研究》一文研究了普北班中、高年级的课堂话语互动模式。该文基于社会学中的“互动理论”，以普北班二年级和四年级优秀教师的各一个课时的教学录音为研究对象，采用弗兰德斯互动分析系统（FIAS），对师生话语互动情况加以详细分析，将传统的课堂教学研究的宏观的、总体的定性描述，转变为师生互动的微观的定量分析，认为普北班最成功之处就在于师生之间、学生之间的多样化、高密度的话语互动。该教学模式可为对外汉语教学短期培训、汉语国际教学师资培训和国内对外汉语教学模式的建构提供有益的参考和借鉴。该文是为数不多采用先进技术手段对研究对象进行量化研究的论文，其结论较为可靠，遗憾的是每个年级只有一堂课的教学录音，样本量似乎略小。

娄开阳、吕妍醒（2011）《美国明德汉语教学模式课堂操练方法的类型及其理据》一文就明德模式核心教学方法——密集强化操练法进行了分析并揭示了其内部理据。该文认为密集强化操练法可分为单纯机械型操练和引导编码型操练。单纯机械型操练又包括核心词操练和目标句操练两个小类，其内在心理学理据是“刺激-反应”理论，目的是要建立“音、形、义”之间的联系；引导编码型操练又分为全控制式操练、半控制式（半开放式）操练和全开放式操练三个小类，其内在理据是心理语言学中的言语生成理论。课堂操练通过教师的提问，达到训练学生言语计划制定和执行能力的目的。

2.2.5 关于教师培训与评估的分析

张曼荪（2006）《明德中文暑校2006年师资培训纪实与评述》一文介绍了明德模式的师资培训情况。该文的作者是明德中文暑校的资深师资培训专家，全文分三部分：第一部分是明德中文暑校课程设置的简介，第二部分概述明德中文暑校目前的师资培训模式，第三部分则是对目前培训的一个综合性评估。明德中文暑校目前采取的是岗前培训与在岗监督相结合的师资培训模式：①岗前培训：指新任老师在上岗之前会接受密集的培训，采取行政措施介绍与教学技巧训练并进的模式。内容上除了介绍规章制度之外，还从第二语言习得理论出发对教学法进行一般性讲授。通常为期两天，旨在帮助新任老师对明德暑校的教学理念、方法、课程运作及各种规定和制度有一个整体的了解。除了理论讲授之外，还有针对性的教学示范。此外，会安排新教师代表试讲，并在教学后接受全体老师的评论与反馈。②在岗督导：分两条线进行，一条线是各年级主任老师会不定时地观察自己年级中新任教师的教学情况，并在必要时提出问题或与老师个别交流，或在集体备课会议中进行讨论；另一条线是总培训师在开学后的第一周内观察每一位新任老师的教学并在课后与老师单独讨论 30 分钟到 40 分钟。该文阐述详细，介绍全面，还有对此前培训经历的反思，读后给人以很大启示。

王学松（2008）《来华美国留学生对汉语教师的评价标准——以 PIB“教学评价”为例》一文介绍了明德模式的教师评价标准。该文以普北班的教师评鉴为例，先介绍了 2005 年普北班的教师评鉴表，包括七条：①与教学内容相关的知识（Knowledge of material）；②引导学生参与的能力（Ability to elicit participation）；③对学生错误的改正（Correction of errors）；④热情（Enthusiasm）；⑤个别谈话（Individual sessions）；⑥总评（Overall）；⑦评论（Comments）。上述七条可归纳为四个部分：①跨文化的意识和沟通能力：又包括三方面：英语流畅，有助于学习中的翻译与解释；了解美国文化与美国国情，与学生更容易沟通；熟悉美国学生的学习习惯，可避免文化习俗上的冲突。②教师的个性魅力：包括性格态度、外貌气质和说话声音等三方面。③丰富有效的课堂教学方法：是学生比较重视的部分，包括以下五个方面：对学生的控制能力（能吸引住学生的注意力，防止走神）；对课堂节奏的控制能力（以快慢结合的进展节奏保持课堂适度的紧张气氛，保证教与学的效率）；对师生讲与练比例的控制（精讲多练，保证学生练习的时间要多于教师讲解的时间）；变换课堂教学方法的能力（能够保持教学灵活而有效）；举例说明的能力（好的例句可使学生心领神会、触类旁通）。④职业精神和基本功：包括以下四个方面：对待工作的态度（能否专注于本职工作）；课前准备工作（准备是否充分、教案设计如何）；严格要求学生（好学生期待严格要求）；板书清楚（汉语教学基本功）。该文研究的是美国在华中文项目中汉语教师的评价标准，目前学界有关国别化教师评价的论文尚不多见，相关内容对国内教师的教学评估实践与研究有很大借鉴意义。

2.2.6 小结与讨论

应该说，随着研究的深入，学界对明德模式关注得越来越细致了，并且开始从理论上进行探讨，给国内对外汉语教学以很大启发。不过上述文献仍有两点遗憾：一是从研究对象上看体系不够完整，所研究的均为作者自己感兴趣的热点问题或方面；二是从研究内容上看理论性参差不齐，有些论文比较注意研究的理论提升，不过仍有个别论文是以介绍为主，带有教学感想的色彩。

毋庸讳言的是，上述研究尽管对国内对外汉语教学也有借鉴意义，但终究是以明德中文暑校或美国在华中文项目为研究对象的，并非面向国内留学生汉语教学的，属于“我注六经”式的研究。因此，有学者开始立足国内对外汉语教学现状，面向来华留学生的长期班教学，采用“拿来主义”，展开“六经注我”式的比较借鉴研究。

2.3 明德模式的比较借鉴类研究

此类研究的立足点开始由明德模式转移到国内对外汉语教学，研究目的也是为国内对外汉语教学服务的，大致可分为比较类与借鉴类两类：比较类是将明德模式与国内对外汉语教学相比较，国内外的研究对象并重，只是希望通过比较给国内对外汉语教学界以启示；借鉴类基本上已经完全立足于国内对外汉语教学，明德模式已经非其研究对象，只是在研究内容上借鉴了明德模式中好的做法而已。

2.3.1 对明德模式与国内汉语教学的比较

此类研究在中美双方汉语教学的比较上各有侧重，不甚相同，在比较中有的文献偏重明德模式，有的偏重国内对外汉语教学，但研究目的均是为国内对外汉语教学服务的，希望通过比较能够给国内长期班教学带来启示。我们按文献发表的时间顺序择要介绍其中的几篇。

王学松（2001）《短期班教学为长期班教学提供的启示》一文认为成功的短期班教学更能体现语言教学的特点，更能显示出语言教学的活力。该文以普北班等美国中文项目为短期班教学的代表与国内长期班做了比较，从教学目标、教学形式、师生关系、教学保障四个方面展开了讨论，强调：①制定教学目标时强调教学效率：教学目标包括内容目标和效率目标。国内长期班常常重视前者而忽视后者，借鉴短期班教学的长处，提高长期班教学的效率应该是一个值得认真探讨的问题。②尝试新的教学形式：短期班教学形式灵活丰富，学期相对较短，丰富多样的教学方式使学生受到多方面的训练和熏陶；长期班可借鉴短期班经验，考虑将20周的大学期制改为10周左右的小学期制，同时使留学生更好地利用语言环境。③密切师生关系：短期班师生交往较多，联谊、带团等形式往往使教师给学生留下深刻的印象；而长期班师生之间虽有较深的了解，但关系相对松散。长期班应充分注意到教师在课堂内外的特殊作用，在教学中建立起密切的师生关系。④到位的教学保障：包括权威性与体系化，短期班特别重视办学主体的权威性、教材的权威性和教师的权威性。短期班从准备、组织到上课、考核等各个步骤都限定在一个完整的体系之中，并因此形成一个项目的特色。这些都值得国内长期班学习借鉴。

曹贤文（2007）《明德模式与中国大陆高校基础汉语教学常规模式之比较》一文首先介绍了明德模式和国内基础汉语教学常规模式的概况，然后从教学模式的选择、实施步骤和操作程序以及评价系统等三方面比较了明德模式和国内常规模式之间的异同，最后讨论了基础汉语教学精英模式与大众模式之间的互补。该文认为汉语教学的大众模式和精英模式是可以互补的，应当鼓励少数条件较好的学校采用精英模式，而大多数学校应当立足现实继续使用并逐步完善大众模式。因此，探索出一种或几种在低投入情况下仍能高效运行的汉语教学大众模式是必要的。

娄开阳（2009）《美国明德汉语教学模式给国内长期班教

学带来的启示》一文通过国内外教学模式的对比分析之后认为：美国明德汉语教学模式在教学设计上有许多独到之处，其成功经验可带给国内长期班教学很多启示：①课程设计标准独特、自成体系、动态管理；②教材只用一本，便于师生集中精力，攻克难点；③教法训练目的明确、训练强度大，有助于学生言语技能的内化；④教学技术的应用符合心理语言学规律，有助于学生建立汉语音义之间的联系。

卫斓（2010）《明德中文暑校为代表的美国中文项目教学模式的思考》一文通过访谈[①]和调查问卷的方式采访了十位曾经教授过美国在华中文项目的教师，首先调查了美国中文强化项目的教学效果，所有受访老师都认为明德模式的教学效果很好，能够较快地提高学生的汉语交际能力。然后讨论了明德模式给我们的启示，在归纳、分析的基础上对比国内目前的教学模式，提出了五点值得借鉴之处：①明德模式处处体现以学生为中心的思想。②明德模式的操练方法值得我们在日常教学中学习。③明德模式围绕一本书（不同于国内的分技能教学），通过大班和小班的讲解与操练使学生集中掌握其中的词汇和语法。④明德模式中教师的配合和集体备课也有值得学习的地方。⑤语言实践的内容紧贴课文，既深化了对课文的理解，又给了学生接触真实语言环境的机会。最后谈到了明德模式存在的问题：①过于程式化、教师不能发挥个人的教学风格；②成本太高，需要耗费大量教师和教室资源；③该模式更适用于初、中级阶段的教学，在高级阶段学生的进步不太明显；④学生在逐步适应、习惯了该模式之后容易形成思维定式，不利于

① 笔者本人也是卫斓的十位访谈对象之一，当时是通过电话访谈的。

汉语水平的提高。该文通过调查得出的结论令人信服，不足之处是对明德模式特点的归纳不太成体系，未能从教育学的角度给出内部理据。

2.3.2 对明德模式的借鉴

此类论文严格来说已经不能归入明德模式研究了，但这些论文表面上看研究的是国内对外汉语教学，而实际内容却有对明德模式的借鉴之处，故亦收录在此。

崔永华（1999）《基础汉语教学模式的改革》一文探讨了对国内现行的基础汉语教学模式——“分技能教学模式”进行改革的问题。该文首先分析了对现行基础教学模式改革的必要性，指出现行的分技能教学模式在教学内容、课程设置和教学方法上有改革的必要性。然后分析了现行模式的形成和特点，并指出有三点不足：①现行模式不利于学习者对语言项目的掌握；②按技能分课型，未必是学习语言技能的最佳途径；③对近些年来语言学、教育学、心理学，包括对外汉语教学研究的新成果反应甚微。最后指出可借鉴明德模式等国内外先进教学模式进行改革，认为明德模式作为一种强化教学模式较适用于短期速成教学，以听说法为基本依据，课堂教学采用“讲练-复练”模式，加上严格的操作程序和管理机制，取得了很好的教学效率和效果，得到了广泛的认可。

石锋、施向东（2007）：《南开汉语教学新模式的探索》介绍了南开大学对外汉语教学的新模式，可以看出明德模式是其新模式的来源之一和重要基础。该文从组织管理、教学安排、教材整合和测试评估等四个方面介绍了南开大学的汉语教学新模式：①组织管理：包括主任教师制、集体备课制、教师轮换制、培训上岗制，这四个制度都是明德模式所采用的。②教学安排：包括大班导入、小班操练、听说读写全面发展、提倡使用生词卡片、图片和课件。上述课程设置基本上拷贝了明德模式的教学安排。③教材整合：包括整合教材，将相应的课整合成一个单元，统一进行教学设计和安排；编制教师用书和学生练习册。④测试评估：包括实行阶段考试、课堂测试、作业和讲评。这些教学措施也基本上是明德模式所采用的。该文表明，南开大学是目前国内比较系统进行明德模式移植的高校，而且取得了非常好的教学效果，不但超过80%的学生对此新模式持肯定态度，教师们也提高了自身综合素质。

2.3.3 小结与讨论

总的来说，比较借鉴类研究最大的变化是研究视角的转变和研究内容的深入。首先，研究视角开始由面向美国明德中文暑校或美国在华中文项目转向国内长期班汉语教学。尽管此前两个阶段的研究某种意义上来说也是为国内对外汉语教学服务的，但其研究立场没有这么鲜明。其次，研究的内容也比较深入，开始针对国内对外汉语基础教学模式的改革进行顶层设计，甚至已经不满足于“坐而言”而开始“起而行”进行教改实践了。这些都充分说明对明德模式的研究大大深入了。

2.4 总结与讨论

王学松（2007）《“明德模式”研究述评》一文是目前为数不多的对明德模式相关研究进行全面评述的文献。该文首先介绍了“明德模式”的背景；然后评述了明德模式的相关研究成果；最后指出了明德模式研究的意义和不足，其中后两部分是该文的主体。该文认为前人对明德模式的研究主要集中在以下三方面：①明德模式的理论探讨：包括教学理念和教学方法；②明德模式的实施过程：指明德模式的实施步骤与方法；③明德模式的效果：一方面体现在培养出的学生的汉语水平和由此形成的声誉上，另一方面体现在该模式本身及由该模式训练出来的教师对整个汉语教学界的影响和贡献上。在研究意义方面主要论述了三方面：一是对国内的汉语教学（尤其是课堂教学）有着直接而显著的指导、改进意义；二是使我们重新思考现有的教学模式、教学技巧，同时促进具有中国特色的汉语教学模式的构建。三是将作为精英模式的“明德模式”与国内的常规模式进行对比，并指出二者的差异，探讨了二者互补的可能性。在研究不足的方面主要是：第一，对“明德模式”的不足关注不够。第二，对教材研究不够。第三，对美国明德中文暑校与美国在华中文项目之间的对比研究过于表面化，没有对二者之间的异同进行细致的比较。

距王学松（2007）发表此论文已经过去10年了，在此期间又有很多关于明德模式研究的论文问世，不少还是学位论文，研究成果可以说是全面开花：研究对象由美国明德暑期中文学校到美国在华中文项目；深度上由简单介绍到深入剖析；内容上从宏观概述到微观分析；方法上从定性研究、定量分析到个案研究，研究成果越来越丰富也越来越深入。不过，前人的研究也有以下几方面的不足：

(1) 研究内容上：研究“论”的较多，研究“史”的较少。目前有关明德模式形成历史的文献鲜见，尽管周质平（2008，2015a，2015b）、朱永平（2012）均谈及赵元任先生与明德中文暑校以及明德模式的渊源，美国人 Stephen A. Freeman（1975）也在其《The Middlebury College Foreign Language Schools》一书中列专章介绍明德暑期中文学校的历史，但从总体上来说“明德模式”是如何逐步形成、完善和发展的，仍需下大力气研究。相信很多“论”的研究中遇到的困惑一定会在“史”的研究中迎刃而解。当然，这对研究者有很高的要求，不仅要花功夫了解美国明德中文暑校和在华中文项目的发展历史，对汉语教学本身也要非常精通，同时还要具备教育学和心理学方面的理论功底。

（2）研究方法上：定性研究较多，而定量研究较少。目前的文献在研究方法上也比较丰富多样，采用的有问卷调查、个案分析、数据库统计、弗兰德斯数据分析（FIAS）等。但总体上来说，定性研究还是偏多，定量研究相对偏少。即便是为数不多的定量研究，在研究方法上也有很多需要进一步完善的地方。

（3）研究深度上：对教学情况的描述较多，而揭示其内部理据的较少。应该说研究是逐步深入的，但由于研究者多半本人是出身于中文系或对外汉语系的教师，在教育学或心理学方面的功底有限，因此很难在描述明德模式的一些具体措施之后能谈出其内在的教学设计理据：为什么要这么做？当教学环境或者教学要素这些参数发生变化之后怎么办？这些内容也是国际汉语教学界的同仁最想知道的。

老实讲，上述这三条缺陷笔者本人也无法完全弥补，只是希望能依据自己亲身的移植教改经验向大家介绍一点肤浅的心得，同时在本人学养之内力所能及地揭示明德模式的内在教学设计理据。

第三章

美国明德汉语教学模式介绍

美国明德汉语教学模式主要被美国明德暑期中文学校和美国在华中文项目所采用。本章主要从两个方面来介绍：一是美国明德暑期中文学校；二是美国在华中文项目。

3.1 美国明德暑期中文学校介绍

在介绍美国明德暑期中文学校之前，有必要先介绍一下美国明德大学与明德大学暑期语言学校。

3.1.1 美国明德大学与明德暑期语言学校

美国明德大学原名“明德学院（Middlebury College）”，建校于1800年，至今已有215年的历史。“明德”这一校名的中文译名取自《礼记》“大学之道，在明明德”一句，又与英文读法谐音。明德大学位于美国佛蒙特州（Vermont），该校一向以其外语教学的突出特色在世界上享有盛誉。其外语教学包括本科外语教学、暑期密集外语教学及海外分校教学等。其中，明德大学自20世纪以来陆续开设的暑期语言学校（包括中文暑期学校）即属于暑期密集外语教学，因其极佳的教学效果而在海内外享有盛誉（施仲谋，1994；张和生，1997；张喜荣、田德新，2004等）。

美国明德大学暑期语言暑期学校创办于1915年，截至目前一共开设了11个语种，每个语种一所语言学校。最早开办的是德语，此后又开办了西班牙语、意大利语、俄语、中文、日语、阿拉伯语、希伯来语和韩语等①，见表2。

表2　美国明德暑期语言学校一览表

序号	年份	语种
1	1915	德语
2	1916	法语
3	1917	西班牙语
4	1932	意大利语
5	1945	俄语
6	1966	中文

① 各语种暑期学校的开办时间是通过美国欧柏林大学李恺教授确认的，在此谨致谢忱！

续表

序号	年份	语种
7	1970	日语
8	1982	阿拉伯语
9	2003	葡萄牙语
10	2008	希伯来语
11	2015	韩语

美国明德大学暑期中文学校（下文简称“明德中文暑校”）创办于1966年，时值中国开始“文化大革命”，大概是出于了解中国的迫切需要，该校开办了中文暑期学校。历任校长分别为刘君若、陈大端、周质平、齐德利和白建华。

3.1.2 总体环境

明德暑期中文学校为学员营造了一个人为模拟的汉语环境。校内完全没有英语电视、广播和报刊等，学校包括课堂用语、餐厅、宿舍用语以及课外活动用语在内的一切生活学习用语使用的都是中文。暑期中文学校有自己专用的宿舍楼和餐厅，内悬五星红旗。教师与学生同吃、同住。学校的校园电台每周有一次中文广播，学生可以从收音机的指定波段中收听到。

为了确保这一纯中文环境的维持，每位学员在入学之初都要签署一份具有法律效应的“语言誓约”（Language Pledge），承诺在学习期间只说中文，不使用英语。语言誓约已成为明德学院的注册商标，它要求暑期语言学校的学生，自进校之日起庄严发誓，只用所学语言进行听、说、读、写等全部交际活动。语言誓约的表述是“签此语言誓约，我同意在明德语言学校，只用所学语言作为唯一的交际语言。我懂得若违反此约，将被开除，既无学分，又无退款”。（张喜荣、田德新，2004）对老师也要求禁止用英文与学生交流。对于零起点的一年级学生，语言誓约的限制会适度放宽（他们刚开始掌握的词汇有限），对不得已而用英语给父母打电话的学生，也要求他们降低声音，紧闭房门，以不“污染”语言环境为限。校方也实行严格的检查来保证语言誓约这一制度的施行，对违反规定的学生进行批评、警告，直至勒令退学，同时学费不退。这一誓约签署之后是具有法律效应的，因此双方都很认真对待（施仲谋，1994）。

3.1.3 教学对象

张喜荣、田德新（2004）介绍了明德暑期中文学校早期的学生情况：学生来自全美，除了在校生外，还有一些来自企业、机构或国家机关。明德中文暑校历年来的学生中包括国务院雇员、联邦调查局和中央情报局人员，以及国防部军职官员。驻华使领馆的美方官员有相当一部分曾经就学于明德暑期中文学校，前驻华大使李洁明就是其中之一。张锦（2013）以二年级为例介绍了明德暑期中文学校近期的学生情况：学生以美国在校大学生为主，也有一些研究生和因工作需要而进修的在职学习者。

3.1.4 教学理念

任何一种教学模式总是在某一教学思想指导下形成的，指导思想即教学理念，是人们从事教学活动的行动指南，可以这样说，有什么样的教学理念就会产生什么样的教学行为，教学行为受教学理念的支配。明德模式所秉持的教学理念是全面沉浸（total immersion）的外语教学理念，并且从多方面保证这一教学理念的施行。如前所述，每年暑期学校开办时明德大学的校园都人为创造出一种纯目的语环境，就是为了保证这一教学理念的贯彻实施。学生完全生活学习在纯中文的环境之中，可最大程度地达到沉浸的目的，从而大大提高学习效果。

教学理念也分多个层次，可分为总体教学理念和具体教学理念。总体教学理念主要指明德模式所尊崇的最高层面的教育理念。“全面沉浸”的外语教学理念就属于总体教学理念，指导着整个模式的运行。

具体教学理念主要指明德模式所尊崇的课堂教学理念，除了第二语言学习所应遵循的一般原则理念之外，明德暑校还有不少独特的教学理念，指导着具体的教学活动。包括：语言学习是一种新习惯的建立而不是新知识的获得；语言是练出来的而不是教出来的；不知亦能行；语言教学教的是语言能力，不是办事能力①。

（1）语言学习是一种新习惯的建立而不是新知识的获得：该理念最早由赵元任先生提出，强调语言学习不能只学习知识，而主要是建立一种新的语言习惯，掌握言语技能。

（2）语言是练出来的，不是教出来的：与上一条一脉相承。这是对学生语言学习的认识，对教师而言就是要意识到在教学方法上需要对学生多进行语言技能操练而非语言知识传授。

（3）不知亦能行：这一理念是紧接着上一条来讲的，

---

① 这几条认识是据笔者的讲座笔记总结而成，主讲人包括周质平教授、冯胜利教授、刘乐宁教授和朱永平教授等人，参看娄开阳（2009）、娄开阳、杨太康（2010），不一定准确，如有谬误，概由作者本人负责。

“知”是指语言知识，“行”指言语技能，该理念是说不知道语言知识也完全可以掌握言语技能。该理念对于不少语言教学者而言是颠覆性的，强调学会说某种外语/二语并不一定非要掌握这种语言的知识。尽管很多语言教师难以接受，但事实证明课堂上不宜过多在语法讲解上纠缠。

（4）语言教学教的是语言能力，不是办事能力：这是既有联系又有区别的两种能力，有的教学法希望通过完成某一交际任务来使学生掌握言语技能，其结果往往是锻炼了办事能力而忽略了语言能力。意识到了这一点，语言教师就会明白应将教学重点放在语言能力的操练上。

（5）重视听说，以练代讲[①]：强调在课堂教学上主要是老师带领学生操练语言点，而且要做到教师少说、让学生多说。这种做法与国内传统的课堂强调语法讲解的做法不同，是前两条理念在课堂上的具体实施。

3.1.5 师资队伍

明德暑期中文学校的教师主要来自全美各高校的中文教师，近年来也从北京和台北聘请了部分教师[②]。明德暑期中文学校很重视教师队伍的建设，其任教教师都是经过严格筛选的，每年存优汰劣，同时保持相对稳定。此外，为了保证和提高教师的教学水平，学校每年都要对教师进行培训，主要培训听力教学、口语教学和口语水平测试等三项内容（参看施仲

① 对于课堂讲练形式与比例，不同研究者有不同的说法，也有人认为明德模式奉行的是“精讲多练”“以练带讲”，我们这里采用了周质平教授的说法。

② 如南京大学、南开大学、首都师范大学、北京语言大学以及在华中文项目CET每年都有教师前往明德暑校任教。

谋，1994；张和生，1997）。

学校实行集体备课制度，每周两次。同年级的所有教师一起准备未来两天的教学内容和教学方法。具体内容包括确定每一个语言点及其中英文释义；对几个语言点的比较、导入方法、操练方法以及语言点之间的衔接和顺序等。在课堂操练时，教师应尽量使用学过的语言点和词语，不能出现学生没有学过的生词等。

3.1.6 教学安排

明德暑期中文学校采用密集上课的方式，教学总时长为9周，其中第5周为语言实践周。这9周的教学内容相当于美国普通外语院系一学年的教学量。全校共设五个年级（见表3）：

表3 美国明德暑期中文学校年级设置

年级	阶段	备注
一年级	初级语言课程	师生比例约为1：4
二年级	中级语言课程	
三年级	高级语言课程	
四年级	文言文课程	
五年级	中国思想文化课程	

在课程设置上不是分技能设课，而是根据学生人数多少分设大班课、小班课和单班课。无论大班课还是小班课，均使用同一本教材。

明德暑期中文学校为五个年级的汉语教学都制定了非常明确的教学目标：一年级要求学生在教学结束时能够掌握基本的汉语表达方法和结构，并能用简单的句子来表达与生活密切相关的话题；二年级要求学生掌握一些比较复杂的结构和表达方法，可以用简单的语段来谈论简单的时事问题；三年级要求学生巩固理解和生成段落进行表达的能力，使其在大多数熟悉的话题上可以与中国人面对面交流，阅读书面语的汉语材料，发表意见，写简单的文章、报告和各种信件；四年级要求学生理解、参与讨论并能详细论述各种具体和抽象的话题，可阅读用高级汉语书面语写成的与时事、社会科学、历史、文学有关的文章；五年级要求学生在运用现代汉语进行交际的过程中学习中国传统文化（汝淑媛，2006）。

3.1.7 教学方法

明德暑期中文学校的课堂教学方法主要采用的是密集强化操练法，该方法是建立在听说法和直接法基础之上的（周质平 2015a，2015b）。具体来说即教师通过设置语境、提问问题，引导学生说出包含语言点的目标句，从而达到操练语言点的教学目的。这一教学方法的核心目标是训练学生的言语生成能力，尤其是训练学生的句子生成能力。

具体操练方法又可分为单纯机械型操练和引导编码型操练。单纯机械型操练又包括核心词操练和目标句操练两个小类，其内在心理学理据是“刺激-反应”理论，目的是要建立“音、形、义”之间的联系。引导编码型操练又分为全控制式操练、半控制式（半开放式）操练和全开放式操练三个小类，其内在理据是心理语言学中的言语生成理论。通过教师的提问，达到训练学生言语计划制定和执行能力的目的。密集强化操练法是明德模式的核心教学方法，后文将详细阐述该方法的具体类型及其内部理据。

明德暑期中文学校近年来也吸收了不少其他教学方法，如内容教学法和任务型教学法，但仍是以密集强化操练法为主要教学方法。

3.1.8 教材选用

明德暑校的教材均为教师自编教材，因为比较适应青少年的特点，因此颇受欢迎。施仲谋（1994）指出二年级教材《现代汉语中级读本》中的某些内容（如描写北京出租车司机和餐馆服务员的态度）夸张失实；某些内容（第12课）涉及“文革”、自杀、住房分配不足等问题，很能引起美国学生的兴趣。三年级教材《人民日报笔下的美国》记录了《人民日报》对美国社会、教育、人权、种族等问题的报道分析，话题很富争论性，美国学生人人争着辩说[①]。

3.1.9 教学程序

教学的总体程序是：上午上大班课、小班课，下午师生一对一谈话；晚上辅导答疑。

2.1.7.1 大班课：人数8~12人[②]，每天上午2小时。主要上课内容是：

（1）检查学生预习的情况，听写所学当课的生词或句子。单次成绩都要记入总成绩。

（2）操练语法，由大班课老师讲解本课语法点的意义和

---

① 周质平教授在2007年中央民族大学的讲座中谈到该教材，说编选的初衷是有意选取一些中美认识有冲突的话题内容，目的是引起美国学生的争辩欲，迫使或吸引他们开口说话。

② 具体人数不定，但大班课人数通常不超过12人，周质平教授认为师生比例越小越好。

用法，讲究精讲多练或以讲代练，同时串讲课文。教学方法上主要依据课文内容，用提问方式引出句式。虽着重句子结构的分析，不过课堂仍以操练为主。

2.1.7.2　小班课：大班课一分为二就是小班课，人数4~6人，每天上午2小时。小班课接着大班课上，通常要求小班课老师随班听大班课老师的课，以便大小班之间很好地衔接配合。小班课的内容主要是继续操练大班课上所学习的语法点，基本上不讲解语法。教学方法上老师通过设置语境提问，让学生独唱（担任回答说出目标句）或合唱（大家一起说出目标句）。密集强化操练，尤其重视语音的矫正，强调逢错必纠。

2.1.7.3　单班课：又称为个别谈话课，采用师生一对一的形式，下午每人20~40分钟。教师由大班课和小班课老师共同担任①。主要内容是复习当天所学习的生词和语法点，同时通过自由谈话的形式锻炼学生灵活运用汉语的能力。

此外，还有晚上辅导课。每晚两小时，教师轮流当值答疑，学生根据自己的情况自由参加。

3.1.10　文化活动

明德暑期中文学校还组织各种活动，给学生提供说话的机会，以丰富其中文知识，实际上是一种隐性教学的安排。活动包括跑步团、合唱团、书法、话剧、广播、中国功夫等。再如举办“汉字部首”、“改革开放后中国文化的变异”等讲座，举办以“堕胎是否合法”为主题的中文辩论比赛，

① 目前，美国在华中文项目的单班课教师大部分是单独招聘、单独训练的。

举办“海峡两岸妇女社会地位”专题讨论会等，以大密度、高强度的教学活动，以强化提高学生的中文水平（施仲谋，1994）。

3.1.11 明德暑期中文学校一年级教学情况介绍①

2.1.11.1 学生特点：绝大多数学生基本上是零起点；有个别学生虽从不同渠道、用不同方法学到了几个中文词语或会说有限的几句最简单的生活用语，但超出了所知道的这几个词语和简单用语之外，他们的汉语知识还几乎是零，甚至也不能用所知道的词语进行交流。

2.1.11.2 教学目标：在8周内（之前是9周）学完正常一学年的课程，所以教学目标定在第8周结束时学生要达成以下目标（陈彤，2013）：

（1）应会认、会写800个左右常用汉字，掌握1000个左右常用词；

（2）打好语音语调基础，消除z、c、s、zh、ch、sh、j、q、x不分的问题，分清诸如“问”和“吻”、“睡觉”和“水饺”的不同；

（3）能用所学句法和词汇与中国人进行基本的交流；

（4）能看懂一些简写文章及广告，并接触一些真实语料；

（5）能用所学汉字和语法知识书写与自己生活比较贴近的作文，形成基本段落，在作文中能较好地使用一些基本的关联词语。

2.1.11.3 课程安排：学生人数每年都在30个左右，他

① 这部分内容主要参考了陈彤（2013），载陈彤《明德之路》，北京：北京语言大学出版社，2013年5月，P3-9。

们被分成两个大班，第一个大班又分为三个小班（小班一、二、三），第二个大班又分为两个小班（小班四、五），每个小班的人数在6个左右，便于小班操练。课程设置为大班语法课、汉字读写课；小班操练课和单班课。

一年级每年情况不同，老师的数量也不同，但一般来说保持在5~7个，师生比例是1∶4。2015年是28个学生，7个老师。上课数量是每人每天上两节课，加上下午一个半小时的一对一谈话。每天的课时量是正常学期的一个星期的课时量，学生上午上四节课，下午每人20分钟一对一单班课，然后是兴趣小组课。老师每天上两课时的课，下午一个半小时的一对一单班课；从周日到周四晚8：00-9：30为老师办公时间（老师轮流，每人每个星期两到三次，每次3~4人）；每周一、五集体备课，周一三个小时，周五四个小时。

教学顺序为上午上大班课和小班课，下午上单班课（15分钟，一对一）。限于师资人数，上午的大班课和小班课的上课顺序为：

（1）第一课时：大班一班（小班一、二、三班）上语法课，学习新课内容；大班二班（小班四、五班）分成两个小班，复习操练前一天所学的内容。

（2）第二课时：大班一班分成三个小班，操练当天第一课时所学内容；同时大班二班学习新课内容。

（3）第三课时：大班二班原地不动上汉字读写课；小班一、二、三班（大班一班）操练前一天所学内容。

（4）第四课时：大班二班（小班四、五班）的学生又回到各自小班去操练当天所学的新课内容，小班一、二、三班又变成大班上汉字读写课。

下午15分钟的单班课主要是帮助学生复习巩固上午所学的内容，并就学生各自的问题及时纠正解决。

教学进度以一天一课为基准，分为语法部分和汉字认读部分，逐渐加入真实语料和简写故事阅读理解。

此外还有特别课程：学校开学典礼那天下午，在其他年级做开学前的准备时一年级已经开课，主要介绍汉语拼音、声调及其规则，并介绍最常见的基本句子（survival Chinese），要求学生在最短时间内掌握这些最基本的生活用语，以便不破坏语言誓约，与其他年级学生、老师沟通。这些最常见的基本句子有[①]：

（1）你好！

（2）请问，……。

（3）这是什么？

（4）这个怎么说？

（5）对不起，我不会说。

（6）对不起，我不懂。

（7）请你再说一遍。

（8）“……”中文怎么说？

（9）“……”是什么意思？

（10）您贵姓？

（11）我叫……。

（12）谢谢！

（13）再见！

（14）上课！

---

① 这是明德暑期中文学校一年级负责人陈彤老师邮件告诉笔者的（2015年7月30日），在此谨致谢忱！

（15）下课！

（16）请跟我说。

（17）请你说。

2.1.11.4　教学方法：总体思路是在教学方法上人为地给学生提供创造一些生活场景，以使学生在有限的时间和条件下能对日常生活中所出现的现象有所了解，并能用目的语比较恰当地与中国人交流，解决问题。

最常用的教学方法是情景教学法，最大限度地给学生提供目的语使用机会，让学生在学习中使用汉语，在汉语使用中学习，而不是让学生死记硬背。此外还充分利用多媒体辅助教学，教学效果良好，特别是在训练学生语音语调方面，多媒体发挥了不可或缺的作用。

2.1.11.5　测试：包括小考和周考。

（1）小考：时间是在大班课的第一节进行；目的是为了及时掌握学生在学习中出现的问题及学生对所学内容掌握的进度；内容在开始时由声母、韵母、声调辨别为主，之后逐步过渡到词汇、汉字、语法，包括已学内容和预习内容。

（2）周考：时间为每周一次，考试时间为两小时；目的是考查学生对本周所学内容的掌握情况；内容以本周所学四课内容为主，内容、题型多样化；形式分为笔试和口试，先笔试后口试。口试形式由问答形式和描述、叙述、比较等组成。

测试方面，没有月考。每天小考，每个年级的小考题型不同，一年级开始以测验拼音及声调为主，两个星期后以看英文写中文（拼音），课文理解，看汉字写拼音，看拼音写汉字为主。各年级每个星期都有周考和口试。

2.1.11.6　多媒体辅助：除课堂教学外，还充分利用网上免费多媒体工具辅助学生练习发音，规范语音语调，体验说中文的环境，体验中华文化。实践证明，使用得当，可激发学生的学习热情，使枯燥的学习趣味横生。每个年级不同，一年级主要用 lingt 和自己录的一些视频为主。

2. 1. 11. 7　集体备课：一年级的老师都需要集体备课。

（1）频次：每周两次集体备课会。

（2）意义：是每一堂课成功与否的关键。

（3）目的：之一是使老师们对个别词语的用法和表达方式统一思想、达成共识；之二是大家开动脑筋，想尽办法，使老师上课时能用最简明易懂的语言及肢体语言来讲解语言点，让学生在老师齐心协力创造出的一些有意思的、与其生活比较贴近的语言环境中进一步领悟消化该语言点，以便在最短时间内掌握该语法点或词语的得体用法。

2. 1. 11. 8　语言誓约：

（1）目的：在没有汉语环境的明德大学，用语言誓约来人为创造出一个说中文的语言环境。用语言誓约来约束学生，使其时刻对他们所说的语言有所警觉：我不能说英文，只能说中文。

（2）效果：总体过程肯定是刚开始痛苦无比，无法交流。但是几天下来，随着学习的深入，学生掌握的汉语知识与技能越来越多，交流也就越来越容易。关键是在刚开始的阶段，如何应对，对师生都是一个很大的挑战。对学生而言，要想表达一个意思，必须回忆可以使用的所学词汇，配之以肢体语言来表达；同样，对老师来说，要想解释回答好学生的提问，也得清楚学生能做什么、不能做什么，了解学生哪个词能懂，哪个词不能懂，再配之以肢体语言交流。

2.1.11.9 备课样例：以 Complement of Degree（Copying a verb）为例：（课前将语法点及重要词汇写在黑板上）

(1) 大班课：使用幻灯片

*Complement of Degree（Copying a verb）

*subject+verb 得+complement

举例：拼音（他吃得很多）

*subject+verb object+verb 得+complement

举例：拼音（他吃饭吃得很多）

*topic，subject+verb 得+complement

举例：拼音（中国饭，他吃得很多）

然后利用图片练习：

图1 跑步

图2 打篮球

（2）小班课

操作程序：由 Warm up 导入语法点：Complement of Degree

（1）（13 min）

Patterns：a. subject+verb 得+complement

b. subject+verb object+verb 得+complement

c. topic，subject+verb 得+complement

（用 Warm up 引出的词语练习：快、慢、多、少、好、差、早、晚）

老师：你们写汉字写得快不快？

学生：……

老师：你呢？（指学生 B）

老师：你们说中文说得好不好？

学生：……

老师：你呢？（指学生 C）

老师：你游泳游得怎么样？

学生：……

老师：你呢？（指学生 D）

老师：周末你睡觉睡得多不多？

学生：……

老师：你呢？（指学生 E）

老师：你起床起得早不早？

学生：……

老师：你呢？（指学生 F）

老师：汉字你写得很慢，英文呢？（指示学生使用 Pattern C）

学生：……（汉字我写得很慢，可是英文我写得很快。）

老师：你呢？（指学生 G）

老师：现在你们不可以说英文。英文你们说得很好了，中文呢？

学生：……

老师：你呢？（指学生 H）

老师：你游泳游得很好，跳舞呢？

学生：……

老师：你呢？（指学生 H）

进行 Task 练习。

3.1.12 明德暑期中文学校二年级教学情况介绍[①]

从课程安排、集体备课、语言点教学以及二年级教学特别关注的其他方面（包括培养语篇能力、重视教师反馈、流利度与准确度的平衡、使用真实语料和总结汉语语法规律）来介绍二年级的教学情况。

2.1.12.1 课程安排：师生比例为 1∶4 或者 1∶4.5 左右，课程安排与其他年级（大班、小班、单班）一样，每天的教学内容相当于普通大学汉语课程一周的工作量。学生每周上五天课，每天上午上四个小时的课，前两节大班课，后两节小班课。大班课人数控制在 24 人之内，小班课人数通常在 6 人。下午是 15 分钟的一对一个别谈话（单班课）。

（1）大班课：操作程序：两节大班课分三步：小考、语言点介绍和练习、阅读练习。大班课开始时先做小考。小考之后，大班课老师会结合当课重点词语的练习，介绍并简单练习当课语言点。这些语言点的讲义在课前已经发给学生，帮助他

① 这部分内容主要参考了张锦（2015）。

们预习。大班课的最后一部分是阅读，形式是一到两则真实语料，或与课文主题相关的一篇较短文章的阅读。例如在学习了“订旅馆”之后采用的真实语料是一家旅馆的介绍材料，包括地址、价格、入住和退房时间、餐饮服务等；在学习了“在美国看病”之后的阅读材料是一篇与美国低收入人群的医药保险有关的网文。此外，第一周和第三周每周有一次大班课的最后十分钟用于老师给学生介绍汉语语篇知识（详见下文）。

（2）小班课：小班课用于词汇和语言点的练习和交流性活动。小班课的前 20~30 分钟用于练习生词。练习时有两个重点，一个是学生如果发音不准，教师会进行纠正，二是介绍常见的词语搭配。接下来是语言点的练习（详见下文）。最后的 20-30 分钟一般用于交流性的学习任务或由教师带领讨论。

（3）单班课：即一对一个别谈话，主要是师生对话，学生在老师的引导下积极、主动使用当天上午所学词汇和语言点。“一对一”谈话的问题学生已经提前知道，教师可以视学生的程度调整所问的问题。这样的谈话既是对学生一天学习的总结，也是对当天学习效果的检验。

2.1.12.2　教学方法：以“再”和“又”表“再次”意的用法为例，下面是学生课前拿到的语法讲义上的注释和例句：

例如：再 and 又（again）

（1）再 means again in the future，whereas 又 often means again in the past.

①我想明年夏天再来明德学中文。

②上个星期三我们去游泳了，昨天（我们）又去了。

（2）When 又 is used for future events，it refer to something

that is destined to happen again.

后天又是星期一，我们又要考试了。

(3) If there is a modal verb, auxiliary verb, or mental verb (e. g. 得、可以、能、要、想 etc.) 又 precedes it, but 再 follow it. Compare the two example sentences below.

①明天又是星期六，我又可以睡懒觉了。

②要是有机会，我想再去一次中国。

具体操作如下：

1) 大班课：在大班课上，老师会依据讲义向学生介绍“再”和“又”表示“再次”意时的不同用法，并做简单练习。

2) 小班课：关键是设计出有意义的交流型学习任务，以避免在课上进行机械的完成句子或词汇替换类的练习。例如，可设计一个“旅游相册”的活动，供小班练习“再”和“又”的语义为“再次”的用法。老师课前做好不同地方的“旅游相册”讲义课上发给学生，每个学生拿到的相册是不同的，相册上面有包子、山、湖、京剧表演、街头市场等照片。

第一步是老师先给学生做示范，说：“去年八月我去北京了，今年一月我又去了一次，现在我又想去了。我喜欢吃这种包子，去年八月吃过两次，一月我又吃了好几次，现在想再去吃几次。京剧也很有意思，去年八月我听了一次，一月我又去听了一次，现在我想再去听一次。”老师在示范时，“又”和“再”都会用到。

第二步是学生按照老师的范例，二人一组，就各自拿到的旅游相册练习，互相介绍各自曾经去过的地方，然后用“又”和“再”说明自己想做什么。

第三步是让学生按照自己的亲身经历，互相说明自己去过的地方，想“再”做什么，或者“又”想做什么了。

第四步是老师挑选几名学生向全班说明自己的练习伙伴的情况，即时检验学生对“再”和“又”的掌握。

小班课有三个特点：一是从第一步到第四步是一个由教师示范、学生半自主练习、学生自主输出语言到教师实时检测的渐进过程；二是这项练习基于现实生活，给学生提供了一个使用“再”和“又”的有意义的语境；三是在练习中，学生需要发挥其主观能动性，自己判断何时应使用“再”，何时应使用“又”，而不是在教师的提示下无意识地进行机械操练。

2.1.12.3　集体备课：每周两个下午集体备课，主要内容是统一意见，使各年级所有教师对每课“教什么”以及“怎么教”达成共识。二年级的集体备课会以讨论语言点讲义、小班课讲义和“一对一”个别谈话为主。

(1) 语言点讲义：语言点讲义在课前会发给学生，作为预习和复习的基本材料。在备课会上教师一起讨论各个语言点的注释和例句，最重要的是对比较复杂的语言点“教什么”进行讨论。例如“把”字句中动词后的成分不止一种，不宜混在一起介绍，而备课会要讨论的就是怎样细分“把”字句结构，做到在介绍“把”字句时由易入难、循序渐进。

(2) 小班课：小班课讲义不发给学生，是老师上小班课时的依据，老师在课上可以做微调，但是基本上按小班课讲义操作，以保证不同小班课上练习的内容基本一致。教师集体讨论小班课讲义，解决的主要是“怎么教”的问题。以“把”字句为例，备课会时教师讨论的是如何设计交流性的学习任务，并使学生可以在有意义的语境中使用

“把”字句，而不是教师指定句型，学生简单、机械地进行词汇替换练习。

（3）单班课：一对一个别谈话的备课会重点在于确定个别谈话的主要问题，以及教师如何做到让学生在谈话时尽量就当天所学课文的主题积极主动地使用上午课上所学习和练习的词汇和语言点。

2.1.12.4 测试：二年级的测试也分小考、周考和大考三部分。

（1）大班课的小考：小考分三个部分，包括把用当天课文中的词汇编写出的一个句子从汉字写成拼音、3个基于课文的是非题和当课课文生词的听写，通常在5分钟内完成。与单纯的听写相比，这样的小考除了检测学生是否掌握了当天课文中的汉字外，还可以保证学生在课前预习时不但注意汉字和词汇的学习，而且基本了解课文内容，对课堂教学更有帮助。

（2）周考：每周的测试，重点考查本周所学的内容。

（3）大考：相当于国内长期班最后的期末考试，考查全部所学内容。

2.1.12.5 二年级教学特别关注的一些方面：

（1）培养语篇知识：

①补充语篇知识的原因：之所以特别关注语篇知识是因为低年级学生受限于其汉语水平，能表达的量不多，语篇能力的培养常常被忽略。而进入高年级后，语篇知识的缺乏对于他们的口语和书面表达都会成为一个障碍。事实上，二年级的口头和笔头表达已经与语篇有很大关系了。因此有必要在二年级就重视语篇知识的培养，在所学语言点与语篇的衔接与连贯有关时便因势利导，在二年级教学中融入语篇知识的介绍。

②具体做法：主要围绕以下三个方面：a. 介绍汉语主题突出的特点；b. 梳理语篇衔接手段，包括时间词、副词、连词、介词等；c. 介绍描述、叙述、比较和解释四种基本段落的语篇特点和汉语文章整体结构的组织。这些知识在明德中文暑校第一、三、五周分别通过实例集中介绍给学生。

③要求：教师提供给学生的口头报告和作文都明确要求学生注意整体结构和衔接，并给学生一定的语篇组织上的建议。此外，教师在批改学生作文以及评判学生的口头报告时，语篇组织也是评判的标准之一。教师在反馈表中，除了词汇、语法使用等内容之外，也有语篇方面的意见。学生根据老师的反馈意见，再次改写作文，老师二次反馈。这样，从学生开始构思到语言产出再到教师对学生语言产出的评判以及学生的自我反思，语篇知识都有机地融入其中。

（2）重视教师反馈[①]：从 2007 年夏，教师反馈成为二年级教学中的一个重要部分。要回答三个问题：反馈哪些（内容）？如何反馈（形式）？有何功能（作用）？

①内容：包括对发音练习、口头报告和作文的反馈，反馈具体细化为发音、词汇使用、语法使用、语篇结构、流利度等方面。

②形式：教师反馈有三种，笔头的反馈表、口头的语言反馈和当面的一对一实时反馈。以发音反馈为例，学生在网页上听到老师的标准发音，练习模仿后以录音方式提交至网上平台。在笔头反馈表中，教师除标出学生的错误之外，也会总结学生错误的规律，包括声母、韵母、单个声调、声调组合和流

① 这里所谈的是课堂之外的反馈，在大班课和小班课上，老师的反馈都是很及时的。

利度、自然与否等方面。口头的语音反馈老师在网上操作，指出错误，并提供标准的发音范例。此外，学生还可以利用晚上答疑时间和老师做一对一的纠音练习，得到实时反馈。

③作用：无论是发音练习、口头报告还是作文，教师的反馈都起到了及时告知学生学习情况的作用，同时使学生对自己在汉语学习上的长处和弱点的认识具体化，从而可以更好地改进。

（3）平衡流利度与准确度[①]：既重视流利度，又重视准确度。在课堂上，学生发音有误老师会及时纠正。在课下，发音练习、口头报告和作文的反馈也是提高学生语言输出准确度的重要手段。

（4）使用真实语料：除了大班课上的阅读材料之外，学生每课都会得到两个以上的中文网站链接，这些网站与课文内容相关，可供学生在课下独立探索，若有问题可与老师讨论。

（5）总结汉语语法规律[②]：除每课的语法讲义之外，二年级还在期中、期末时给学生提供两次阶段性的语法复习讲义。这些讲义按照句法特点或功能列举语法点，为学生做汉语语法规律的梳理总结。例如，将所有含有“对……”介词短语的句型列在一起、将所有表示转折的句型列在一起等。由于二年级的学生对汉语语法往往还“见树不见林”，因此这样的复习对学生及早建立宏观的汉语语法观很有帮助。

---

① 似乎对准确度的要求降低了，没有强调当二者发生冲突时，应该以哪条原则优先。赵元任先生和周质平教授都特别强调准确性优先，流利是在准确之后的流利。现在明德中文暑校的要求在二者关系上似乎有些含糊。

② 总结梳理语法规律的意义很大。使教学从归纳法转为归纳-演绎结合法，其做法是先归纳再演绎，便于学生更好地掌握汉语语法的规律。充分利用了成人的思维模式和学习特点，将会起到举一反三、事半功倍的效果。

3.2 美国在华中文项目介绍

美国明德汉语教学模式也体现在美国在华中文教学项目中，这些美国在华中文项目基本上均采用明德模式，其项目负责人也几乎悉出“明（德之）”门，其教学和管理都源于这种方式，因此这些项目可称之为明德项目。这些明德项目既有短期的也有长期的，美国在华短期项目如普林斯顿大学北京暑期中文项目（PIB，简称“普北班”）、哥伦比亚大学北京暑期中文项目（CIB，简称“哥大班”）和哈佛大学北京书院（HBA，简称“哈佛班”）等；美国在华长期项目如美国文理学院联合中文项目（ACC）、美国 CET（Chinese Education Tour）学术项目（CET）和美国各大学联合中文项目（Inter Universiy Program，IUP）等。有些美国在华中文项目同时兼有短期项目和长期项目，如 ACC、CET 等。

美国在华中文项目与美国明德中文暑校还是有区别的，卫斓（2010）提到了三点：①教学环境不同：明德中文暑校属于模拟语境，在华中文项目是真实语境，后者可以更充分地利用目的语环境让学生更多地了解中国社会和中国文化。②教师不同：明德中文暑校主要从美国高校和大陆与台湾地区招聘教师，大部分是有经验的老师；而在华中文项目多在中国本土招聘教师，尤其是小班操练课教师，多数为在读研究生。③师资培训内容不同：招聘的教师来源不同，师资培训的内容和形式自然也不一样。当然，我们在研究时只抽取美国明德中文暑校和美国在华中文项目共同的东西作为明德模式的特点，对在华中文项目的改进措施也会提及并解释其内在理据，作为明德模式发展完善的一种举措。

3.2.1 美国在华中文项目概述①

3.2.1.1 美国在华中文项目发展简史：从发展脉络上来说，主要是项目的主导方发生了变化，由最初的中方主导，到中美合办，再到最后的美方主导。

（1）20世纪80年代初，随着对外汉语教学的发展，开始有美国中文项目落户中国。彼时来自美国的中文项目尽管有自己的领队，但在教师、教材及教学管理等方面均由合作的中方大学负责。因此，项目的教学和管理自然就具有中国的教育理念、方式和特色，与美国高校不尽相同；与美国的暑期语言强化项目相比差异就更大。

（2）1980年，CIEE（The Councilon International Educational Exchange）项目在北京和上海开办。合作方式在几年中由开始时的中方负责教学而逐渐发生了变化。

（3）1982年，美国CET（Chinese Education Tour）学术项目在首都师范大学开办，该学术项目由美方主导，合作方式开始与其他中文项目有所不同。

（4）1989年，美国欧柏林大学（Oberlin College）在云南大学开设短期中文项目，从人事、财务到教材、教学及管理等方面均由美方负责，成为一种新的合作方式。

（5）1993年，美国普林斯顿大学在北京师范大学开办暑期中文项目“普北班”（Princeton in Beijing，PIB），该项目成为较成熟的、规模较大的美国在华中文项目，并形成了其独特

① 参看李恺、刘芳：略论美国在华中文教学项目，载《汉语国际教育》，2010年第3期。

的教学和管理模式。

(6) 1995年，ACC (Associated Colleges in China，美国文理学院联合中文项目) 项目在首都经贸大学开办。

(7) 1997年，IUP (Inter Universiy Program，美国各大学联合中文项目) 项目从台湾大学迁至清华大学。

(8) 面向美国高中生的"海外学年"(School Year Abroad，SYA) 也在北京师范大学第二附属中学开办①。

3.2.1.2　美国在华中文项目的类型：

美国在华中文项目根据教学时长可分为短期项目和长期项目。在华短期中文项目的数量要远远多于长期项目，通常多为美国各大学在华设立的暑期中文项目，如普北班 (PIB)、哥大班 (CIB) 和哈佛大学北京书院 (HBA) 等；长期项目有ACC、CET和CIEE等项目，部分在华中文项目兼有长期项目和短期项目，如ACC项目就是这样。以2009年暑期为例，据不完全统计，在北京的美方中文教学的主要项目有：

表4　美国在华中文项目一览表

序号	美方项目名称	人数	所在中方院校
1	普林斯顿大学班	约150人	北京师范大学
2	哈佛大学北京书院	80人	北京语言大学
3	哥伦比亚大学班	75人	中央民族大学
4	西北大学班	41人	清华大学
5	达慕思大学班	30人	北京师范大学
6	杜克大学班	60人	首都师范大学
7	南加州大学班	30人	首都师范大学
8	CIEE (美国国际教育交流协会)	80人	北京大学/华东师范大学

① 有关SYA的相关情况来自SYA项目的马宁蔚老师，在此谨致谢忱！

续表

序号	美方项目名称	人数	所在中方院校
9	ACC（美国文理学院联合中文项目）	50人	首都经贸大学
10	IUP（美国各大学联合中文项目）	50人	清华大学
11	CET（美国在华中文教育学术项目）	85人	北京教育学院

来源：李恺、刘芳（2010）。

上海、南京、杭州、天津、哈尔滨、昆明也都有类似的美方中文项目，可以说这些项目囊括了绝大多数美国各高校来华学习中文的学生。

美国在华中文项目根据项目的主导方可大致分为两类：美方主导型项目和中美合作型项目。美方主导型项目如CET、PIB、IUP、HAB、ACC等项目，虽然名义上是跟中国的某个大学合办，但在招生、财务、课程设置、教师聘任等方面的实际权力都由美方支配，中方高校仅为美方租借教学场地而已。中美合作型项目如CIEE和很大一部分美国高校组织的本校学生来华学习项目，此类项目美方负责招生，然后按照中方学校的标准交纳学费，课程设置和教师聘任基本上由中方安排。值得注意的是，美方主导型项目基本上采用明德模式，而中美合作型项目基本上采用国内的分技能教学模式。

值得一提的是美国在华中文项目独特的管理方式。广义的明德模式既包括教学模式也包括管理模式，狭义的明德模式仅指教学模式，本文的研究取狭义明德模式，但这种管理模式值得关注和研究。美国在华中文项目的管理模式既不同于美国各大学日常的中文教学管理，亦有别于中国国内各高校的中文教学管理，其管理特点是美方财务自主、独立教学，美方自行招聘教师并自行进行管理，类似这种形式的办学已有十多年的历史并且还在不断发展。换言之，这些美方在华中文项目均有自己独立的人事权和财务权；课程设置、教材选择、教学管理也独立施行而不受制于中方合作单位。其运作方式和性质有些像教育领域的“外资企业”（李恺、刘芳，2010）。

美国在华短期中文项目基本上为暑期项目，教师方面通常是以美方高校的教师作为骨干，担任大班课老师，其余的小班课和单班课教师则临时在本地招聘，经项目培训一周左右后上岗，实行短期合同制。

由于美国在华中文项目基本采用的都是明德模式，在教学对象、教学理念、教学目标、教材选择、教学方法和教学程序等主要方面大同小异，因此下面主要介绍普林斯顿大学暑期中文项目（普北班）和哥伦比亚大学暑期中文项目（哥大班），以避免内容上雷同①。

3.2.2 美国普林斯顿大学暑期中文项目（PIB）

3.2.2.1 普北班概况

美国普林斯顿大学暑期北京中文培训班（Princeton in Beijing，简称 PIB），简称“普北班”。自 1993 年开班到现在，20 年来一直与北京师范大学合作，有“外汉语教师的黄埔军校”之称。在众多的美国暑期中文项目中，普北班历史最长、名声最大、影响力最广泛。该班由普林斯顿大学东亚系教授、

① 之所以主要介绍这两个暑期项目是因为作者对这两个项目比较了解：2004 年作者曾担任普北班二年级的大班老师；哥大班则在中央民族大学开设多年，作者曾多次旁听其教师岗前培训并观摩其课堂教学。

明德暑期中文学校前校长周质平先生创建[①]，自1993年开始，每年一期，每期两个月，迄今已经举办了22期[②]。普北班所有的学生按照中文水平的高低分二、三、四等三个年级教学，严格的管理和高质量的教学使学生在两个月其听说读写能力会超过在美国一年的学习效果。普北班的教学任务由美方教师和在当地聘任的中方教师共同承担，通常美方教师担任大班老师，小班课和单班课教师由在北京聘任的中方教师担任。美方教师同时也兼任年级组长和副组长，个别年份也会聘任北京当地的中方教师担任大班课老师，不过这种情况较少。受聘的教师分正取和候补两类，均要接受普北班的教师岗前培训，培训合格后正取教师方可上岗，候补教师在正取教师解聘后可递补上岗。

普北班的教学时长与明德暑期中文学校一样，共在华九周时间，前四周与后四周各为一个学期，中间一周为语言实践（学生通常到中国各地旅行）。除去日常课程之外，普北班还为学生安排了丰富的课外活动，例如每周两次的“中文桌子（Chinese table，教师带领学生吃中餐）”、看京剧、看杂技、游览北京周边的名胜古迹、听中文讲座、举办“北京之夜”汇报演出、举办演讲比赛等。笔者2004年暑期在普北班二年级担任大班老师，经历了普北班的“洗礼”，此处想以普北班为案例详细介绍传统明德模式的相关情况。

---

① 周质平教授，1970年毕业于台北东吴大学，1974年获东海大学硕士学位，1982年获美国印地安那大学（Indiana University）中国文学博士学位。现任美国普林斯顿大学东亚研究系教授，兼中文部主任。曾任明德大学中文暑期学校（The Chinese Summer School，Middlebury College）校长九年（1983—1992），1993年与北京师范大学合作成立普林斯顿大学暑期北京中文培训班，现任该项目负责人。

② 2003年由于北京春季遭遇“非典”疫情，普北班是年暑期未能开办。

3.2.2.2 生源情况与教学理念

普北班立足于普林斯顿大学，面向北美乃至全球名校招生，每年招收 150 人左右，入学比例大约是 1∶5，师生比例为 1∶2.5[①]。教学理念与明德暑期中文学校一脉相承，也是秉承“全面沉浸”的语言教学理念。并且为了保证这一理念的贯彻执行，对语言誓约的要求更为严格。项目负责人和教师会经常巡视监督，一经发现有学生违反语言誓约，轻则约谈，重则开除，而且开除后学费是不退的。

3.2.2.3 教学目标与教材选择

主要教学目标是短期速成，希望学生在短短两个月内中文水平达到最大程度的提高。教材为自编教材，不按技能分课型，所有课型（大班课、小班课和单班课）均使用一本教材，听、说、读、写四项技能齐头并进。以普北班二年级为例，使用的教材是周质平、杨玖和张家慧合编的《新的中国（修订本）》（美国普林斯顿大学出版社，2011 年出版）。该教材是普林斯顿大学中文部专为中级汉语学习者编写的系列中文教材之一，自 1999 年出版至今，已成为中级汉语学习的标准教材。该书反映了过去十年在中国发生的天翻地覆的变化。修订版在原书的基础上做了适当修改，在文字上力求通达平顺，在内容上更加贴近社会生活，以一个留学生的视角从多个方面真实地展现了中国发展的最新面貌。全书可分为两个部分：前半部分的内容是留学生初次来到北京的生活体验，从衣食住行等日常场景中反映了当代中国社会方方面面的生活现状。后半部分的

---

① 具体比例每年的情况不尽相同，此处仅指通常的比例。

课文讨论了中国当前存在的社会和政治问题，包括离婚、高考、交通等方面，有着深刻的现实意义。该书还提供了详尽的语法注释和充分的课后练习，为使用本书的师生提供了便利。修订版在内容上增添了贴近生活的新的课文和扩展词汇，在编排上将两卷合并成一卷，并采取简繁并列的方式，更加实用方便。

由于只使用一本教材，课程的进度非常快，通常在美国国内一周学习一课，而在普北班每天就要完成一课书。粗略计算一下：学生每天学习 4 学时（大班课和小班课，不算单班课），每周 20 学时（含周考），8 周共计 160 学时，需要完成 30 多课书，再加上个别谈话，则相当于美国大学正常教学一年的教学量，因而学生可获得相应的学分，并且美国各大学承认该学分。

3. 2. 2. 4　教学方法、教学程序与教学测试

普北班采用的教学方法是周质平教授在明德暑期中文学校长校时所采用的密集强化操练法，与后期明德暑期中文学校和其他个别美国在华中文项目不同，普北班并未吸收任务型教学法等其他新的教学方法。我们把普北班的这一教学模式称为传统明德模式，密集强化操练法就是普北班所代表的传统明德模式的核心（有关密集强化操练法的相关论述详见下文）。教师在教学中完全摆脱以讲为主的教学方法，代之以密集强化的操练，充分贯彻了“语言学习是新习惯的建立而非新知识的获得”、“不知亦能行”等教学理念——这一点对国内对外汉语教师而言是非常具有冲击力的。

普北班的课程安排也与明德暑期中文学校一样，按照上午

大班课和小班课，下午单班课（个别谈话）的顺序来安排。时间安排非常紧凑，教师和学生几乎没有午休的时间，晚上师生也都休息得很晚。下面以小班操练课为例，展示一下小班课教师一天的日程安排（李恺、刘芳，2010）[①]（见表5）：

表5　小班课教师一天日程安排表

顺序	时间	内容	备　注
1	7：30-9：20	旁听大班课程	在大班课上担任当天听写内容的批改任务
2	9：40-11：30	上词语句型操练课	大班一分为二，成为两个小班
3	12：00-13：00	午饭	和学生一起，称为“中文桌子”，每周两次
4	13：30-16：30	和学生个别谈话	单班课，师生一对一
5	16：30-18：00	集体备课	每周两次
6	20：00-22：00	个别辅导学生	称为“办公室时间”
7	22：00以后	备课、批改作业	通常要12：00之后才能休息

正是这种“魔鬼式管理”才管出了成果，普北班所取得的非常高效的教学效果是国际汉语教学界有目共睹、有口皆碑的。

普北班有每天的听写小考、每周的大考。小考是每天在大班课上，老师要听写当天所学课文的句子，由小班课老师批改后教给大家。周考会出正式的试卷，考查学生本周的学习情况。此外，在开学前有分班测试，最后有项目的结业考试。普北班对考试的要求非常严格，如果违反考试纪律会被项目负责人约谈，并通知该学生在美方的院校，取消其全部学分。

① 李恺、刘芳（2010）文中只说是某中文项目，并未指明是普北班，但普北班小班课的时间安排大致如此。

3.2.2.5 存在的若干问题

尽管普北班取得了不俗的成绩，但也并非完美无瑕，下面笔者以自己 2004 年暑期的亲身经历谈一谈某些方面仍存在的一些问题：

（1）对中国语言文化环境的利用不够：普北班几乎全盘复制了明德暑期中文学校的教学模式和管理模式，课程安排得非常紧凑，平时学生根本没有时间走出校门到外面自己体验中华文化。甚至从某种意义上来说，普北班就是在北京办的另一个明德中文暑校，虽然学生在周末也会由项目组织一起去看京剧、看杂技或游览北京的名胜古迹，甚至有一周的时间进行语言实践，但从根本上来说，还是未能利用北京丰富的语言文化资源充分贯彻全面沉浸的教学理念。

（2）对中方教师的人文关怀不够：普北班完全以美国学生为中心，这一点本身是没有错的，但对教师尤其是在北京当地招聘的中方教师（通常以小班课和单班课教师为主）的关心不够，具体表现在三方面：一是生病时仍要带病工作。笔者当时的一位同事因劳累过度生病了，但亦无法请假休息，仍被要求完成自己份内的工作。二是对教师的评鉴内容事先并不公布。普北班对每位教师有两次评鉴，评鉴的结果将影响到教师是否续聘及未来的薪酬等重要事项，但在评鉴之前并未告知中方教师具体需要考评的内容。三是对教师的解聘较为频繁。中方教师如果评鉴结果不好或有学生到项目负责人或年级负责老师处反映其教学上的问题，该教师就有随时被解聘的可能[①]。

① 项目在招聘教师时分正取和候补两类，有大量候补教师可随时替代被解聘的正取教师。

尽管从项目运行的角度看相关做法似乎无可厚非，但对中方教师而言则比较缺乏安全感，而且有些做法也值得商榷。李恺、刘芳（2010）指出：在华招聘的“短期项目训练的教师一般都是培训一周上岗。他们能够熟练上好操练课，但难以承担多方面的教学工作，是能力不健全的“操练手”，在整个教学运作中处于从属地位”。教师的培养需要大量投入，而且客观上也有一个逐步成熟的过程，过于苛刻的要求从长远来看似乎并不利于项目的成长①。

（3）学生消化理解所学内容不够：上面说的是教师处于高压之下，每天为了完成备课任务疲于奔命，事实上学生们学习的压力也非常大。由于是短期速成强化，教学以每天一课书的进度向前推进，而且时间紧、内容多，因此尽管学生非常努力，但仍然不能很充分地消化、理解、吸收所学习的内容，存在课程内容掌握不扎实的情况是难免的。例如，一位学生每天要完成的功课是：复习当天所学的语法点和课文，准备第二天要学习的生词和课文听写（不但要听课文录音，还要会写将要学习的课文中的每一个句子），因此学生们也是每天很晚甚至要到午夜 2：00 之后才能休息。尽管是短期强化学习，但一两个星期之后，学生（包括教师）几乎没有不感到疲惫不堪的。“一张一弛，文武之道”，尽管速成教学有其诸多长处，但教学/学习的强度似乎应有底线，以损害师生健康为代价的某些做法似乎值得改进。

---

① 如：普北班几乎每年都招聘新人而愿意第二年继续留任的教师较少，这就造成了项目每年都要大量招聘培训新人，从而陷入了“招聘新人—培训新人—解聘新人—次年再招聘—再培训—再解聘”的恶性循环。窃以为这对普北班的后续发展似乎不利。

尽管普北班存在一些问题，但瑕不掩瑜，目前普北班的教学仍然是传统明德模式的代表，普北班这个中文项目仍然是美国在华暑期项目的标杆。

3.2.3 美国哥伦比亚大学暑期中文项目（CIB）

3.2.3.1 哥大班概况[①]

美国哥伦比亚大学北京暑期项目（Columbia University Summer program in Beijing，CIB，简称哥大班）。美国哥伦比亚大学是美国东部名校，是最早开展中文教学的美国高校之一[②]。据高晨（2007），在2006年该校东亚语言文化系中文部共有中文教师近20人，学习中文的学生有429名，比2000年的254人翻了近一番，中文已成为哥大仅次于西班牙语的第二大外语。鉴于该校学生学习汉语的热情很高，哥大还提供了各种海外强化中文教学活动，其中暑期中文强化项目有三个，分别设在北京、上海和台北，其中设在上海的项目主要培训商务汉语，设在北京和台北的项目属于语言技能培训类。

哥大班就是其中设在北京的暑期中文强化项目，该项目的发展经历了四个阶段：开班、发展、成型和成熟。

（1）开班阶段：1998年哥大班在首都师范大学开设，是为其开班阶段。[③]

（2）发展阶段：哥大班后移师清华大学，在此阶段引入

---

① 哥大班的相关情况是根据笔者2008年和2009年旁听哥大班教师岗前培训时的笔记整理而成，不确切之处概由笔者本人负责。

② 哥伦比亚大学的汉语教学始于1901年，是由爱国华侨丁龙先生在哥大设立的中文讲座教席，详见刘乐宁（2013）。

③ 据项目负责人刘东宁教授，岗前培训时的课件。

了住家计划（Homestay）[①]，并为学生配置了语伴。

（3）成型阶段：哥大班是在北京语言大学和北京大学（2005年开始）逐渐成型的。与普北班坚持不使用多媒体不同，哥大班该阶段开始广泛使用教学课件，同时由专业辅导老师替代了之前的语伴。

（4）成熟阶段：哥大班是在中央民族大学（2008年开始）最终完全走向成熟的，与普北班为代表的传统明德模式不同，哥大班在明德暑期中文学校和普北班原有教学模式和管理模式的基础上又做了一些改进和完善（详见下文），通过不断调整，加强管理，最终走向了成熟。此后，该项目又回到了北京大学（2011年开始）。

哥大班与明德暑期中文学校和普北班一样，每期教学时长为九周，前四周和后四周为两个学期，中间有一周的假期，学生根据入学时的中文基础被分为四个年级。教师由美国及北京当地的教师合作进行教学，美方教师通常为大班老师（来自哥伦比亚大学或美国其他大学），小班课和单班课的教师一般是在北京当地招聘的，一般是中文、对外汉语教学或汉语国际教育专业，学历要求硕士以上。通常经项目岗前培训后上岗，值得一提的是哥大班对小班课教师单独招聘并单独训练，训练

---

① 附中央民族大学《为美国大学生募集中国寄宿家庭的通知》：2010年，我们将继续为来校学习汉语和体验中国文化的美国哥伦比亚大学汉语进修项目学生安排住宿中国家庭的活动。今年我们诚征22个中国家庭，协助我们接待美国留学生到家中短期生活。时间：2010年6月17日—8月20日（预计），共64天。家庭要求：家庭成员二人以上，身体健康，家庭和睦，对留学生有爱心和耐心，不以学习英语为主要接待目的。（距中央民族大学2公里范围内，能在20分钟内到达学校的家庭优先选择。）住宿要求：独立卧室（有空调、衣柜、桌子、床、寝具）；可上网；有坐式马桶和淋浴。不要求提供三餐，学生自备洗漱用具。

内容与训练方法独具特色。师生比：2005 年为1：3.7，2006 年为1：1.9，呈逐年下降趋势[①]。哥大班的课程安排以强化的课堂教学为主，辅之以复习操练和专业教师的个别辅导、谈话。除此之外，项目还为学生安排了丰富的课外活动，例如参观游览名胜古迹、听中文讲座、举办演讲比赛等。

3.2.3.2　生源情况与教学理念

生源方面，哥大班与设在台北的中文项目只招收非华裔学生不同，对学生的来源并无限制。哥大班每期约招生一百名，生源全部来自美国著名高校，如哥伦比亚大学、普林斯顿大学、耶鲁大学、密歇根大学、宾西法尼亚大学等。与普北班一样，学生也是要提交材料经过严格遴选后才能入学。

教学理念方面，哥大班也是秉持全面沉浸的教学理念，并要求学生在入学之初签订“语言誓约”，保证在华学习期间只说中文不说英文，否则既无学分又无退款。但哥大班在继承借鉴明德暑期中文学校和普北班成功经验的基础上，又吸收了其他教学理论和教学方法上的精华，形成了独具特色的教学理念[②]：

（1）认为所有人都具有习得语言的能力，这种能力是与生俱来的。但是这种语言生成能力必须要受到后天语言经验的刺激才能被激活。对于成人学生来说，第二语言能力的获得不可能像获得母语那样“自然”地完成，也不可能像“听说法”期待的那样完全通过刺激-反应的过程实现。这一能力必须在

① 师生比例逐年下降的原因大约是后期逐渐有大批的汉语国际教育硕士可供选择，师资选聘已不成问题。

② 根据高晨（2007）和笔者 2008 年与 2009 年 CIB 教师岗前培训的笔记综合整理而成，不确切之处，概由笔者本人负责。

一个有组织的教学活动中达成，所有人都有先天内在的语言习得机制。

人的语言能力可以粗分为两个部分，一个是大脑词库（mental lexicon），一个是大脑语法（mental grammar）。这两种能力的习得是由大脑的两个不同的机制来完成的，一个是陈述性记忆系统（declarative memory），一个是程序性记忆系统（procedural memory）。前者主司非表述性成分，如词汇、词缀和固定表达等，后者主司与事件程序及层级结构相关的成分，如句法和其他技能。在第一语言的习得过程中这两个系统各司其职，互不相扰；而在成人的第二语言习得过程中，程序性记忆将其责任推向陈述性记忆，词汇和语法的习得都由陈述性记忆承担。由于陈述性记忆基本上是一种有意识的活动并可以有意识地忆起（recollect），因此二语词汇和语法的学习都应可以在一种明确的传授（instruction）中完成——这就是语言教师课堂教学的意义所在。也就是说，学习者必须理解所学词汇和语法规则，而不是无意识地习得——这就是语言学习与语言学得之间的区别[①]。

（2）注意语言教学领域的三大区别：刘乐宁教授在教师培训时特别提到这三大区别：①语言习得与语言学习：语言习得是指人在关键期（约12—13岁）之前对语言自然获得的一种过程，而语言学习又称为“语言学得”（李宇明，2000），成人学习语言本质上属于学得而非习得[②]。②二语学习和外语学习：第二语言学习是指在目的语环境下的语言学习，如在

① “语言学得”概念是李宇明老师提出的，与“语言习得”相对。

② 成人学得语言时也不可避免地包含习得成分，但基本性质上属于语言学得，与儿童的语言习得不同。

中国国内的汉语学习就是汉语作为第二语言的学习；外语学习是指在非目的语环境下的学习，如在国外的汉语学习就是汉语作为外语的学习。③在华暑期强化班和常年在华汉语作为二语学习：在华暑期强化班的教学性质属于速成教学，其语言学习属于速成学习；常年在华汉语作为二语学习本文称之为国内长期班教学，属于常规教学，其语言学习性质属于常规学习。

（3）听说读写四项技能不能截然分开。哥大班与明德暑期中文学校和普北班一样也是只分为大班、小班和单班，不采用国内分技能设课的形式。其内部理据不仅仅是由于在美国中文作为诸多外语的一种，只可能采用一本教材，设置一种课型（不可能分技能设课），更重要的是哥大班认为听说读写这四种能力不能截然分开，而是要齐头并进、综合培养。在大班课上重点学习语法，在小班课上操练语法并进行话题讨论，再辅之以个别谈话、演讲和作文等口头和笔头形式，使学生听说读写能力得到综合提高，各项技能之间也会起到互相促进的作用。这样做的结果也可最大限度地避免因分技能设课却不能有效紧密配合所造成的脱节情况的发生。

（4）在听说读写四项技能中侧重听说技能的训练。当然，在听说读写这四项技能之中，哥大班着重培养学生的听说能力，强调“听说第一，读写第二”。为什么特别强调口语训练？朱永平教授在 CIB 师资培训时特别强调：“要教会学生学语言，就必须让他先学会开口。……在听说读写四项技能的学习中，听说技能，特别是‘说’的技能是最难自然习得的，更是不能等待的，需要通过科学的训练——有控制地输入，再辅以输出训练。而且‘说’的培养也最需要教师的指导、改正和帮助。”

（5）在口语训练中要求学生达到脱口而出的自动化程度。为什么要训练学生达到自动化的程度？这是因为英语和汉语的发音部位与发音方法有很大区别，因此必须通过训练发音部位，让学习者发音器官的肌肉适应汉语的发音体系，建立起一种“肌肉记忆”。刘乐宁教授同时提醒高年级对口语的练习也决不能放松，语言的学习应自有声语言起。通过大量的听说操练，使学得的语言达到自动化。研究表明第二语言学得是对一种特殊且复杂的认知技能的学习，会经过一个从需要控制和注意到逐步变成自动化的过程，这个过程的本质就是重构，是内部中介语表征发生质变的过程，可使正式学得的外显规则和知识向内隐规则转化并逐步形成自动反应的过程（Mclaughlin，1990）。显然，反复操练在技能的自动化和表征系统的重构方面扮演着重要角色，有其不可替代的作用。因此，正是基于这一点，CIB 借鉴了听说法的很多做法，承认充分的、高质量的可懂性输入（comprehensible input）是语言学得的关键，而听说法所主张的密集句型操练实际上是提供这种输入的最有效的方法，如果没有大量反复的课堂操练，学生的语言技能不可能自动化——这就是密集强化操练的意义所在。

（6）强调“在教师控制下的以学生为主”。哥大班要求“以学生为主，让学生说话”，为什么教师要有控制？这是因为教师在课堂教学的过程中，必须考虑到学生的接受和理解能力，在语言难度上要严格控制，特别是小班操练课上绝不能使用学生未学过的新词语或语法结构。因此，学生尽管是主体，需要大量的开口练习，但这种练习是在教师严密控制之下的：大班课可谓是严格捆绑（控制很严），小班课略有松绑（控制相对较严，略有放松)，到了单班课师生自由谈话时就相对比较宽松了（参看娄开阳、吕妍醒，2011)。教师在课堂操练中必须起一个组织和引导的作用，教师给学生的每一个问题和练习都是经过反复斟酌、精心准备的。

(7) 强调输入的语料应该是有意义的、可懂性材料。人类的普遍认知规律是从“已知”到“未知”，因此教师也要控制输入材料的性质，应该是学生可以理解的，能与学生已有的认识结构发生联系的。哥大班在教师岗前培训时强调学习在任何时候都应该是有意义的。因此这一条也是与前面所提到的强调“在教师控制下的以学生为主”这一理念紧密相连，教师要控制好输入材料的难度以及语速等，在新材料、新结构的导入方面应该精心安排，以其与学生已有的认知结构建立联系，从而尽快学得新知，掌握新的技能。

(8) 强调“语感”的养成。此处的“语感”既不是指“语言直觉”（linguistic intuition)，又不同于国内学者通常所指的下意识的、对言语的感觉，而是指学习者在对语言结构有了相当的理性认识和感性积累之后的一种自觉。前文所述的“脱口而出”、自动化程度即是语感的一种表现。这种语感可以保证学习者对已学结构的正确、流利地运用，并有助于学得新的语法结构。低年级二语教学的重要任务之一就是应该帮助学习者建立正确的中文语感，否则学习者永远没有希望达到与母语者相同或接近的语言水平。

3.2.3.3 教学目标与教材选择

哥大班为四个年级的中文教学制定了明确的目标（高晨，2007)，参见表6：

表 6　哥大班各年级教学目标表

年级	教学目标
一年级	能够创造语句、提问和回答，参加简短的交谈。使用日常必需和礼貌用语，所说的话能被经常与外国人打交道的母语者听懂。
二年级	提高基本的听说读写能力，能够参加非正式的交谈，陈述事实，下达指令，能对现在、过去、将来的活动进行描述、报告和叙述。能够就具体的话题发表自己的看法，如个人经历、家庭、爱好、工作、旅行、时事等。所说的话基本能被不常与外国人打交道的母语者理解。
三年级	进一步提高听说读写能力，掌握口语和书面语的基本区别和使用场合。能在正式和非正式场合与人交谈，能处理语境难题、应付不熟悉的话题，能做出解释、详细描述、论证观点和做出假设。能够讨论实用、社会、专业以及抽象话题，特殊兴趣话题以及需要一些专门知识的话题。口语表达中有不影响理解的、母语者几乎察觉不到的错误，偶有基本结构错误。
四年级	可以阅读中文原文、小说、报刊等，语言使用与谈话对象相宜，能商讨、劝说、谈判、阐述观点。可以讨论一般专业性话题。口语表达接近母语者，话题广泛，措辞准确，与场合相宜，偶有小错。

除了总目标之外，各年级所有教师和学生还会在开课之前拿到一张教学目标明细表，内容包括该年级的学期教学目标、每周的教学目标和每课的教学目标，以确定每节课的教学任务和教学目标。

教材方面，哥大班与普北班一样，每个年级也是只使用一本教材。哥大项目负责人刘乐宁教授在邮件中告诉笔者：哥大使用的课本是一个系列，由六本教材组成：一年级《走进中国》、二年级《留学中国》、三年级《理解中国》（社会科学）和《人文天下》（人文学科）、四年级《阅读中国》、五年级《学术中国》。除《人文天下》由北京语言大学出版社出版发行之外，其他各册均由北京大学出版社出版发行。此外，哥大班还有专用汉语课本：商务汉语用的是《卓越汉语—公司实战篇》（外语教学与研究出版社)、法律汉语用的是《法律汉语》(北京大学出版社，将出)，另有《医用汉语》和《科工汉语》正在编写中。

3.2.3.4 教学方法

在教学法方面，哥大班比较灵活，博采众长，自成格局。对诸多教学法，如翻译法、听说法、能力法、交际法、内容教学法（content-based）以及任务型教学法（task-based）兼容并蓄，批判性地吸收。刘乐宁教授在教学法上的原则是："不固步自封，亦不盲从。目前要强调的是return to basis。"根据笔者亲身的课堂观摩，我们认为尽管哥大班相对开明，并不排斥吸收其他教学法的优点和长处，但其基本教学方法或曰主要教学方法仍是密集强化操练法——朱永平教授称之为"有控制的操练法"，他在教师岗前培训时主要培训的也是这一教学方法。

3.2.3.5 教学程序

哥大班的教学程序与普北班不同，是按照单班课-大班课-小班课-个别谈话的顺序来排课的，参见（图3）（高晨，2009）。

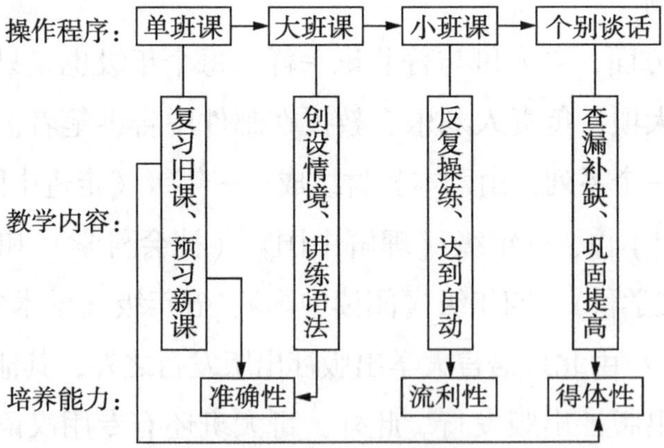

图3 CIB课堂教学操作程序流程图

下面来具体介绍各个课型：

（1）单班课（conversation）：即一对一教学，主要内容是由教师带领学生复习旧课并预习新课，其主要功能是训练学生语言的准确性。哥大班要求单班课教师有详细的备课教案，以课文内容为线，控制师生对话的脉络，通过和学生自然的聊天，引导学生用刚学过的语言点和即将要学的语言点说话，了解其对之前所学内容的掌握程度和下面将要学习内容的预习情况。并根据每个学生的特点与需要，有针对性地帮助他们巩固所学知识，了解将要学的内容。

（2）大班课（lecture）：即"语法导入课"，主要任务是创设情境，讲练语法。具体来说就是串讲课文，围绕课文内容导入新的词汇和语法点，主要功能是解决学生对语言的理解。新语法点的导入不是通过对语法规则的讲解，而是要以练代讲，以功能引结构，以学生的领悟和概括代替教师的讲解与辨析。大班课教师结合课文内容创设各种具体的情境，使学生通过对包含这一语法点的语句的练习，初步领悟语法点的结构及功能。大班课上既不领读课文也不讲解生词，同时不鼓励任何占用大量时间的教学活动，如在课堂上造句、分角色朗读或讨论问题。熟悉课文和理解生词全部通过句型的操练来实现。

（3）小班课（drill）：即操练课，主要任务是反复操练，使学生的口语达到自动化的程度，其主要功能是训练学生语言的流利性。具体做法是从语法结构出发，通过大量的、集中的和多样的练习以及各种活动反复操练，以巩固大班课上刚学过的重点词汇和语法点。若说大班课的教学目的以输入为主，兼顾输出，主要解决"懂"的问题，则小班课的教学目的就是以大班课输入的重点语法和词汇为内容，在小班课老师的严格控制下，引导学习者生成准确的输出，主要解决“用”的问题。

下面举例说明小班课的语言点操练：

①词汇操练：专业

（领读与跟读）教师先领读，学生轮流跟读，每次按不同的顺序。

教师对学生声调和发音上的问题，做到有错必纠。

（扩展）历史专业/中文专业/经济学专业/电脑专业……选专业/换专业/专业课/专业知识/专业词语

（教师提问）你是什么专业的学生？你对你的专业感兴趣吗？

②（句型操练）一点儿……都……

师：学生们都对自己的专业有兴趣吗？（根据课文内容提问）

（指黑板上的句型，叫“生1”）

生1：有的学生对自己的专业一点儿兴趣都没有。

师：你的妈妈会说中文吗？

生2：我的妈妈一点儿中文都不会说。

师：好。你吃肉吗？（根据学生实际提问）

生3：我一点儿肉都不吃。

（4）个别谈话：小班课结束之后是个别谈话时间，主要任务是查漏补缺，巩固提高，其主要功能是训练学生语言的得体性。要求教师分别与两三个学生进行15分钟的个别谈话。个别谈话的主要目的有三个：一是帮助学生进一步巩固当天所学内容，锻炼学生的口语表达能力，使学生在与教师自由对话中真实而又自然地实践其课堂知识。二是答疑，学生可利用这个机会来询问在课堂上没有时间和机会解决的问题。对于特殊的学生，比如在发音或汉字书写上有较大问题的学生，教师可针对其问题单独补课。三是让学生与主要的授课教师之间有更多的接触和互动交流机会，同时也让教师更多地了解学生的情况，以便在课堂上能够更有针对性地教学。

需要特别指出的是，哥大班很重视课前准备，其重视程度不亚于课堂教学，并且也实行集体备课制度，每周两次集体备课会。要求“有备而来，集思而去”，个人备课是集体备课的前提。所有教师按上次集体备课时讨论并确定的要重点学习的语言点进行备课，主要是准备语法操练时提问所用的问题，由专门教师汇总。集体备课会上，由年级负责人带领本年级教师团队对每个语言点再进行讨论，确定语言点的中英文解释、相似语言点的比较、语言点的导入方法及操练方法的设计，甚至要讨论并确定教师在课堂上使用的每一个问题和问题的排列顺序。之所以花大量的时间将教学中的每一个细节都准备到，是为了保证每一个平行班的教学内容和教学质量的一致性。在准备每一个语法点的讲解和练习的时候，教学理念中的反复操练和从“已知”到“未知”一再被强调和突出。这表现在以下两个备课要求上：问题的设计要由易到难；在新的语法点的练习中要尽量复现以前学过的生词，而不能使用任何学生没有学习过的词语和语法。

3.2.3.6　教学测试

哥大班的测试分三类：（1）课程测试：包括听写和作业；（2）单元测试：周考；（3）阶段测试：包括期中考试和期末考试。各部分成绩所占比例见表7：

表7 各部分成绩占总成绩的比例表

序号	内 容	比例	备 注
1	大、小班出勤和课堂表现	10%	
2	单班课表现	15%	
3	个别谈话表现	5%	
4	作业	20%	包括作文
5	听写	10%	
6	周考	20%	包括期中考试
7	期末考试	20%	
	合计	100%	

3.2.3.7 对目的语环境的利用

哥大班充分利用了北京这一目的语环境，而且是通过不同方式和措施来利用的。这些措施包括住家、讲座、兴趣性课程、外出社会实践、演讲比赛、师生联欢以及对中央民族大学资源的充分利用等。

3.2.3.8 小结与讨论

（1）小结：哥大班的总体课堂教学模式流程可参看高晨（2009）（见图4）：

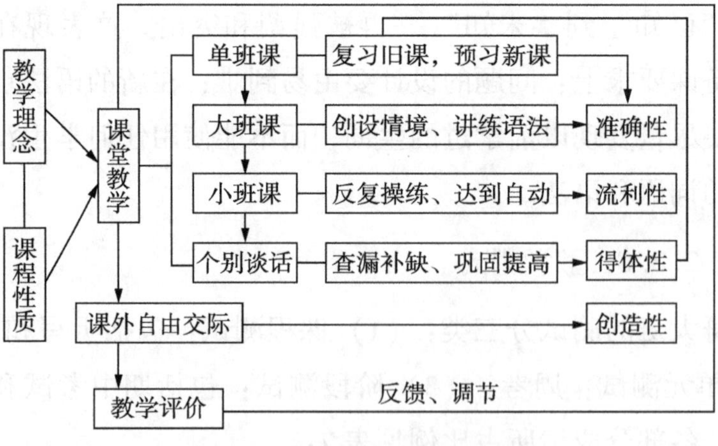

图4 CIB课堂教学模式流程图

（2）讨论：哥大班也有其需要改进之处，比较明显的有两点：①对语言誓约的执行力度不够严格：尽管哥大班在入学之初也要求学生签署“语言誓约”，但在具体执行方面似乎不是特别严格，极个别学生有偷偷违反誓约的行为。②密集强化操练法的教学效率某种程度上受到了削弱：在教学法上兼容并蓄的做法似乎是一柄“双刃剑”，博取众长的同时也冲淡了密集强化操练法原有的威力，使强化的意味被冲淡，速成的效果相应也被降低了。

3.2.4 结语

总的来说，美国在华长短期中文项目基本上都采用了明德模式，这其中又可分为两类：一类以普林斯顿大学暑期中文项目为代表，基本上全盘照搬了美国明德暑校的教学模式和管理模式，或许也略有调整，但总体而言未作大改，此类项目可称之为传统明德模式。另一类以哥伦比亚大学暑期中文项目为代表，尽管总体上也采用明德模式，但对传统明德模式做了较大幅度的完善和调整，此类项目可称之为改进明德模式。本文的研究对象主要基于传统明德模式但对改进明德模式的改进措施亦有所关注。

第四章

美国明德汉语教学模式的基本特点[①]

本章主要介绍美国明德汉语教学模式的基本特点。下文首先评述前人对明德模式特点的总结，然后简述教学模式的基本构成要素，最后从教学模式六大构成要素的角度来阐述明德模式的基本特点。

4.1 明德模式特点研究述评

4.1.1 前人的基本观点

明德模式作为一种经实践证明行之有效的中文

① 本文主要内容曾发表在《辽宁师范大学学报（社科版）》2016年第5期，此处略有改动。为保持本章的独立性，综述部分可能与第二章文献综述部分略有重复。

教学模式，在国内外影响较大，不同学者曾从多个角度总结阐述了明德模式的特点。施仲谋（1994）认为明德汉语教学模式的特色具体表现在：①采取“全面沉浸式”教学法，一切课堂及课外活动用语都只用学生的目的语进行。且学生入校之初都必须签署“语言誓约”，保证在学期间只使用目的语而不使用母语。②采取暑期密集方式上课。课程安排密集(6-9周)，每天上午上大班课和小班课，下午是单班课，晚上还要补习辅导。学生预习、复习的时间每天约有四五个小时之多。③坚持两个信念：一是没有真正的语言能力就不能够对该文化有深切的了解，具体体现在课程对学生语言能力的严格要求上。二是语言教学必须具备该文化的内涵，具体体现在教材的编写与选择上，确保教学内容能真实反映该文化的内涵。施文对明德模式的总结似乎不够全面，只谈到了教学理念、教学程序和教材选择，而未涉及教学对象、教学目标和教学方法。此外，所总结的有些特点不具有区别性，如“语言教学必须具备该文化的内涵”是一条普适性原则，基本适用于所有教学模式，语言与文化不可分。

张喜荣、田德新（2004）从教学理念的角度对明德模式的特色总结了七条：①学以致用：比较注重学生的实际需求。②情景教学：在课堂上注意使语言教学活起来。③授人以渔：教师想方设法教会学生自己怎样学。④真实语料：教科书及课内外不使用人造的、不自然的语言材料。⑤实际运用：强调学生随时随地使用所学的目标语。⑥以学生为中心：用学生的学习成绩检验教学效果。⑦定期严格测试，保质保量完成教学计划。

张、田一文总结概括得比较全面，包括教学理念、教学方法、教材选择等，在后文中也提及了教学目标，但似乎存在以下几点不足：一是很多特点并非教学理念，如“实际应用”似乎属于教学要求，“真实材料”则属于教学材料的选择，而“定期严格测试”属于测试评估的范畴。二是上述七条特点之间缺乏统一的标准和内在联系，未能形成体系。三是个别特点不鲜明，如“学以致用”“授人以渔”和“以学生为中心”等均属于普适性教学原则，非明德模式所独有。

汝淑媛（2006）也是从教学理念方面将明德模式的特点概括为四条：①实践性：白建华教授强调了单纯重复性练习和有意义的语言实践在汉语学习中的重要性及相互之间的不可替代性。②阶段目标的明确性：（明德暑期中文学校）为五个年级的汉语教学都制定了非常明确的目标：一年级要求学生在教学结束时能够掌握基本的汉语表达方法和结构；二年级要求学生掌握一些比较复杂的结构和表达方法；三年级要求学生巩固理解和生成段落进行表达的能力，可与中国人面对面交流；四年级要求学生能详尽论述各种具体和抽象的话题；五年级要求学生学习中国传统文化。③反复性：大量的反复练习不仅仅是量的增加，更会引起质的飞跃，可以帮助学生提高使用外语的流利程度和准确程度，因此要求教学安排、教案设计及课堂练习等方面都应遵循循环往复、螺旋式上升的教学规律。④渐进性：不仅体现在每个年级的教学目标上，同时也被细化到了很多具体教学环节之中。如在课堂操练时要注意按照由字词到单句、由复句到句段的顺序进行练习。汝文很大的一个优点是，在解释每个特点之前先阐述其内在原理，继而阐明自己的论点。不过汝文也有明显的不足之处：其一，这四个特点似乎阐述的不仅仅是教学理念，如在“阶段目标的明确性”一节中主要谈的是教学目标。其二，上述四个特点也并非明德模式所独有，几乎所有好的教学模式（不仅限于语言教学模式）都具有实践性、反复性和渐进性，如“循序渐进”的原则在中国很早就被提出来了，而几乎所有教学大纲都明确规定了各阶段的学习目标，不仅为明德模式所独有。比较稳妥的说法似乎是：明德模式在这四大教学原则上做得比较具体、比较到位。

汲传波（2006）从教学模式的角度谈了明德模式的特点：①整体性：明德模式的整个教学过程符合教学模式整体性的特点。明德暑期中文学校每期九周，实行封闭式教学，从入学测试、课堂教学、课外活动到期末评估等环节组成了一个有机的整体。②理论性：有一整套自己的理论，重视课堂操练，但与基于行为主义学习理论衍生出来的操练法又不一样。③简明性：该模式具有简约性，教师在课堂上以学生为中心，通过设置各种语境，灵活多样地反复操练，直至学生学懂会用，此外课外活动也强调语言的实际应用。④可操作性：与其简明性相辅相成，具有很强的可操作性。对没有多少对外汉语教学经验的年轻教师或研究生，用这套教学模式培训三天左右的时间就能基本掌握。⑤创新性：非常有特色，如采用“全面浸入式”教学法，学生入学后要签订语言誓约，保证在学期间不说英语。⑥明晰的目的性：教学目的非常明晰，即在较短的时间内对学生进行强化训练，使其汉语能力迅速提高。由于教学目的明确，训练严格，因此经过九周的学习之后，学生基本都可用汉语进行日常交谈，其汉语水平可达中级或中级以上。汲文很大的一个优点是很注意结合教育学理论来阐释说明对外汉语教学模式，不足之处是该文采用了“我注六经”的方式：先说明教学模式的一般特点，然后结合明德模式来具体解释说明。

这样阐述当然没有什么问题，但明德模式的具体表现也就成了论证一般教学模式的证据或注脚。这从另一侧面也说明，上述这六个特性是教学模式的一般特点而非明德模式所独有。

卫斓（2010）认为“明德模式简单地说就是大班讲、小班操练的模式”。该文首先指出明德模式最有特点的应该是它的操练模式（教学方法）、一对一单班课（课型设置）、学生的语言誓约（教学理念）和教师的集体备课。之后又归纳总结了明德模式可资借鉴的五个特点：①处处以学生为中心：不论是语法讲解、词汇操练还是小班讨论，都体现了该原则。②高效的操练方法：在听说法基础上形成了一套成型的操作程序，同时也不断吸收其他教学法的优秀成果。操练已不仅限于句子层面，而是从机械操练过渡为自由运用所学语言知识，进行简单交际甚至是成段表达的训练。③围绕一本书集中讲解操练词汇和语法：尽管学生每天要学的词汇语法很多，但他们所得到的新知识的输入却很集中，其输出也是围绕着所学的新知识进行的。④教师的配合与集体备课：大小班不同教师之间的密切配合与集体备课，使各课型之间形成了有机的整体。⑤灵活的语言实践活动：语言实践的内容紧贴课文，既深化了对课文的理解，又给了学生接触真实语言环境的机会。

此外，还有一些文献也涉及明德模式的个别特点，限于篇幅，此处恕不赘述了。

4.1.2 小结与讨论

综上，可以看出前人从不同角度对明德模式的特点进行了归纳总结，应该说上述观点都是正确的，有理有据，对我国对外汉语教学模式的构建很有借鉴意义。不过由于前人各自所用的衡量标准不同，结论也只能是“横看成岭侧成峰”：所总结的特点要么过于具体，未能上升到一定理论高度；要么略显笼统，总结出的特点对其他教学模式也基本适用，未能凸显明德模式自身独有的鲜明特点。即便是从教学模式的角度来论述的，也未能全面覆盖教学模式的构成要素。因此，本文想从教学模式构成要素的角度，分别从教学对象、教学理念、教学目标、教材选择、教学方法和教学程序等六方面来阐述明德模式的特点，以期对国内对外汉语教学模式的构建有所助益[①]。

4.2 对外汉语教学模式构成要素概述

在全面阐述明德模式的基本特点之前，我们先简要分析一下教学模式的构成要素。教学模式的构成要素客观上也是衡量教学模式的标准。显然并非所有的教学活动都可以形成固定的模式，也并非所有的教学模式都具有鲜明的特色。因此，在讨论教学模式之前有必要搞清楚教学模式的基本构成要素有哪些，只有这样我们才能有一个统一的衡量标准。

在我国对外汉语教学事业六十多年的发展历史上曾出现了多种对外汉语教学模式，前人对此亦多有介绍评述（鲁健骥，2003；赵金铭，2008；李泉，2009；刘颂浩，2014；吴勇毅，2014；等等）。崔永华（1999）认为教学模式指“课程的设置方式和教学的基本方法”[②]；宗世海（2016）则比较认同乔伊斯等人（2002）的观点，认为教学模式是“构成课程、选择

① 限于篇幅，将侧重阐述前人论述不多的教学对象、教学理念和教学目标等三方面的特点。

② 参看崔永华“基础汉语教学模式的改革”[J]. 世界汉语教学 1999（1）.

教材、指导教学活动的一种计划或范型”[①]。崔文与宗文在文中首先明确界定概念的做法值得称道，避免了读者的误会。不过崔文只提到了课程设置与教学方法，未论及教学对象、教学理念、教学目标及教材选择。而乔伊斯（2002）等人认为教学模式是“指导教学活动的一种计划”[②]则容易与课程大纲相混淆。此外，乔伊斯等人的定义中除了课程设置与教材选择之外，也未涉及教学对象、教学目标及教学方法等重要因素。

事实上，造成对教学模式认识不同的主要原因是对构成要素的认识不同，教育学界对此也是见仁见智，观点并不统一[③]。就对外汉语教学界而言，李雁冰（1994）一文的观点值得借鉴，他认为一个完整的教学模式应由指导思想、教学目标、策略和程序等四个要素构成[④]。我们理解“指导思想”即教学理念，“策略”即教学方法，“程序”即课程设置。不过，除此之外教学模式还应包括“教学对象”和“教材选择”：教学活动是以学生为中心的，教学对象是基础和前提；教学方法是教学模式构建的核心；而教学模式中又不可能不涉及教材。综上，一个完整的教学模式应包括六大构成要素：教学对象、教学理念、教学目标、教材选择、教学方法和教学程序。当然，这六要素之间是紧密相连、密不可分的，彼此之间又相互制约。

---

① 参看宗世海“我国汉语教学模式的历史、现状和改革方向”［J］. 华文教学与研究 2016（2）.

② 参看乔伊斯等“教学模式”［M］. 荆建华等（译），北京：中国轻工业出版社，2002.

③ 参看郝志军、徐继存“教学模式研究 20 年：历程、问题与方向”［J］. 教育理论与实践 2003（12）.

④ 参看李雁冰“论教学模式”［J］. 山东教育科研 1994（3）.

4.3 明德模式教学对象上的特点：学习动机明确、学习能力较强的精英学生

没有教学对象就无所谓教学活动，从这个意义上来说特定教学对象是构建教学模式的前提。教学对象涉及学习水平、学习能力、学习动机等多方面的因素，这几方面的表现又制约着其他构成要素。

美国明德大学暑期中文学校及采用明德模式的美国在华中文项目中的学生基本上是精英学生。以普北班、哥大班和哈佛班为例，上述项目的生源多来自美国常春藤盟校，且录取要求严格，遴选比例较低①。这些学生的汉语水平或许有高有低，但其共同特点是学习动机明确、学习能力较强，这些特点也进一步制约着其他几项构成要素。

4.3.1 对教学理念的影响

可接受全面沉浸式的教学指导思想，如学生可严格遵守“语言誓约”② 等强制措施，保证在学期间只说汉语而不说母语。在语言誓约的管束之下，低年级学生在最初一段时间内要经历相当程度的煎熬，没有明确的学习动机及较强的学能是很难做到这一点的。

4.3.2 对教学目标的影响

可设定为短期速成教学，即学生可接受强化教育，有望在

① 普北班负责人周质平教授告诉笔者，2007 年普北班的录取比例为 6∶1。

② 是为了保证学生在学期间完全使用目的语而采用的一种具有法律效应的强制性约定：保证在学期间只说目的语而不说母语。

较短时间内汉语水平获得较大程度的提高。如美国密西西比大学中文旗舰项目的学生在入学和结束时均须接受口语测试（OPI），要求在8周之内达到一定水平的进步。

4.3.3　对教学方法的影响

可采用密集强化操练法，即学生可接受内容多且强度大的教学方式。明德模式的学生不仅要接受高强度的课堂操练，课前预习和课后复习的作业量也很大，如学生被要求在课上听写当天要学的课文（而非之前学过的课文）。

4.3.4　对教学程序的影响

可接受较为灵活的课程安排，如上午上课时间可以较早，每节课的时间可以较长等[①]。如据笔者亲身的经验，普北班上午上课的时间较早[②]，中午几乎无休息时间；而据笔者亲身观摩的经验，哈佛大学北京书院（HBA）一节大课的时间要超过一小时。

上述这些构成要素的设定都是建立在精英学生这一特定的教学对象之上的，没有对教学对象各方面特点的考察与界定，教学模式的构建无从谈起。

4.4　明德模式教学理念上的特点：全面沉浸的外语教学理念

任何一种教学模式总是在某一教学思想指导下形成的，指

① 这一点与国内长期班形成鲜明对比，个别留学生连正常上课都成问题，更遑论接受高强度的课堂操练。

② 指李恺、刘芳（2010）普北班早上7：30开始上课。

导思想即教学理念。明德模式所秉持的教学理念是全面沉浸（total immersion）的外语教学理念。

美国明德大学暑期语言学校共设立了包括中文在内的10种语言学校，这些暑期语言学校遵循的都是全面沉浸的外语教学理念。为了保证这一教学理念的贯彻实施，每年暑期学校开办时明德大学的校园都人为创造出一种目的语环境，一切课堂用语、宿舍餐厅用语及课外活动用语都必须使用目的语。此外，学生在正式入学之初还必须签署具有法律效应的语言誓约，保证在学期间只说中文而不说母语，否则就可能受到退学（不退学费）的处分（施仲谋，1994）。所有这些措施的目的就在于可使学生完全生活学习在目的语环境之中，以便最大程度地提高学习效果。如果说明德暑期中文学校营造的是一种人为模拟语境，美国在华暑期中文项目则完全处于中国这一真实的目的语环境之中，彻底实现了全面沉浸。

教学理念也分多个层次，“全面沉浸”的外语教学理念属于高层次，指导着整个模式的运行。除此之外还有一些低层次的教学理念指导着具体的教学活动，如：语言是练出来的不是教出来的；不知亦能行；语言教学教的是语言能力，不是办事能力。

4.4.1 语言是练出来的，不是教出来的

这是对学生语言学习的认识，对教师而言就是要意识到在教学方法上需要对学生多进行语言技能操练而非语言知识传授。

4.4.2 不知亦能行

“知”指语言知识，“行”指言语技能，该理念是说不知道语言知识也完全可以掌握言语技能。尽管很多语言教师难以接受，但事实证明课堂上不宜过多在语法讲解上纠缠。

4.4.3 语言教学教的是语言能力，不是办事能力

这是既有联系又有区别的两种能力，有的教学法希望通过完成某一交际任务来使学生掌握言语技能，其结果往往是锻炼了办事能力而忽略了语言能力。意识到了这一点，语言教师就会明白宜将教学重点放在语言能力的操练上。

4.5 明德模式教学目标上的特点：短期速成的教学目标

教学目标决定着教学大纲的制定及教学活动的总体规划，构建教学模式不可能抛开教学目标这一重要要素。国内的对外汉语教学以长期班教学为主[①]，通常一学期有15~18周的教学时间（包括考试），一年的教学时间为30~36周。学习目的多样，或是汉语进修，或是攻读学位，教学目标也随着学习目标的不同而改变。

相比之下，明德模式的教学目标是短期速成，希望能在最短时间内最大限度地提高汉语的听说读写能力。明德模式下的

① 国内当然也有短期速成教学，如北京语言大学的速成学院，不过总体所占比例较小。

美国项目一共来华九周，除去中间一周为语言实践外，其中的前四周课程为上半段，后四周为下半段，每段课程相当于在美一个学期的学分，两段合起来相当于在美一年所修的学分。换言之，明德模式下的暑期项目要在8周之内完成平时一年的课程。这一教学目标的设定必然影响到教学理念、教学对象、教学方法、教材选择及教学程序等其他几方面的因素：

4.5.1 对教学理念的影响

要实现短期速成的教学目标，将学生完全置于目的语环境中的全面沉浸式教学理念无疑是非常符合这一目标要求的。因此，全面沉浸的教学理念可谓是完成短期速成教学目标的必要条件。

4.5.2 对教学对象的影响

要实现短期速成的教学目标，必须要求生源素质极佳，学习者必须有明确的学习动机和极强的学习能力。因此，提高入学门槛，控制遴选比例就成了明德模式招生时的必然措施。

4.5.3 对教学方法的影响

要实现短期速成的教学目标就必须采取密集强化的教学方法，目前看来以密集强化操练法为核心的课堂教学方法几乎是唯一的选择，否则很难达成预定的教学目标。普北班、哥大班与哈佛班等明德项目均采用这一教学方法，事实证明是行之有效的。

4.5.4 对教材选择的影响

教材决定着教学内容，要想达到短期速成的目标就必须集中精力在语法结构教学上，不可能顾及太多文化方面的内容。此外也只可能使用一本教材，无法使用多本教材进行分技能教学。

4.6 明德模式教学方法上的特点：以密集强化操练法为核心的教学方法

教学方法是教学模式的核心，教学模式必然是围绕着某种教学方法逐步构建而成的。国内的教学方法很多，包括听说法、交际法、任务法、游戏法等，而且常常是多种教学方法结合应用，可以说已经步入了后方法时代。

明德模式采用的是密集强化操练法，其操练类型包括单纯机械型和引导编码型两类（娄开阳、吕妍醒，2011）。单纯机械型操练又包括核心词操练和目标句操练两个小类，主要是解决核心词和目标句的认读记忆问题，其内在心理学理据是“刺激-反应”理论，目的是要建立“音、形、义”之间的联系。基本操练形式包括教师领唱、学生轮唱和学生独唱等，教师在操练时要求发音准确、反馈及时并注意纠音，希望通过大量语料的“输入（input）”与“输出（output）”，达到让学习者识记的目的。

引导编码型操练又分为全控制式、半控制式（半开放式）和全开放式操练三个小类，其内在理据是心理语言学中的言语生成理论。教师通过设置语境，提问学生（输入的同时引导学生编码）；学生通过回答问题（输出目标句型），锻炼语言的编码和输出能力。基本操练步骤为：教师面向全体学生提出问题（提问）→点某一位学生回答问题（独唱）→教师引领大家一起复述或回答（合唱）。

随着时代的发展，美国明德暑期中文学校和在华的美国中文项目也在吸收新的教学方法来充实自己（如任务型教学法），但无可置疑的是密集强化操练法仍然是明德模式的核心。

4.7 明德模式教材选择上的特点：一本独行的综合性教材

教材的选择主要关涉到教学内容，与教学目标、教学方法以及教学程序都互相匹配、紧密相连。国内因采用分技能教学（综合课、口语课、汉字课、听力课），因此每门课都有自己的教材，且内容上大多互不配套。

明德模式在教材选择上只使用一本综合性教材，听、说、读、写齐头并进。如普北班的二年级用的就是自编教材《新的中国》（周质平主编，普林斯顿大学出版社）。只使用一本教材的好处是：（1）每天大班、小班和单班课的教学内容是相同的，有利于大小班教师之间的互相协作；同时同一本教材的使用使教师可以集体备课，集思广益将重点难点吃透。（2）有利于学生集中精力，使其能在短期内完全掌握所学内容。对于初级阶段的学生而言“伤其十指不如断其一指”，与其学习多本教材不如集中精力于一本，这样学生就可以避免同时学习过多的汉字和语言点，导致“贪多嚼不烂”的后果。

此外需要指出的是，教材是与教法是相匹配的。明德模式编写的教材比较注重语法结构，适合采用密集强化操练法。

4.8 明德模式教学程序上的特点：“大班课-小班课-单班课”的课程设置

在教学程序上，课程的设置与教学对象、教学目标、教学方法以及教材的选择都是紧密相连的。国内通常分技能设课，初级阶段的课型通常包括综合（精读）课、口语课、汉字课和听力课等。此外，在不同课型上课的先后顺序上似乎并无一定之规，谁先谁后都无所谓。

明德模式在课型设置与教学程序上都与国内不同。首先按人数多少设置课型，分为大班课、小班课和单班课，听书读写齐头并进，不搞分技能教学。此外，在教学程序上也有严格要求，基本上按照“大班课-小课班-单班课”的顺序来安排。这样的课程设置是有内部理据的，符合人类语言学习的内部规律，与语言教学中的3P教学法暗合：3P教学法把语言教学分为演示（presentation）→操练（practice）→成果（production）三个阶段。这三个阶段大致上可与大班课、小班课和单班课相对应。大班课主要是大量演示（presentation），解决“懂”的问题；小班课主要是大量操练（practice），解决“熟”的问题，而单班课的自由谈话主要是让学习者大量输出（production），解决“用”的问题。在大班课上教师是全控制，通过操练进行大量的输入与输出；在小班课上学生略有放松，在教师半控制的引导下进行输出的训练；而在一对一的单班课上学生则完全放开，是真实语境下的自由谈话，可以充分练习前面所学。这样的教学程序非常有助于达成短期速成的教学目标。

当然，该教学程序也与明德模式只使用一本教材有关。由于当天所学内容相同，使得大班课、小班课和单班课之间可以形成一个有机的整体，彼此相辅相成、互为补充。

4.9　结语

所谓的特点都是相比较而言的，明德模式的特点当然也是与其他对外汉语教学模式相比较得出的。综上所述，从教学模式构成要素的角度来看，美国明德汉语教学模式具有以下六个特点：①教学对象是精英学生；②教学理念是全面沉浸式的外语教学理念；③教学目标是短期速成；④教材选择上只采用一本综合性教材；⑤教学方法采用密集强化操练法；⑥教学程序上采用“大班课-小班课-单班课”的课程设置。

教学模式的构成要素很多，上述六大方面也只能说是基本要素，能否完全涵盖教学模式的全部要素也很难说。仅凭笔者一孔之见所做的结论也可能挂一漏万，不十分准确，希望抛砖引玉，以就教于方家。

第五章

美国在华中文项目对传统明德模式的改进

本章分别从美国在华短期中文项目和美国在华长期项目两方面来谈上述明德项目对传统明德模式的改进和完善。

5.1　美国在华短期中文项目对传统明德模式的改进

下面以哥大班、普北班和哈佛班项目为例，来谈一谈美国在华短期中文项目对传统明德模式的改进，并试图进一步揭示其内部理据。

明德模式是一个不断发展完善的教学模式，除了美国明德大学暑期中文学校自身的不断改进之外，采用明德模式的诸多在华短期汉语教学项目也都对该模式进行了完善、补充和调整，其中最具特色的是普林斯顿大学北京暑期项目、哥伦比亚大学北京暑期项目和哈佛大学北京书院。

本文认为这些改进措施本质上是一种教学设计上的改革，目的是使明德模式更加适应中国国内的教学环境，保证该模式高效率的教学特点不变。下面简要介绍美国在华短期中文项目的主要改进措施，并剖析其内在理据，以期为明德模式在国内汉语长期班教学的移植研究提供借鉴。

5.1.1 普北班对传统明德模式的完善补充

普北班基本上照搬了美国明德暑期中文学校的做法，不过在保持传统明德模式的教学风格之外，也增添了不少新的活动和措施。主要包括：

（1）设立“中文桌子”（Chinese table）。指教师和学生每周共进两次午餐，在点菜、进餐过程中练习口语并体验中华饮食文化。

（2）开展周末文化沉浸活动。每到周末会组织学生看杂技、看京剧或游览京郊名胜古迹。

（3）设立语言实践活动周。在第 5 周允许学生外出，自由前往中国各地观光旅行，同时运用所学汉语在真实语境中进行实地语言实践。

（4）增设“北京之夜”汇报演出。在最后一周（第 9 周）组织一场汉语汇报演出，以反映学生的学习效果。

上述活动和措施都是美国明德暑期中文学校没有也不可能有的，实践证明效果良好，大大促进了学生的学习效果。其内部理据主要是：

①完成了教学性质从汉语作为外语教学到汉语作为二语教学的转变：在美国的汉语教学是一种外语教学，而在中国的汉语教学性质上则属于二语教学，上述活动的开展实际上是对教学性质转换的一种应对措施。②充分利用中国的语言资源和文化资源，让学生尽可能多地进行语言实践和文化体验：如果不能充分利用中国国内的教学环境，不仅是一种极大的浪费，同时也失去了来华学习的意义。

5.1.2 哥大班对传统明德模式的完善补充

哥大班是美国哥伦比亚大学在北京设立的一个暑期中文强化项目，负责人是哥大中文部主任刘乐宁教授。与普北班相比，哥大班所采取的改进措施更具特色，除保留上述四项活动之外还包括：

（1）增设住家计划（Homestay）。指一部分留学生住在中国人家里，该措施是哥大班所独有的。由于对中国接待家庭的要求较高（如要求能提供独立卧房及较好的卫生条件等），能坚持下来着实不易。当然效果也非常明显：与不住家的学生相比，住家学生有机会与普通中国人近距离接触，亲身体验中华文化并感受中国人的日常生活，对汉语学习的促进作用不言而喻，同时对当代中国社会的了解也更加深入。

该措施不仅别具特色且理据充分：①使明德模式的“全面沉浸”（total immersion）外语教学理念得到了充分贯彻，弥补了传统明德模式中的不足。②符合第二语言习得的规律——在用中学，住家计划的设立极大限度地实践了这一学习规律。

（2）单班课课型的分化与细化。传统明德模式在课型上分为大班课、小班课和单班课，单班课通常安排在下午，时间为25~40分钟（各个项目不同）。担任单班课的老师通常就是大班课和小班课的教师，不再单独聘任。从功能上来说，传统的单班课担负着复习旧课、预习新课和活用所学等三大教学功能。

哥大班从单班课中又分离出一个“个别谈话课”。分化之后的课型使原有的三大功能分别由新的“单班课”和“个别谈话课”来承担：前者负责复习旧课和预习新课，后者则专注于所学内容的活学活用（高晨，2007）。此外，哥大班单独聘任个别谈话课教师，并且在岗前培训阶段有专门面向个别谈话教学设计的针对性训练。总体课型的分化、聘任体制的改变以及岗前培训内容的深化，无疑大大提高了教学效率。

本文认为这一改进措施非常成功：①符合教育学原理：一门课型所担负的功能越多，其各个功能的实现程度就越低。传统明德模式中单班课担负的功能太多了，教师在教学过程中很容易顾此失彼，不易平衡。②个别谈话课的教学是按照篇章语言学理论设计的，看似随意的自由谈话其实有其内在严格的章法，完全是教师主导下的有控制的言语输入与输出。规范后的自由谈话课很大程度上避免了传统模式中低素质教师与学生之间信马由缰式的谈话方式，弥补了传统明德模式的不足。

（3）课型顺序的调整。根据高晨（2007）附录2的记述，我们发现哥大班不仅对课型做了细化与分化，对其顺序也做了适当调整。传统的明德模式是按照“大班课→小班课→单班课”的课型顺序进行的，而哥大班调整后的顺序则是“单班课→大班课→小班课→个别谈话”。

这样做的好处显而易见且有其内在理据：①符合认知规律：温故而知新，由已知到未知。使学生在上新课之前有一个“热身”阶段：先复习昨天所学旧课，再预习下节课马上要上的新课，有助于学生掌握新的学习内容。主流的汉语综合课教学程序也是遵循这一原则的（崔永华，2008：250-251）。②符合二语习得原理，极大地解除了学生的心理焦虑：传统明德模式每天上课后的第一件事就是听写当天要学的课文句子，这意味着学生头一天晚上就要掌握第二天要学的全部内容，由此所产生的心理焦虑可想而知。这一调整措施比较好地解决了这一问题。

5.1.3 哈佛班对传统明德模式的完善补充

哈佛班是美国哈佛大学在北京语言大学设立的一个暑期中文强化项目——哈佛大学北京书院（HBA），在三大项目中该项目设立得最晚，在吸收了普北班和哥大班的诸多长处之外，其自身也增设了不少改进措施，包括：

5.1.3.1 增设朗读课和语言门诊

哈佛班在大班课和小班课之间增设了一个25分钟的朗读课，同时面对学习中有问题（尤其是语音问题）的学生开设“语言门诊”，这两项措施也是传统明德模式没有的。据时任哈佛班项目负责人的冯胜利教授解释，增设朗读课的主要目的是为了培养学生的韵律语感。

事实证明，朗读课的设立的确大大弥补了大班课和小班课的不足，同时也具有充分的语言学理据。根据笔者自身的教学经历，在大班课和小班课上师生均忙于语言点的操练，较少有机会给学生留出充足的课文朗读时间。而有声朗读对于学生建立培养韵律语感是不可或缺的，这一点只要想想国内中小学普遍存在的早读课就明白了。而语言门诊可以提高教学的针对性，具有消除留学生语言学习焦虑的作用。

5.1.3.2 细化提升语言实践环节

所有的美国在华暑期项目在第5周都有一个语言实践周，对于大部分项目而言，这一周语言实践都带有旅行的色彩。来华不易，满足一下学生观光旅游的愿望无可厚非；张弛有度，紧张之后的放松也有利于下一阶段的学习。而哈佛班则要求学生利用这一周时间深入中国的工厂、农村、城市、社区等地调研，回来后用中文写出调研报告。

这一做法的意义重大：①不仅是对语言实践活动要求上的细化，更是一种本质上的提升。使语言实践周从性质上发生了根本的改变——由广义上的语言实践变成了真正意义上的一个教学环节。②这一环节性质的提升使其具备了明确的教学功能，客观上使语言实践活动变成了对前4周学习活动的一种教学评估（assessment）。在检验前期学习效果的同时，也有利于学生明白自己学习中的不足，为下一阶段的学习指明了方向。这一功能的实现显然是旅游性质语言实践活动所不具备的。③这一环节性质的改变符合“在做中学”的语言学习理念，学生在语言实践过程中实际上是要用所学目的语去完成一个真实的任务。④这一过程也很符合21世纪美国外语教学国家标准中3M的要求：Interpretive Mode、Presentational Mode 和 Interpersonal Mode。即学生们既需要运用听、读能力来理解真实语境中的目的语（Interpretive），也需要运用说、写能力来生成目的语（Presentational），而更多的是在语言实践活动中跟中国人进行互动（Interpersonal）。

5.1.3.3　与普北班和哥大班联合举办演讲比赛

这是近年来三大美国在华短期暑期中文项目联手开展的一个新举措，获奖选手的作品已在中国国内结集出版。该活动的开展从客观上为美国各个暑期中文项目引入了竞争因素，有助于激发学生学习汉语的积极性。

5.1.4　短期中文项目改进措施的原则及启示

5.1.4.1　短期中文项目改进措施的原则之一：因境施教

统观各项目的改进措施，会发现其内部都遵循着“因境施教”这一原则：即在所有教学参数中，主要是教学环境这一参数发生了改变，其他如教学对象、教学时间等基本未发生太大改变。教学环境的改变使教学性质发生了变化，各项改进措施就是为了完成教学性质由汉语作为外语教学改变为汉语作为第二语言教学的转变而采取的。

美国明德大学暑期中文学校成功的很大原因是能够人为设定一个模拟的目的语环境（施仲谋，1994；汝淑媛，2006）：一方面学校“完全没有英语电视、广播和报刊”，另一方面学生入校后的第二天就要签署“语言誓约”，发誓在学习中的九个星期中只说汉语，不说英语。而设在北京的美国在华短期中文项目则不需要人为创造环境，所有项目的改进措施最终都是为了充分利用真实的汉语环境，达到“全面沉浸”（total immersion）的目的。下面从沉浸内容、沉浸方式和沉浸程度分别略做分析：

（1）沉浸内容：从衣食住行到传统文化精粹等方面进行语言文化的沉浸。如果说中文桌子（“食”）和外出旅行调研（“行”），以及观看京剧、杂技等中华文化精粹等是实施难度较低的常规措施，那么哥大班特别增设的住家项目（“住”）则是很大胆的一个内容补充。

（2）沉浸方式：事实上通过“住”来进行中华语言文化沉浸的并非哥大班一家，另一个设在北京教育学院的美国在华长期中文项目 CET 项目也采用了类似的方法，只不过采用的是聘请中国大学生语伴与美国留学生同住的方式。本文认为哥大班的沉浸方式更自然、更完整，也更深入。

（3）沉浸程度：尽管采取的改进措施类似，但不同的要求也产生了程度上的差异。如三大短期中文项目都有语言实践周，不过从效果上来看，哈佛班的外出调研实践沉浸程度似乎更深一些。

5.1.4.2　短期中文项目改进措施的原则之二：因材施教

部分改进措施与教学环境改变并无太大关系，而是与教学对象息息相关，改进措施本身是为了更好地实现因材施教的原则，更充分地体现“以学生为中心”的教学理念。这些改进措施对美国本土的明德模式也有很大借鉴意义，例如：

（1）更加符合语言学习规律：朗读课的增设实际上极大地提高了学习效率和教学效率。

（2）更符合学生的认知规律：课型顺序的调整降低了学生的学习焦虑，语言门诊的增设提高了教学的针对性。

（3）更加符合语言教育学原理：哥大班对单班课的分化，

事实上更符合课型设计的原理。

事实上这几方面紧密相连、密不可分，相互之间很难完全划清界限。

5.1.4.3 短期中文项目改进措施对国内移植研究的启示

笔者一直与同事合作进行美国明德汉语教学模式在国内长期班汉语教学的移植研究（娄开阳，2009；娄开阳、杨太康，2010），目前已先后探讨了明德模式给国内长期班教学带来的启示、移植过程中出现的问题与对策以及课堂操练技巧的类型及理据等。美国在华短期中文项目的教学改进措施给我们带来了很多启示：

（1）总体指导思想上：应遵循唯物辩证法的精神，一切从实际出发，力避形而上学。正如马克思主义运用于中国革命应结合中国实际一样，明德模式的引进移植也应面向国内具体情况（尤其是不同的教学对象），具体情况具体分析。

（2）具体操作原则上：应注意因材施教和因境施教，逐步改进并完善教学设计中不够和谐的环节。在华短期中文项目的诸多成功做法为我们提供了成功范例，鼓励大家大胆改革与实践。

5.1.5 结语

本文论述的只是单一教学参数（教学环境）改变所引起的教学改革，而明德模式移植研究涉及的是多项教学参数的改变，如教学地点、教学对象、教学时间等的同时改变，其教改难度也大大增加了。与移植研究类似的是美国在华长期中文教学项目（如常设在中央民族大学的 ACC 项目和常设在北京教育学院的 CET 高级学术项目)，这些长期中文项目也经历了由多项教学参数改变带来的困难与阻碍，在大胆改革之后，成功地保持了较好的教学效果。我们将在下一节中详细探讨美国在华长期中文项目对传统明德模式的改进及其理据。

5.2 美国在华长期中文项目对传统明德模式的改进

前文我们以普北班、哥大班和哈佛班为例，指出短期项目的主要改进措施有：增加朗读课和讨论课、分化单班课、增设住家计划（Homestay)、细化语言实践周以及增加三校汉语演讲比赛等。我们认为这些改进措施本质上来说是一种教学设计上的改革，其内部理据是教学设计随着教学参数的变化而变化。

其实，研究者们也注意到，短期中文项目对传统明德模式的完善仅仅是局部的修改，对传统明德模式改进程度最大的是美国在华长期中文项目。本文将以 ACC（美国各大学联合汉语中心）和 CET（美国 CET 高级学术项目）两个长期中文项目为例，简要介绍他们的改进措施，并试图剖析其内在理据，以期为明德模式在国内汉语长期班教学中的移植教改提供借鉴。

5.2.1 长期中文项目教学参数上的改变

如果说短期中文项目教学参数上主要是教学环境发生了根本性的变化，那么长期项目的参数变化就更多更大了。下面分别从教育性质、教学时间和教学性质等三方面简要阐述一下：

5.2.1.1 教育性质：精英教育→大众教育

美国明德大学暑期中文学校和在华短期中文项目招收的生源素质都非常好，就教学对象而言可谓精英教育。而 ACC 与 CET 所招收的学生尽管也进行了严格的遴选，但相比较而言学生素质还是要稍逊一些，基本上应归入大众教育的范畴。显然，针对普通学生所做的教学设计和针对精英学生所进行的教学设计是不完全相同的。中国古代教育家孔子所提出的“因材施教”原则已被各国教育界广为接受和遵循，美国的中文教学界也不例外。

5.2.1.2 教学时间：短期教学→长期教学

在长期中文项目中，教学时间由短期变为长期。短期中文项目与美国明德暑期中文学校的实际教学时间一样，均为 8 周，在华短期中文项目在 4 周之后会有 1 周的语言实践时间。因此可以说短期中文项目在总体教学模式的设计以及教学方法的选用方面无须做太大的改动。事实上，大家也可以感觉到，短期中文项目的教学改进措施是局部性质的。

但像 ACC 和 CET 这样的长期中文项目与传统明德模式最大的不同就在于教学时间的不同：尽管与国内大学的学期安排不同，但仍然属于长期教学。众所周知，短期项目均为强化教学，教师和学生的日常安排都非常紧凑，以期达到速成的目的。而这种强化教学是难以持久的：8 周的教学设计尚需在中间休整一周；若超过 8 周（两个月）则不太适宜全盘照搬明德模式。在实际操作上，无论是教师还是学生都无法承受明德模式这种教学和学习强度。

5.2.1.3 教学性质：速成教学→常规教学

教学性质与教学时间是紧密相连的，或者说教学时间的改变从根本上改变了教学性质。如果说传统明德模式和在华短期中文项目属于速成教学的话，那么长期中文项目则属于中规中矩的常规教学。因此，长期中文项目事实上是不可能照搬传统明德模式的——后者完全是以短期速成为最终教学目标来设计的，教学方法上也带有浓重的强化色彩。

综上所述，局面已经很清楚了：由于教学参数发生了根本性的变化，长期中文项目的教学负责人必须在教学理念上有全新的认识；在进行项目设计时必须另起炉灶，针对自己的教学对象、教学时间和教学目的等参数进行有针对性地重新设计。

本文之所以坚持认为 ACC 和 CET 这两个项目依然是基于传统明德模式而进行了大幅改进，是因为：首先，这两个项目仍然坚持明德模式的教学理念与教学原则，如全面沉浸的理念；其次，在具体的教学方法与技巧上也采用了明德模式的密集强化操练法；最后，供职于这两个项目的负责人和教师均“师出明（德）门”或接受的是明德模式的教师培训。①

5.2.2 长期中文项目的具体改进措施

尽管无法完全照搬明德模式，还是可以看出这两个长期中文项目是以明德模式的教学理念、教学原则和教学方法为基础的，不过在此基础之上做了大幅的改进与完善。就我们对上述

① ACC 前项目负责人是靳洪刚教授，CET 的项目负责人是朱俐教授，二人均参与美国明德中文暑校教学工作多年。笔者 2010 年暑期曾受教于朱俐教授，2011 年暑期曾旁听靳洪刚教授主持的 ACC 教师岗前培训。每年冬季明德暑中文校校长来 CET 挑选第二年暑期项目的教师，也可证明该项目是基于明德模式设计的。

两个项目的了解，发现在项目安排、课型调整、师资培训和教学方法等方面都做了较大幅度的调整。

5.2.2.1 改进措施之一：项目安排方面

在项目安排上，由于教学时间充足，教学经费充裕（相比较短期项目，学生当然缴费更多），因此长期中文项目增添了不少措施以提高项目的教学效果，同时增进学生对中国的了解。

（1）增加中国学生为居住语伴。相比较短期项目所采用的住家策略（Home stay），长期项目可以更从容一些。在 CET 项目中就采取了中国学生与留学生同住的策略：请优秀的中国大学生到项目宿舍免费居住。这样一来，中国学生不仅成为留学生朝夕相伴的语言伙伴，也成为消解留学生学习焦虑的生活伙伴。这一措施的采用功效明显，由于是长期的安排，与中国同龄人的交流频度与深度似乎都要超过短期住在中国人家里。

（2）增加中国文化课的内容。除了学习语言，了解中华文化也是每个留学生的心愿之一。在短期中文项目之中，限于学习时间，对中华文化的了解只能是点状的或者走马观花似的，学生常常觉得不能完全满足。对中华文化的了解一来不够系统，二来不够深入，常常只能是浮光掠影式地看京剧或者杂技，三来在项目中对中华文化的了解常常与语言学习紧密捆绑在一起，接触方式上是经过精心设计的，似乎不完全是原生态的接触。所谓一周的语言实践，也常常要背负着撰写调查报告的任务，并不是专门以了解文化为目的的。

而长期中文项目则有条件解决上述问题：留学生不仅可以在广度上对中华文化有一个较为系统的了解；在深度上也可以

接触当今中国社会深层次的问题；在接触方式上也可以更为自然。此外，中国学生陪同居住措施的采取，也为中外青年学子深度交流思想提供了条件。这样，在“点”上和“面”上均可满足留学生对中华文化深入了解的要求。此外，有些项目甚至为留学生增设了更专门的文化课程，可见教学设计的细致。

（3）增加远程预科教学。此外，由于长期中文项目的长期性与稳定性，使得项目有必要考虑生源的预科培训问题。当前现代教育技术的发展、中国发达的网络设备也为预科教育的开展提供了条件——必要性与可能性的结合使远程预科教学的增设成为可能。ACC 项目在中央民族大学就开展了“华语在线”远程教学，为有志于参加 ACC 项目但目前汉语基础尚未达到要求的学生提供远程汉语辅导。

5.2.2.2 改进措施之二：课型设计方面

在课型设计方面，长期中文项目增加了“讨论课”，同时缩小了教学规模。①

（1）课型由原来的三大课型演变为四大课型。传统明德模式有三大课型：大班课、小班课和单班课，其上课顺序是“大班课→小班课→单班课”。长期项目在此三大课型的基础上又增设了一个讨论课（1 师对 2～3 生），上课顺序是“大班课→小班课→讨论课→单班课”。

在短期中文项目中，单班课的设计有一定缺陷：在一对一的单班课中，教师始终占主导地位，引导着学生说出要求他/她说的生词和句型。换言之，单班课是中规中矩的“课”，不是完全放开的自由谈话，教师课前是经过精心准备的，学生在

① 这一改进措施似乎不是长期项目的专利，短期项目似乎也有此趋势。

课上也不是想说什么就说什么。

但问题是，这并非学生在华生活的原生态：在单班课上师生的地位是不平等的，而在华生活学习时常常面对的是平等的同学、同屋、同事或者邻居等人。因此，有必要设计一种课型来满足学生在华正常生活、学习乃至工作的需求——讨论课的设计就是为这一教学目的而设计的。在人数上，讨论课师生比例介于小班课与单班课之间，即一个教师对 2~3 个学生。上课时以学生为主体，教师只起从旁引导或纠错的作用，控制整个谈话在基本平等的情况下进行。

（2）缩小教学规模。在短期中文项目中，大班课通常为 10~12 人①；到了小班课再一分为二，每个小班的同学为 5~6 人。而在长期项目中，由于项目可以为任课教师提供一份相对比较有保障的工作，因此可以吸引更多优秀的青年教师到项目工作。长期项目中大班的人数就缩减为 8 人；相应的小班课由 6 人缩减为 4 人。教学规模的缩小大大增加了学生开口的机会以及师生互动的频率，也就大大提升了整个项目的教学水平。

这一点短期项目也看得很清楚。近年来，由于每年涌现了大量需要实习机会的汉语国际教育硕士，使得各个项目有机会大量招聘优秀研究生到项目任教。因此，不少短期项目也开始大幅缩减师生比例，以进一步提高项目的教学水平。

5.2.2.3 改进措施之三：教师培训方面

由于有了更充裕的时间，长期中文项目在教师培训方面有了更大动作的调整。与传统明德模式和短期班相比，长期项目

① 人数不是固定的，各个项目不一样，每个项目每年的情况也不一样，这里只是说的一般情况。

在以下几方面有了改进：

（1）培训时间：由通常的一周时间改为两周甚至更长时间。

（2）培训内容：由只培训操练技巧转变为全面传授教学方法，同时要求备出所上课程的内容。

（3）培训要求：由相对粗放式转为精细式，即由过去的只要求受训教师对教学方法与技巧知其然，转变为知其所以然——明了教学行为的内在理据。

（4）培训技巧：相比较之下更注重教师示范、受训教师实际演练以及培训师与受训者之间的互动，同时增加了案例教学，使培训效果更为显著。

5.2.2.4 改进措施之四：教学方法方面

长期中文项目在核心教学方法上依然坚持以密集强化操练法为主，强调听说领先，注重语法点的掌握。不过在此基础之上又有所改进：除了以操练为基础之外，也适当引进其他教学法的合理之处，注重语言定式和交际项目的学习与掌握。如ACC项目引入了任务型教学法，而CET项目则引入了内容教学法。这种开放式的教学态度对提升项目水平、提高教学效率很有帮助。

5.2.3 长期中文项目教学改进措施的理据

与短期班一样，长期中文项目对传统明德模式的改进也是一种教学设计上的改革，其内部动因是教学设计随着教学参数的变化而变化，所不同的是长期中文项目的改进幅度更大。

需要说明的是，尽管在华长期中文项目所涉及的教学参数很多，但诸参数对教学设计的影响力不同，其中驱动长期项目展开大幅改进的最大原动力是教学时间的变化。各项具体的改进措施背后都有语言学、教育学、心理学或者传播学方面的理据，而且常常是多个学科的原理同时发生作用，要想说清楚殊非易事。下面择要对个别改进措施的内部理据试做阐述。

5.2.3.1 语言学与教育学理据

（1）教学内容的深入扩展。与短期中文项目相比，长期中文项目的教学内容深入多了，扩展了不少内容，这一点从所使用的教材就可以看出。之所以这样做是由于：

①学生学习动机的改变：在短期强化项目中的学生多追求语言的速成，学习的主要目的是为了掌握一门交流工具，而有志到长期中文项目中进修的多是抱着专业的目的，或是把汉语作为自己的专业，或是有志于从事东亚研究、中国文学研究或中国思想研究等与中国相关的专业。当然对课程的深度和广度有较高的要求。

②教学理念的发展：与学生学习动机相对应的是项目的教学理念为了满足学生的要求也发生了相应的变化，由注重单个语法点的操练转换为强调交际项目的完成。如 CET 引入的内容教学法就比较注重结合某一主题展开对中国更深广的介绍。

③教学技巧的深化：与教学理念转变相对应的是教学方法和技巧也发生了变化，在注重机械操练的同时更强调对学生言语交际技巧的训练，如 ACC 引入的任务型教学法就特别注重利用一个个具体的任务训练学生的交际能力。

（2）项目安排的增加与完善。

①宿舍语伴的安排：安排中国学生与留学生同住可视为短

期中文项目中住家措施（Home stay）的深入与完善。不过这样做的结果很符合教育学原理，在跨文化交际中，留学生到了一个陌生国度学习会产生学习焦虑，宿舍语伴的介入将大大降低焦虑感。同时中国古代教育思想认为“独学而无友，则孤陋而寡闻”，中国语伴在侧也可以帮助留学生解决学习、生活中的很多问题。

②远程预科教学的安排：增设远程预科教学可以提升未来生源的汉语基础，同时在预科教学阶段就导入本项目的教学风格，使学生在未进入项目之前就对该项目有所了解，也有助于学生未来尽快适应项目的教学环境。

5.2.3.2 传播学理据

增设一位教师对 2~3 位学生的讨论课背后是有传播学理据的。不仅如此，整个长期中文项目课型的设置均与传播学原理暗合。传播学根据传播情境可分为以下四类传播类型：人数从多到少可界定为公众传播、组织传播、群体传播和人际传播。这四个传播类型大致可对应四种课型：

表 8　传播类型与教学课型的对应关系表

传播类型	→	教学课型
公众传播（Public Communication）	→	大班课
组织传播（Organzational Communication）	→	小班课
群体传播（Small-group Communication）	→	讨论课
人际传播（Interpersonal Communication）	→	单班课

5.2.4　给国内明德模式移植研究带来的启示

美国在华长期中文项目对传统明德模式的改进对将明德模

式移植到国内长期班汉语教学中具有很强的借鉴意义，一些肤浅的心得与大家分享。笔者以为，在明德模式移植过程中似乎有必要思考两个问题：①教改中需要继承明德模式的哪些精髓？②教改中需要改进明德模式中哪些不适应之处？在经过了多轮移植教改试验之后，我们觉得：作为明德模式精髓的操练方法与技巧不可丢，明德模式所倡导的全面沉浸原则不能丢。同时，在坚持明德模式大原则的基础之上，“解放思想，实事求是”，以开放的心态来应对教改过程中所出现的问题，相信教学效果就会越来越好。

第六章

美国明德汉语教学模式的内部理据

本章将从教学设计的角度探讨明德模式的内部理据，分别从三个方面来谈：首先简要阐述一下教学设计的一般原理与基本步骤；其次从总体上分析传统明德模式的教学设计；最后从教学策略的角度分析传统明德模式课堂操练方法的类型及其理据。

需要说明的是，教学设计是教育学领域中非常重要的内容，在西方教育学专业的博士或硕士课程体系中有相当大比例的课程属于教学设计的范畴（崔永华，2008）。而且，要想透彻地阐释明德模式教学设计上的内部理据，不但要有较好的教育学理论基础，同时也必须非常了解传统明德模式以及对传统模式做过诸多完善和改造的美国在华中文项目。因此，本章内容只是笔者就自己所了解的很有限的明德模式的情况所做的较为肤浅的剖析，不正确之处恳请大家批评指正。下文首先简要介绍教学设计的理论基础和一般流程，然后重点介绍其中比较重要的几个步骤。

6.1 教学设计的一般原理与基本步骤

6.1.1 教学设计的理论基础

何谓教学设计？教学设计是以获得优化的教学效果为目的，以学习理论、教学理论及传播理论为理论基础，运用系统方法，分析教学问题、确定教学目标、建立解决教学问题的策略方案、试行解决方案、评价试行结果和修改方案的过程。对外汉语教学设计是指运用教学设计的理论和方法，制定不同层次的汉语教学方案。

教学设计是一个很复杂的过程，依据设计的结果可分为三个层次（崔永华，2008）：①以“系统”为中心的层次：如一个学校的课程设置、一门新专业的课程设置、职业培训方案、一门课程的大纲和实施计划等。②以“产品”为中心的层次：如教学中使用的媒体、材料、课件、计算机教学系统。需要特别指出的是，教学设计最初是从以“产品”为中心的层次开始的。③以“课堂”为中心的层次：指在规定的教学大纲和计划下，针对一个班级的学生，在固定的教学设施和教学资源条件下进行的教学设计。明德模式的教学设计侧重以“系统”为中心的层次，同时也兼及以“课堂”为中心的层次和以“产品”为中心的层次。

教学设计的理论基础包括语言学理论、学习理论、教学理论和传播理论。其中需要着重介绍的是当代语言教学理论：该理论汇集了语言教学界对语言能力、语言学习规律和语言教学规律的基本认识。21 世纪到来前后，国内外语言教学界在总结语言教学理论与实践的基础之上，取得以下三点共识：

（1）语言教学要培养语言综合运用能力：这是基于对语言能力的认识。以《英语课程标准》[①] 为例，该标准基础教育阶段英语课程的总体目标是培养学生的综合语言运用能力。这是语言教学法对语言教学目标不断加深认识的结果：从最初的古典教学法比较注重语言知识，到其后的语法翻译法和听说法以知识和技能为教学目标，再到功能法、任务法强调交际能力，最终发展到以综合语言运用能力为教学目标。

（2）语言是在使用中学会的：这是基于对语言学习的认识。美国《21 世纪外语学习标准》[②] 指出：过去大部分的语言课堂教学都集中在如何说什么（语法、词汇），而现在人们和过去的看法不同，现在知道学生并不是通过先学习语言系统的要素获得交际能力的。学习者有机会用目的语在广泛的活动中交际是最好的学习途径；学习者在有意义的语境中用目的语用得越多，他们的语言能力就发展得越快。

（3）学习者是学习的主体：这是基于对语言教学的认识。建构主义学习理论认为：①知识和技能不是通过教师传授得到

---

① 参看中国教育部《英语课程标准》，北京师范大学出版社，2007 年。

② 参看［美］American Council on the Teaching of Foreign Languages：《Standards for Foreign Language Learning in the 21st Century（21 世纪外语学习标准）》（1999）.

的，而是学习者在一定的情境下，借助学习获取知识的过程。②知识和技能是在他人（教师、伙伴）的帮助下，利用必要的学习资料，通过意义建构的方式而获得。③意义建构是把新学的知识和技能跟学习者原有的知识技能体系联系起来，形成新的知识结构，实现知识结构的更新，意义构建是学习的最终目标。

6.1.2 教学设计的一般流程

教学设计的一般流程参看图 5：

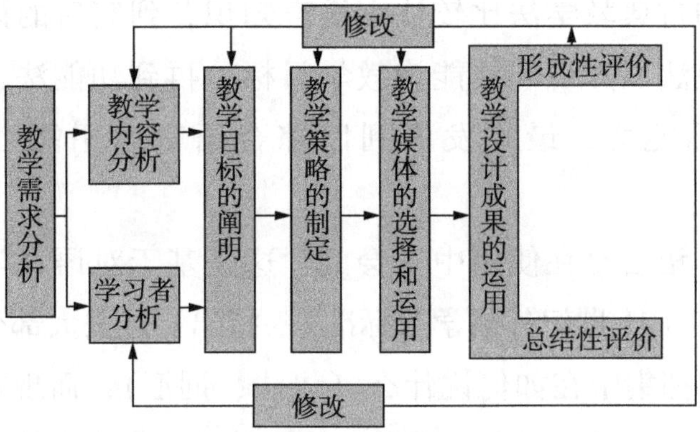

图 5　教学设计的一般流程

教学设计的流程中包含以下几个要素：教学需求、教学内容、教学对象、教学目标、教学策略、教学媒体和设计成果。整个教学设计流程就是围绕着上述几个要素展开的：首先是进行教学需求分析；然后进行教学内容分析和学习者分析；接下来是阐明教学目标；然后是制定教学策略；再然后是选择和运用教学媒体；最后是运用教学设计成果。下面简要介绍其中几个重要步骤的基本内容。

6.1.2.1 教学需求分析

（1）何谓教学需求：教学需求分析是一个系统化的调查研究过程，这个过程的目的就是要揭示教学需求从而发现问题，通过分析问题产生的原因确定问题的性质，并辨明教学设计是否是解决这个问题的合适途径。其实质是分析教学设计的必要性和可行性，帮助形成教学设计项目的总的教学目标。学生学习的需求就是教学的需求，从学生目前的学习状况（学习起点）到期望达到的学习状况之间的差距，就是学习需求。可用下面的公式来表示：

期望达到的学习状况-目前学习状况=差距（学习需要）

换言之，也就是从学习者学习的起点到要达到的教学目标之间的差距。从教师的角度来看就是从教学的起点到达到教学目标之间的距离，即期望学习者在原来已有的知识和能力系统中增加什么。需求分析的目的就是要确定教学目标，经过需求分析之后，就可以确定各级总体目标了。

（2）教学需求分析的方法：教学需求分析的方法包括内部需求分析、外部需求分析和内外结合需求分析。

①内部需求分析：包括教材和课堂教学两部分教学需求，具体计算公式如下：

a. 教学大纲要求-目前水平=教材的教学需求

b. 教材要求-目前水平=课堂教学的教学需求

②外部需求分析：外部需求包括社会发展的需求、学习者的需求和学科发展的需求，上述外部需求减去目前的教学大纲和教材就是外部对教学大纲和教材的需求，具体公式如下：

社会、学习者、学科发展需求-目前教学大纲、教材=教

学大纲、教材的教学需求

③内外结合需求分析：该分析方法是将内部需求和外部需求结合起来进行分析，具体来说就是内外部需求减去目前的水平就是对教材和课堂教学的需求，计算公式如下：

（社会、学习者、学科发展需求→教学大纲、教材）－目前水平＝教材、课堂的教学需求

若想比较稳妥地分析教学需求，比较好的方法是内外结合需求分析。世界各国都比较注重对教学需求的分析描述，以《欧洲语言共同参考框架》为例[①]，就对未来语言人才要应对的局面做了较为详细的描述：

a. 我们的学员将来在哪些领域应用语言？

b. 他们将要应对哪些情况？

c. 他们将扮演什么角色？

d. 他们将和谁打交道？

e. 他们将需要完成什么任务？

f. 他们将面临什么交际主题？

g. 他们将必须说外语，还是只需听懂和阅读？

h. 他们将来听什么、读什么？

i. 他们将来需要什么样的世界知识和异域文化认识？

上述描述就是对外语人才的外部需求，只不过仅提出了问题，要想搞清楚具体需求是什么，还需要进行进一步深入细致的研究。

---

① 参看欧洲理事会《欧洲语言共同参考框架：学习、教学、评估》，外语教学与研究出版社，2008年。

6.1.2.2 教学内容分析

（1）何谓教学内容：指根据教学需求确定的教学目标，学习者需要掌握的学科知识、技能和行为规范的总和。其中学科知识属于认知学习领域；技能属于动作技能领域；行为规范属于情感态度领域。

加涅（R. M. Gagné）等在《教学设计原理》中阐述了五类学习结果（加涅等，1999），参见表9：

表9 加涅提出的五类学习结果

类别	内容	举例
认知类学习结果	言语信息	记住字、词、语法、规则、文化知识等
	智力技能	运用知识遣词造句、进行成功交际
	认知策略	学习方法
动作技能类学习结果	动作技能	表达、书写准确、流利，包括体育、音乐
情感态度类学习结果	情感态度	学习态度等

这五类学习结果又可归为三大类：认知类学习结果、动作技能类学习结果和情感态度类学习结果。

（2）国际汉语教学通用大纲中要求的教学内容：《国际汉语教学通用课程大纲》中国际汉语教学课程目标结构关系图（见图6）反映了其对教学内容的要求[①]：围绕着语言综合运用能力，又分为四方面的内容，具体包括：

①语言知识：语音、词汇、语法、汉字、功能和话题；

②语言技能：听、说、读、写；

① 参看《国际汉语教学通用课程大纲》，外语教学与研究出版社，2008年。

③文化意识：文化知识、文化理解、跨文化意识和国际视野；

④态度策略：学习态度、学习策略、交际策略、资源策略和跨学科策略。

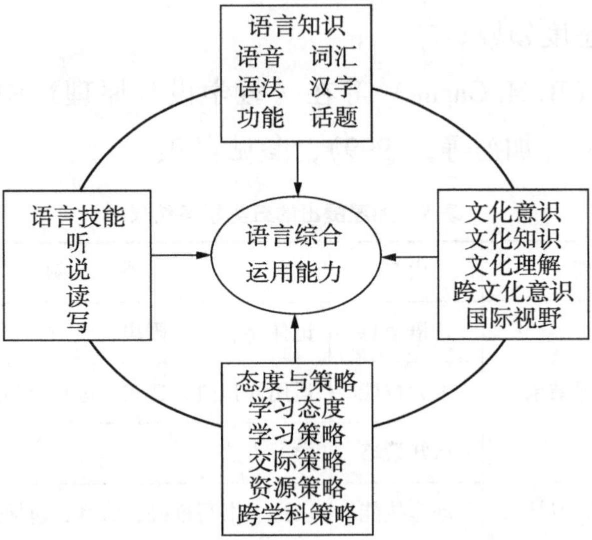

图 6　国际汉语教学课程目标结构关系图

（3）三类易于忽视的教学内容：情感态度、学习策略和文化意识。我们的课堂教学通常较为注重语言知识和语言技能方面的内容，对于情感态度、学习策略和文化意识等内容容易忽视，因此有必要稍做解释。

①情感态度：指兴趣、动机、自信、意志和合作精神等影响学生学习过程和学习效果的相关因素以及在学习过程中逐渐形成的祖国意识和国际视野。保持积极的学习态度是语言学习成功的关键。具体内容参见表 10：

表 10　教学内容中的情感态度

序号	类别	内容
1	兴趣动机	对目的语有好奇心，喜欢听他人说目的语
		有明确和持续的学习动机及自主学习意识
2	自信意志	明确的学习需要和目标，对语言学习表现出较强的自信心
		有较强的自信心和自主学习能力
3	合作精神	在学习中乐于参与、积极合作、主动请教
		能与他人合作，解决问题并报告结果，共同完成学习任务
4	世界意识	具有较强的世界意识

②学习策略：指学生为有效地学习和发展而采取的各种行动和步骤，包括认知策略、调控策略、交际策略和资源策略。具体内容参见表 11：

表 11　教学内容中的学习策略

序号	内容	定义	举　　例
1	认知策略	为了完成具体学习任务而采取的步骤和方法	1. 利用推理、归纳等逻辑手段分析和解决问题； 2. 在听和读的过程中借助情境和上下文猜测词义或推测段落大意。
2	调控策略	对学习的计划、实施、反思、评价和调整	1. 根据需要制订语言学习的计划； 2. 与教师或同学交流学习语言的体会和经验。
3	交际策略	为争取更多交际机会、维持交际以及提高交际效果而采取的策略	1. 善于借助手势、表情等非语言手段提高交际效果； 2. 交际中，善于克服语言障碍，维持交际。
4	资源策略	合理有效利用多种媒体学习和运用语言的策略	通过图书馆、计算机网络、广播、电视等资源获得更广泛的语言信息，扩展所学知识。

③文化意识：在外语教学中，文化是指所学语言国家的历史地理、风土人情、传统习俗、生活方式、文学艺术、行为规

范、价值观念等，这些当然也是重要的教学内容。具体包括：

a. 对语言学习中接触的外国文化习俗感兴趣；

b. 乐于了解异国文化、习俗；

c. 能意识到语言交际中存在的文化差异；

d. 在学习和日常交际中能注意到中外文化的差异；

e. 能体会交际中语言文化内涵的背景；

f. 对异国文化采取尊重和包容的态度。

6.1.2.3 教学对象分析

（1）为什么要分析教学对象。教学对象分析就是学习者分析，所有教学活动都是围绕着学习者展开的，学生是学习活动的主体，当然要对教学对象做透彻地分析。教学设计的目的就是为了给学习者创造最优化的学习条件。“以学生为中心”是语言教学的基本原则之一，但不可能按照每个学生的情况来设计，这既不现实也做不到。语言教学中的设计只能以学习群体的共性作为基本依据。之所以要对学习者展开分析，主要是因为学习者的年龄、母语、文化背景、学习动机、学习风格等都会对其学习产生重要的影响，因此了解自己的教学对象是进行教学设计的基础和前提。

（2）具体要分析哪些内容。对学习者要分析哪些内容呢？主要了解跟学习活动有关的学习者自身的初始能力、一般特征和学习风格，具体包括三方面的内容：

①初始能力：学生已经具备的对特定内容学习的所有知识与技能以及对学习内容的认识与态度，也就是我们通常所说的学习基础。

②一般特征：指影响不同学习者群体学习一定科目时的心

理特点、生理特点和社会特点。

③学习风格：指学习者习惯使用的学习策略和学习方式。

这三个方面都会对教学策略的制定产生直接的影响，因此是学习者分析的主要内容。

（3）学习者分析内容之一：初始能力。学习者已经具备的基础知识和技能就是学习者的初始能力，分析学习者的初始能力目的就是为了确定学生学习和教师教学的起点。参见图7：

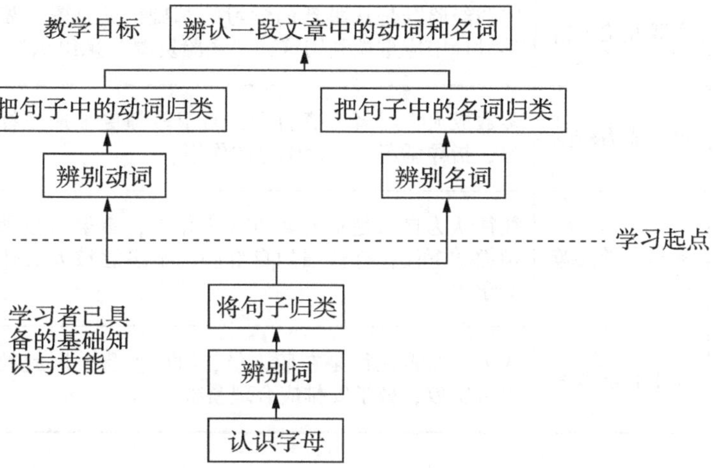

图7　学习者初始能力与学习起点示意图

如图7所示，学习者的初始能力较低，仅仅可以认识字母、辨识词及将句子归类，因此这就是学习的起点。教师应默认上述三项基础知识与技能学习者是已经掌握了的，下面要做的就是在此基础之上开始以下教学内容的学习，包括辨别动词、辨别名词、把句子中的动词归类、把句子中的名词归类，最终达到“辨认一段文章中的动词和名词”的教学目标。

（4）学习者分析内容之二：一般特征。成人学习者与少儿学习者的一般特征是不同的，因此中国古代很早就提出因材施教的教学原则。下面以成人学习者为例，谈一谈其一般特征（参见表 12）：

表 12　成人学习者一般特征

序号	特征	表　现
1	学习目的明确	常带有实际需要和工作中要解决的课题参加学习，学习的针对性强。
2	实践经验丰富	实践经验既是从事新的学习的基础，又是学习资源，教学设计中应重视利用这种“经验资源”来组织教学活动。
3	自学能力较强	多数成人学习者愿意自学，希望教师更多地发挥组织学习、指导学习、鼓励学习的作用。
4	参与教学决策	往往认为自己是负有职责的工作者，希望与教师共同承担教学责任；有较强的自尊心，不愿意被人看作是被动的学生。
5	注重教学效率	成人学习者往往是在职人员，时间宝贵，因此教学必须讲求实效，教学安排应合理紧凑。

（5）学习者分析内容之三：学习风格。学习风格是指人们在学习时所具有的或偏爱的方式，换言之就是学习者在研究和解决其学习任务时所表现出来的具有个人特色的方式。教育学界对学习风格的论述很多，下面简要介绍美国邓恩夫妇（Dunn R 和 Dunn K）的学习风格分类①（参见表 13）：

① 转自崔永华（2008）。

表 13　美国邓恩夫妇（Dunn R 和 Dunn K）学习风格分类表

<table>
<tr><th>序号</th><th>要素类别</th><th>具体亚类</th><th>再下位小类</th></tr>
<tr><td rowspan="4">1</td><td rowspan="4">环境类要素（4 方面）</td><td>安静或热闹</td><td></td></tr>
<tr><td>光线强弱</td><td></td></tr>
<tr><td>温度高低</td><td></td></tr>
<tr><td>坐姿正规或随便</td><td></td></tr>
<tr><td rowspan="7">2</td><td rowspan="7">情绪类要素（7 方面）</td><td rowspan="4">动机</td><td>自我激发</td></tr>
<tr><td>家长激发</td></tr>
<tr><td>教师激发</td></tr>
<tr><td>缺乏</td></tr>
<tr><td>坚持性</td><td></td></tr>
<tr><td>责任性</td><td></td></tr>
<tr><td>学习内容组织程度</td><td></td></tr>
<tr><td rowspan="4">3</td><td rowspan="4">社会性要素（4 方面）</td><td>独立学习</td><td></td></tr>
<tr><td>结伴学习</td><td></td></tr>
<tr><td>与成人一起学习</td><td></td></tr>
<tr><td>与各种不同的人一起学习</td><td></td></tr>
<tr><td rowspan="9">4</td><td rowspan="9">生理性要素（9 方面）</td><td rowspan="3">优势感官</td><td>听觉</td></tr>
<tr><td>视觉</td></tr>
<tr><td>动觉</td></tr>
<tr><td rowspan="4">学习效果最佳的时间</td><td>清晨</td></tr>
<tr><td>上午</td></tr>
<tr><td>下午</td></tr>
<tr><td>晚上</td></tr>
<tr><td>学习时是否喜欢运动</td><td></td></tr>
<tr><td>学习时是否爱吃零食</td><td></td></tr>
<tr><td rowspan="3">5</td><td rowspan="3">心理性要素（3 方面）</td><td>分析与综合</td><td></td></tr>
<tr><td>对大脑左右两半球的偏爱</td><td></td></tr>
<tr><td>沉思与冲动</td><td></td></tr>
</table>

上述是从宏观方面来阐述学习者的学习风格，教师在课堂

教学时还需要了解更多的情况，包括：①学生的（不同）水平；②学生的学习动机；③学生的文化背景；④学生的特长；⑤学生的学习策略（喜欢的学习方式）；⑥学生的预习情况；⑦学生对所学内容的掌握情况；⑧学生的学习情绪（高涨、低落还是一般）等。只有掌握了这些情况才可以有针对性地制定教学目标和教学策略。

6.1.2.4　阐明教学目标

教学目标是指对学习者通过教学后应该表现出来的可见行为的具体、明确的表述。

（1）教学目标的分类：教学目标可分为三类：认知领域、技能领域和情感领域，其中认知领域主要指知识、策略和文化等方面的目标；技能领域主要指听、说、读、写等语言技能方面的目标；情感领域的目标是培养学生的社会性情感、提高其情绪情感自我调控能力、帮助学生对自我和环境产生积极的情感体验等。此外，每个领域的目标在掌握水平上是不同的，可将掌握水平自低至高分为五个等次（详见表14）：

表14　教学目标分类表

水平 领域	1	2	3	4	5
认知领域 （知识、策略、文化）	记忆	理解	简单应用	综合运用	创见
（汉语） 技能领域	模仿	理解	熟巧	应用	创造
情感领域	接受	思考	兴趣	热爱	形成品格

（2）教学目标的描述：在教学目标的描述方面，一般描述方法存在的主要不足是可测量性差。下面举例说明（参见表15）：

表 15 教学目标描述实例

词汇	认读写在黑板上的全部词汇，基本没有错误（正确率 90%）；在教师指定练习中准确使用重点词汇，基本没有错误。
语法	理解所学的句式，可以流利地描述教师所指定的事物，基本没有语法错误。
课文	在没有提示的情况下，能够流利地复述课文，基本没有错误；用课文的框架进行流利、完整的同类对话，基本没有错误。
交际能力	在课堂上描述同学和老师的穿着、环境、行为方式，基本没有错误。
学习策略	用比较的方法，区分教师列出的表示不同语法意义的句式，分类基本正确。
情感态度	学生能愉快地投入课堂学习，友好地互相描述，课堂气氛活跃。

6.1.2.5 制定教学策略

教学策略是指为完成特定教学目标而采用的教学活动的程序、方法、形式及媒体等因素的总体安排。需要指出的是教学策略的设计是整个教学设计的核心，同时教学策略是运用教学方法的方法，属于元认知的范畴。在制定教学策略时需要涉及以下几方面的内容：教学过程的设定、教学方法的选择、教学媒体的选择以及教学组织形式的选择等。

（1）教学过程：指教学活动的顺序安排，包括具体的教学环节和教学步骤。对教师而言，教学过程就是根据教学目的、教学任务和学生身心发展的规律，有计划地引导学生掌握知识、技能，发展智力和体力，形成一定思想品德和心理品质的过程；对学生而言，教学过程就是学生在教师引导下主动完成学习任务的过程。

①教学过程设计的理论基础之一：新五段教学理论。教学过程设计的理论依据之一是新五段教学理论，该理论是凯洛夫（1893—1978）改造了赫尔巴特（1776—1841）的五段教学理

论，提出了新五段教学理论（参见表16）：

表16　新五段教学理论提出的教学环节与步骤

序号	教学环节与步骤	具体内容
1	组织教学	使学生做好上课的心理和物质准备，集中注意力，排除干扰，投入到学习中。
2	复习旧课	检查、复习已学过的内容，加强新旧知识之间的联系，为接受新知识做好准备。
3	讲授新课	让学生掌握新的知识内容。
4	巩固新课	检查学生对新教材的掌握情况，及时解决存在的问题，当堂巩固、当堂消化。
5	布置作业	教师布置练习，让学生将所学的知识运用于新的情境中。

根据这一理论设计出来的教学过程大致有以下九种（参见表17）：

表17　基于新五段教学理论设计出的9种教学过程

	教学环节	过程1	过程2	过程3	过程4	过程5	过程6	过程7	过程8	过程9
1	组织教学	组织教学	组织教学	组织教学	组织教学	组织教学	组织教学	组织教学	组织教学	组织教学
2	复习旧课	复习旧课	复习旧课	复习旧课		复习旧课	复习旧课	复习旧课	复习旧课	复习旧课
3	讲授新课	生词	语法	生词	生词	语法	生词	生词	生词	生词
4		语法	生词	语法	语法	生词	课文	语法	课文	课文
5		课文	课文	课文	课文	课文	语法	课文	语法	语法
6							课文		课文	
7	巩固新课					交际练习			交际练习	
8		小结				小结		小结	小结	小结
9	布置作业	布置作业		布置作业	布置作业	布置作业	布置作业	布置作业	布置作业	布置作业

②加涅："指导学习"过程。加涅认为（加涅等，1999）：教学是一种旨在影响学习内部过程的外部事件，因此教学的程序应该与学习的阶段以及学习的内部活动过程相吻合。每一个学习行动分解成九个阶段，相应的教学基本过程也是九个步骤。下面以语法教学为例，简要说明学习过程和教学过程相对应的这九个阶段（参见表18）。

表18　学习过程–教学事件–语法教学九阶段对应表

	学习过程	教学事件	语法教学
1	接受各种神经冲动	引起注意	出示语言点/提出课文中的例句
2	刺激执行控制过程	告知学生目标	
3	把先前学习提取到工作记忆中	刺激回忆前提性的学习	联系学过的内容，如学过的语言点
4	突出有助于选择性知觉的特征	呈现刺激材料	给出例句，让学生朗读
5	语义编码，提取线索	提供学习指导	分析例句，归纳公式
6	激活反应组织	引出作业	提出练习任务（完成句子、填空）
7	建立强化	提供作业正确性的反馈	纠正问题
8	激活提取，使强化成为可能	评价作业	齐读/单读（检查）
9	为提取提供线索和策略	促进保持和迁移	运用于课文和练习

当然，可为教学过程提供依据的教育学理论很多，而且根据同一理论设计出的教学过程也不尽相同，在此恕不赘述了。

（2）教学方法的选择

①教学方法的定义：是指教师和学生为了达到教学目标，在教学理念和教学原则的指导下，借助教学手段（工具、媒体或设备）而进行的师生相互作用的活动。与学习结果（教学内容）相关的一般教学方法有以下多种：

a. 认知类学习结果的教学方法：包括讲授法、演示法、谈话法、讨论法、练习法、实验法、实习作业法等。

b. 动作技能类学习结果的教学方法：包括示范-模仿法、练习-反馈法等。

c. 情感、态度学习结果的教学方法：包括直接强化法和间接强化法。

②语言教学方法：语言教学方法非常多，常用的有语法翻译法、直接法、听说法、功能法、任务型教学法（task-based）、全身反应教学法（Total Physical Response）、学科内容语言教学法（Content Based Instruction）、语言经验教学法（Language Experience Approach）、整体语言教学法（Whole Language Approach）等。也有人认为现在进入了“后方法”时代（Post Method Era）没有某一种教学法可以包打天下。

（3）教学组织形式的选择

教学组织形式是指根据教学的主观和客观条件，从时间、空间、人员组合等方面考虑安排的教学活动的方式。目前常用的有三种教学组织形式：集体授课、小组活动和个别教学。

①集体授课：目前学校教育最通用的教与学的形式。即按传统惯例，教师通过讲授、谈话、板书、演示等来向一个班级或一组学生传递教学信息。

②小组活动：通过讨论、问答、交流等在师生之间、学生与学生之间分享教学信息。

③个别教学：由学生自己阅读教科书、观看或聆听音像教材、做笔记等获得教学信息，目前备受重视。

集体授课是最常用的传统教学组织形式，节省教学成本但针对性不强；个别教学的针对性是三种形式中最强的，但教学成本过高，因此介于二者之间的小组活动目前格外受到青睐。

下面简要介绍小组活动这一教学组织形式。

小组活动是在集体授课的背景下，为实现特定教学目标，在教师指导下进行的学生与学生之间合作、交流、相互支持与分享教学信息的活动形式。下面举例说明小组活动，其活动步骤大致如下：

①将学生两两分组，如果学生数目是单数，有一个组可为三人。

②解释练习的内容，提出练习要求，并与一两个学生一起进行示范。（如有必要，找一组学生做该练习作为进一步的示范。）

③设定一个合理的时间限制，可以把时间写在黑板上，如：两人对话：5 分钟，或：两人对话：9：20-9：25。

④学生两人一组进行练习，教师可以巡视教室并给予必要的帮助。

⑤结果展示：找几组学生或志愿者在台前表演，并给予指导和评价。

⑥可选方法：如果时间充裕，可让学生互换搭档再做一次练习。

小组活动的优势在于：①使学生成为语言教学活动的主体，利于形成语言综合运用能力，有利于综合素质的培养；②提供了更多运用语言的机会，有利于提高语言表达的流利度，在活动中逐步提高语言输出的质量；③学生语言水平和学习背景相近，容易互相理解，小组成员都可以获得更多的可理解性输入；④面对的听众少，可以降低焦虑感，容易获得成就感，增强使用目的语的信心，激发学习动力；⑤有利于培养学生的合作意识和实践真实语言交际的规则。

小组活动也存在不足之处：①活动中从同伴那里得到的语言输入不一定完全正确；②学生有时会使用自己的母语参加讨论；③小组讨论会加大控制课堂组织与进程的难度；④有些较独立的学生不喜欢小组活动这种形式。

6.1.2.6　选用教学媒体

（1）教学媒体的定义：教学媒体是指用于从信息源（教材、教师）到学习者之间教学信息承载和传递的工具和手段。随着时代的发展，传统的黑板加粉笔的教学方式受到了冲击，课堂教学越来越倾向于开展多媒体教学。

（2）教学媒体的作用：之所以课堂教学越来越倾向于多媒体教学，一方面的原因是随着教学技术的发展，可供选择的教学媒体越来越多，另一方面的原因是人们越来越认识到教学媒体在教学中可以发挥的作用。教学媒体的作用有以下几点：

①提供真实的语言和语言交际场景：音频与视频等教学媒体可以提供真实的目的语和目的语交际场景，这是传统教学媒体所无法做到的。

②创设接近真实的交际环境：在教学中让学习者身处真实的交际环境将有助于教学效率的大大提高，但课堂教学只能是模拟语境。多媒体的出现使得创设接近真实交际环境成为可能，而且是非常迅速的，使用方便、效率较高。

③辅助教师的讲解：教师在讲解语言点时，有时很难用语言解释清楚，尤其当面对初级水平的学习者时，教师又不宜使用学习者未掌握的生词，这时可使用音频或者视频媒体来辅助教师的讲解，会起到意想不到的结果。

④提供练习材料等：用多媒体提供练习材料，与传统教学方式相比有以下特点：一是可以提供数量较多的语言材料；二是可以提供较为直观的材料；三是提供材料的方式灵活快捷。上述这些都是传统黑板加粉笔的授课方式所无法比拟的。

⑤提高学习的兴趣：即便在相同的情况下，多媒体教学也比传统教学方式更能激发学习者学习的兴趣，尤其是在少儿汉语的课堂教学中。

（3）教学媒体选择的理论依据：在语言教学中，面对诸多教学媒体如何选择？相关的理论研究也为教学媒体的选择提供了理论依据。下面简要介绍三种相关理论：

①不同感官获取知识的比重：经研究，人们发现不同感官获取知识的比重不同：视觉占 83.5%、听觉占 11%、嗅觉占 3.5%、触觉占 1.5%、味觉占 1%。其中视觉+听觉合计占到 94.5%，是获取知识的主要感官，因此作用于视觉和听觉的多媒体在语言教学中是不可或缺的。尽管传统教学媒体也是作用于视觉和听觉，但随着教育技术中多媒体技术的发展，人们逐渐意识到教学媒体在课堂教学中的重要作用。

②同样学习材料不同感官学习后的效果比较：研究发现同样学习材料不同感官学习后的效果是不同的。以学习材料后的保持率为衡量标准，研究数据表明：

a. 学习材料三个小时后："视觉+听觉"的保持率为 90%、纯视觉的保持率为 70%、纯听觉的保持率为 60%。这说明学习时同时刺激视觉和听觉器官，学习效果最好；而单纯依靠视觉和听觉的学习效果稍差。

b. 学习材料三天之后："视觉+听觉"的保持率为 75%、纯视觉的保持率为 40%、纯听觉的保持率为 15%。这说明学习时同时刺激视觉和听觉器官，对学习材料仍有较好的保持率，对学习材料的识记效果较好；单纯依靠视觉的保持率与视听共用时相比几乎降低了一半；而单纯依靠听觉的保持率最低，仅为视听共用时的五分之一。

③“经验之塔”理论：戴尔（E. Dale，1969）“按照教学媒体所能提供的经验（即教学信息的抽象程度），将教学媒体分为十个层次，该理论被称为“经验之塔”。该理论可以帮助教师较快地对教学媒体做出抉择，以达到最好的教学效果（参看图8）：

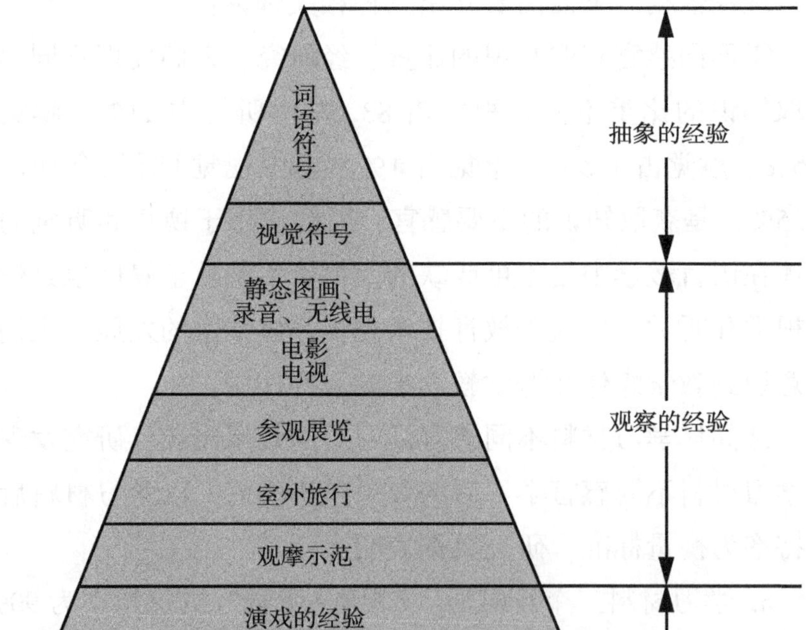

图8 “经验之塔”示意图

如图 8 所示，经验之塔大致可分为三个层次："做的经验""观察的经验"和"抽象的经验"。越处于"塔"的底层经验越具体，越往"塔"尖的经验越抽象。

a. "做的经验"：处于"塔"的最底层所提供的直接经验最为具体，包括有目的的直接经验、设计的经验和演戏的经验等。由此给教学带来的启示是教学应从具体的经验入手，再逐步过渡到抽象。使用教学媒体可以使学习更为具体，也能为抽象概括创造条件。简言之，具体经验是通往有效学习的道路。

b. "观察的经验"：位于"塔"的中部，属于视听经验，形式包括视听教材、参观展览和室外旅行。经验的性质介于抽象和具体之间，比上层的言语和视觉符号具体、形象，又能突破时间和空间的限制，弥补下层各种直接经验方式的不足。对教学的启示是视听教材及视听多媒体的运用将有助于课堂教学，可比较稳妥地处理有趣和有效的关系；做的经验较为有趣，但比较耗时，教学效率不高；单纯讲授的形式比较节省成本，也非常有效，但易于枯燥，不利于调动学生学习的积极性。

c. "抽象的经验"：处于"塔"的顶端，形式包括视觉符号和词语符号。传统授课方式是采用"抽象的经验"这一形式，但如前所述虽然比较高效，却相对枯燥，不是特别有趣，难以调动课堂气氛。

(4) 教学媒体的选择：教学媒体可分为传统媒体和现代媒体，首先呈现一下语言教学中可供选择的教学媒体有哪些(参见表 19)：

表 19 教学媒体一览表

传统媒体	直观教具	仪器、实物、标本、模型、黑板、印刷品
	示意教具	图片、地图、表格
现代媒体	视觉媒体	幻灯、投影
	听觉媒体	录音、广播、CD、MP3
	视听媒体	电影、电视、录像、DVD
	系统媒体	语言教学系统、计算机辅助教学系统

选用教学媒体的优先原则是教学效果，凡是有助于提高教学效果的媒体都可以考虑。但教学媒体的选择依据不仅限于教学效果，还要同时依据：①教学目标：教学媒体的选择不能为了使用而使用，要服务于一定的教学目标，如要提高听力，就可选用视听媒体。②教学内容：要依据教学内容的要求来选择媒体，有些内容比较适用某些特定的媒体，而有些就不太适用。③教学对象：选择媒体要看教学对象，要考虑到学习者的一般特征和学习风格与特点。如在少儿语言教学中，宜选用比较具体、生动的媒体。④教学条件：这是个限定条件，最终能否如愿选择某种媒体还要看经济条件和技术能力。如果没有经济条件，或者技术能力达不到，即便前面几条都符合也无法实现。

6.1.2.7 评价教学设计成果

(1) 教学设计成果的定义：教学设计成果指在教学实施之前设计出来的不同层次的实施方案，包括：①教学计划、课程计划；②教材、课件、音像制品；③教学方案（教案）。

(2) 教学设计成果的评价：对教学设计成果进行评价是教学设计活动的有机组成部分，但该环节与其他环节不同：评价活动不是教学设计的一个独立环节，而是贯穿于教学设计的各个环节之中。教学设计成果的评价至少有三层含义：①教学设计成果的终结性评价；②教学设计成果的形成性评价；③教学设计成果试用结果的评价。

（3）评价的程序、方法与工具：对教学设计成果进行评价的程序如下：①制定评价计划：其中包括确定收集资料的类型、确定评价标准、选择被试人员以及说明试用成果的背景条件；②选择评价方法：详见后文；③试用设计成果和收集资料；④归纳和分析资料；⑤报告评价结果。

对教学设计成果进行评价的方法和工具包括：①测验；②问卷调查；③面谈；④观察。

教学设计是一个非常复杂的系统工程，涉及教育学、心理学和传播学多方面的知识，而国际汉语教学设计又涉及汉语语言学、普通语言学和应用语言学等多方面的理论，要想全面细致地说清楚殊非易事，上文也只是一个简要说明，很可能挂一漏万，错谬之处恳请大家批评指正。

6.2 明德模式的总体教学设计

明德模式之所以能取得成功，取得经久不衰的教学效果，与其科学的内部教学设计是密不可分的。从前人已有的研究明德模式的文献来看，论述明德模式是“如何做（然）”的论著较多，而阐释明德模式“为什么这么做（所以然）”的论著较少。如果我们要将明德模式移植到国内长期班教学中来，就必须明白明德模式的内部教学设计，不但要知其然，更要知其所以然。只有这样，才能很好地将明德模式扬弃性地移植到国内汉语教学中来，而不至于生吞活剥、照搬照抄。

此外，我们的移植教改实践证明：对教学模式进行移植绝不可能全盘照搬或者修修补补，教改本身同样需要经历对国内长期班教学模式重新进行设计的过程。因此，有必要先从总体上对明德模式的教学设计做一个大致的剖析。限于学识与眼界，我们无法全面细致地了解明德模式全部的教学设计过程，但从我们了解的已有情况来看，明德模式能取得今天的成就是经过精心设计的，宏观上符合教学设计的基本原理，微观上具有自己的亮点。下文首先从宏观上阐述明德模式教学设计在面上的特点；然后从微观上阐述明德模式教学设计在细节上的亮点；最后结合自己在普北班的教学经历谈一下传统明德模式教学设计上的不足。

6.2.1 特点之一：符合教学设计的理论基础

从宏观上来说，明德模式的教学设计符合语言学理论、学习理论、教学理论和传播理论等教学设计的理论基础。尽管学界有人认为明德模式的理论基础略显陈旧（如密集强化操练法是基于行为主义心理学“刺激-反应”原理设计的），但实际上明德模式的总体教学设计完全符合上述四个理论基础。或许明德模式最初的教学设计并非有意遵循上述理论，但其实际设计理念却与上述理论暗合。下面就以当代语言教学理论和传播理论为例简要说明：

6.2.1.1 明德模式的教学设计符合当代语言教学理论

如前所述，当代语言教学理论形成三个共识：培养语言综合运用能力；语言是在使用中学会的；学习者是学习的主体。明德模式的教学理念与此完全一致，而且在教学设计上贯彻得也比较好。

（1）培养语言综合运用能力：国内在课型设置上一直是分技能设课，以初级班为例，就有综合（精读）、口语、听力和汉字等四门课。而明德模式不按技能设课，尽管也分大小班上课，但始终坚持听、说、读、写四项技能齐头并进，综合训练。明德模式认为听、说、读、写的能力不可分，必须综合培养，在这一点上与当代语言教学的认识完全一致。事实证明，明德模式的实践是行之有效的，尤其在初级班的基础教学中成效显著。

（2）语言是在使用中学会的：语言教学界对此有共识，但对于如何才算是“用中学”却有不同的理解。明德模式有两条教学理念，一条是“语言是练会的，而不是老师教会的”，另一条是“语言学习是新习惯的建立，而不是新知识的获得”。这两条教学理念均从不同侧面与“用中学”这一认识相印证。而且明德模式对于“用中学”这一认识的贯彻也是很成功的，明德模式相信所谓的“使用”就是学生自己要大量练习，只有通过反复操练才能掌握所学的语言。

（3）学习者是学习的主体：与上一条情况类似，学界对于“以学生为中心”没有异议，但如何才能很好地做到“学习者是学习的主体”却有不同的认识。明德模式的做法是语言学习的主体是学生，学生一定要经过大量操练，不过这种操练是在教师控制之下的操练。所以，朱永平教授把密集强化操练法称之为“有控制的操练法”（朱永平，2010b）。换言之，作为学习主体的学生在练习语言的时候是在教师严格控制之下的，事实证明，这一做法的确使教学效率更高。

而且明德模式的认识与建构主义学习理论一致，并且在实际教学中贯彻了前述三点认识：

①知识和技能不是通过教师传授得到，而是学习者在一定的情境下，借助学习获取知识的过程。这与明德模式的教学理念“语言是练会的，而不是老师教会的”完全一致。

②知识和技能是在其他人（教师、伙伴）的帮助下，利用必要的学习资料，通过意义建构的方式而获得。明德模式的密集强化操练法就是教师通过提问设置语境，有控制地引导学生说出所要练习的语言点，这一操练形式就是上述认识在教学中的实际贯彻。

③意义建构是把新学的知识和技能跟学习者原有的知识技能体系联系起来，形成新的知识结构，实现知识结构的更新，意义构建是学习的最终目标。明德模式在课堂操练时特别强调教师的提问不可以出现学生未学过的生词，这一要求完全遵循了建构主义的上述观点。

6.2.1.2　明德模式的教学设计符合传播理论

传播学也是教学设计的理论基础之一。明德模式课堂操练的设计就与1960年贝尔洛（D. K. Berlo）在拉斯韦尔传播研究的基础上提出的SMCR传播模式暗合（参看图9）：

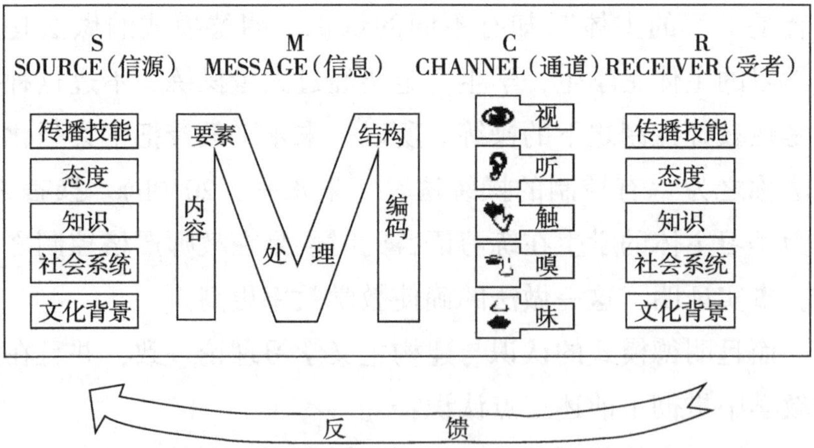

图9　1960年贝尔洛（D. K. Berlo）提出的SMCR传播模式

该传播模式中的“S”指信源（Source），即信息的传播者，在语言教学中就是教师；“M”指信息（Message），在语言教学中就是教师发出的信息（教师的提问和讲解）；“C”指通道、渠道（Channel），在语言教学中就是教学媒介，最常用的就是通过声波（声音）传播；“R”指受者（Receiver），在语言教学中就是学生。明德模式的课堂操练形式也可以用这一传播模式来描述：

教师（S）→编码提问（M）→声音传播（C）→学生解码（R/S）→编码回答（M）→声音传播（C）→教师反馈（R）

只不过教师课堂操练是两个 SMCR 传播过程：第一个传播过程是由教师编码提问，经由声波传播给学生，然后学生解码理解教师的问话。第二个传播过程总体上是学生对教师提问的反馈，学生理解了教师的提问之后，根据要求编码，说出目标句子回答教师的提问，经由声波传播给教师，教师解码后判断学生所说的句子是否正确，最后给出反馈（对或者错）。由此可见，明德模式在课堂操练方法上的教学设计是非常符合传播学理论的。

6.2.2 特点之二：走过了教学设计的全过程

从教学设计的角度来看，明德模式走完了教学设计中教学需求分析、教学内容分析、教学对象分析、阐明教学目标、制定教学策略、选择教学媒体和评价设计成果等全部过程。下面简要说明明德模式在每个环节的具体做法：

6.2.2.1 教学需求分析

明德模式是为美国培养外语人才的，而美国对未来外语人才的要求很明确（参看美国《21 世纪外语学习标准》，1999），因此不管是明德暑期中文学校还是美国在华中文项目都对社会发展的需求和学习者的需求有比较透彻的分析。事实上，美国政府对自己资助的一些美国在华中文项目要求还是很严格的，如美国密西西比大学中文旗舰项目，据说学生入学前后都会参加美国口语水平考试（OPI），如经该项目的培训后进步不大，则项目有可能被取消资助①。

6.2.2.2 教学内容分析

在教学内容方面，由于美国《21世纪外语学习标准》对外语人才的要求是5个C（参看图10）：交际（Communication）、文化（Cultures）、贯连（Connections）、比较（Comparisons）、社团（Communties）。

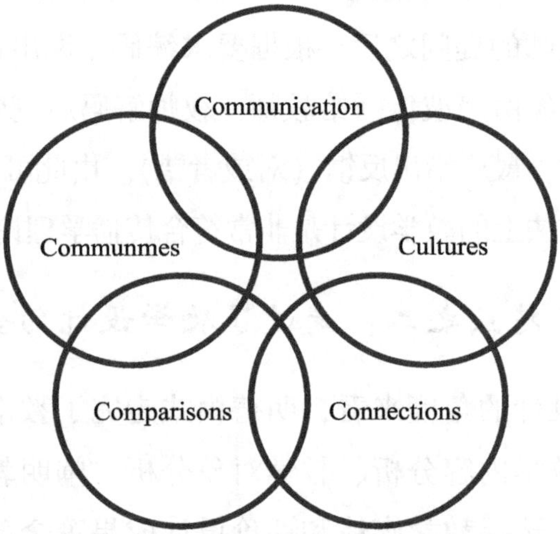

图10 美国21世纪5个C外语标准

① 密西西比大学中文旗舰项目前负责人朱永平教授在回复笔者的邮件中称（2016.08.11）：密西西比大学的项目是为美国培养大学预备役军官，所以学生全拿政府奖学金（包括饭费）。学生进入项目前后都要参加OPI考试，主要考查学生在项目中有无进步，实际上是考查项目的好坏。若学生参加项目后无进步或进步不大，这个项目今后可能就无法拿到政府的资助了（美国有好几个这样的培训项目）。我们项目对学生有以下要求：1. 学校的平均学生成绩，中文课成绩必须是B以上；2. 必须在美国大学学过一年中文。至于进入项目前后OPI要达到什么水平，没有具体的要求。我们项目的学生一般经过暑期班后可以平均上升1.5级。

这五项标准是不可分割的，它们之间相互作用，相辅相成。明德模式显然对教学内容做了较深入的分析，我们认为其教学理念与《21 世纪外语学习标准》（下文简称《标准》）所传达出的信息一致，在教学设计方面较好地体现了 5 个 C 的要求：

（1）《标准》强调学习外语的最终目标是使用这种语言，并没有把对语言知识的要求放在首位。明德模式强调“语言学习是新习惯的建立，而不是新知识的获得”“语言是练出来的，不是教出来的”，都与该标准的认识一致，在教学设计上也比较注重各项技能的课堂操练，而不是语言知识的讲授与灌输。

（2）《标准》在语言教学中文化的重要性，强调语言与文化的有机结合。语言与文化密不可分，明德模式所秉持的全面沉浸的教学理念就是要学生完全处于目的语的语言文化环境之中。美国在华中文项目也比较注重对中华文化的感受与学习，比较注意利用中国的目的语环境，除了有一周语言实践活动的时间之外，还想尽办法让学生体验中华文化：如每周两次的“中文桌子”（师生一起吃中餐体验中华饮食文化）、利用周末带领学生到北京周边的名胜古迹参观游览、带领学生观看京剧和杂技，以及给学生在课堂上放映中国电影等。这些教学设计都是符合美国外语学习标准的。

（3）《标准》强调在比较之中、在灵活地运用中学习语言。如前所述，明德模式也比较强调在“用中学”，不但要求学生在入学之初签订“语言誓约”，承诺在学期间只使用目的语而不使用母语；而且也很重视对语法结构的反复练习，重视在教师控制之下的课堂操练。

此外，我们也注意到明德模式在教学内容上也是不断更新与完善的。据施仲谋（1994）介绍明德暑期中文学校二年级教材：当时使用的是周质平教授主编的《现代汉语中级读本》（普林斯顿大学出版社，1992），而现在使用的教材是齐德利教授编写的《Intermediate Mandarin Chinese：the Textbook（中级汉语教程）》[①]。美国在华中文项目的教材也是在不断变化调整的，以哥大班二年级为例，据高晨（2007）介绍：自2006年开始使用的是为该暑期项目量身订做的教材《京华汉语》；而据该项目负责人刘乐宁教授介绍现在使用的教材是系列教材中的一本——《留学中国》（北京大学出版社出版）。

6.2.2.3 教学对象分析

前面说过，对学习者的分析主要集中在初始能力、一般特征和学习风格等三方面，据我们直接了解和相关文献中反映出来的情况，都可证明明德模式在教学对象分析方面是比较认真的，对入学者均有较为深入的分析和把握。

（1）初始能力：无论是明德暑期中文学校还是在华中文项目，在入学之初对申请者都要进行严格遴选。以普北班为例，没有零起点的学生，来华学生从二年级开始，均是有一定中文基础的申请者，且录取的比例很低。其他来华中文项目对学生的初始能力也有一定要求，个别项目还通过电话远程考查学生（如ACC项目）。

（2）一般特征：明德模式比较注意把握成人学习者的一般特征，充分挖潜。参加明德项目的学习者通常都有明确的学习目的，或者要修习学分，或者要为未来的职业生涯打下中文

① 参看网站：http：//www.middlebury.edu/ls/chinese/curriculum/lvl1chinese.

基础。明德模式也利用他们实践经验丰富、自学能力较强的特点，要求学生在课下做大量的预习和复习作业，以提高课堂操练的效率——这从上课时听写当天要学课文的句子就可窥见一斑。此外这些成人学生也有较强的参与决策意识，可向项目负责人和老师提出自己的建议和意见（这一点突出反映在教师评鉴表上，也是项目搜集学生意见的主要渠道之一）。此外，明德项目的学生对教学效率的要求很高，这一点也很符合成人学习者的学习特点。因此，明德模式在教学设计时就可以尽可能将课程安排得紧凑一些，也可以加大课堂操练的强度。

特别需要说明的是明德项目的学生多来自美国常春藤盟校，且由于经过了严格遴选，因此生源素质极佳，学生的学习能力特别强，也有较强的学习动力，明德项目的中文教学堪称精英教育。这也使得明德模式在进行教学设计时可以有较大的挖掘空间来施行密集强化教学，对学生提出较高的教学要求。换言之，如果换成普通学生，精英教育就变成了普及教育，很多教学设计上的措施就无法完成，如极为紧凑的教学安排、高强度的课堂操练以及每天大量的预习、复习作业等。

（3）学习风格：在学习风格方面，明德模式学生的自我学习动机都很强，不用老师和家长激励。在社会性要素方面表现都很好：无论是独立学习还是与各种不同的人一起学习都有较好的适应性。此外，明德模式在教学设计时还注意到成人学生的生理性要素：早上上课的时间可以早于八点（如普北班），大班课上课的时间可以超过一小时（如哈佛大学北京书院）。上述这些设计都充分利用了成人学生和精英学生学习风格上的特点。

6.2.2.4 阐明教学目标

上述5C就是美国对21世纪外语人才的要求，但那只是总体上的要求，明德模式又进一步细化了教学目标。无论是明德暑期中文学校还是美国在华中文项目，这一点上都做得很好。

（1）明德暑期中文学校：据汝淑媛（2006）的介绍，明德中文暑校为五个年级的汉语教学都制定了非常明确的目标：一年级要求学生在结束时能掌握基本的汉语表达方法与结构，并用其组织起简单的句子来表达与生活密切相关的话题；二年级要求学生在初学的基础上掌握一些较复杂的结构与表达方法，可用简单语段来谈论简单时事问题；三年级要求学生具有理解和生成段落进行表达的能力，使其在大多数熟悉的话题上可与中国人面对面地交谈，可阅读书面汉语材料，能发表意见，写简单的文章、报告和各种信件；四年级要求学生能理解、参与讨论并能详尽论述各种具体和抽象的话题，可阅读用高级汉语书面语写成的与时事、社会科学、历史及文学有关的文章；五年级要求学生运用现代汉语进行交际的过程中学习中国传统文化。

（2）美国在华中文项目：以哥大班为例，据高晨（2007）介绍，哥大班为四个年级都制定了非常明确的教学目标：一年级：能够创造语句、提问和回答，参加简短的交谈。使用日常必需和礼貌用语，所说的话能被经常与外国人打交道的母语者听懂。二年级：提高基本的听说读写能力，能够参加非正式的交谈，陈述事实，下达指令，能对现在、过去、将来的活动进行描述、报告和叙述。能够就具体的话题发表自己的看法，如个人经历、家庭、爱好、工作、旅行、时事等。所说的话基本能被不常与外国人打交道的母语者理解。三年级：进一步提高听说读写能力，掌握口语和书面语的基本区别和使用场合。能在正式和非正式场合与人交谈，能处理语境难题、应付不熟悉的话题，能做出解释、详细描述、论证观点和做出假设。能够讨论实用、社会、专业以及抽象话题、特殊兴趣话题以及需要一些专门知识的话题。口语表达中有不影响理解的、母语者几乎察觉不到的错误，偶有基本结构错误。四年级：可以阅读中文原文、小说、报刊等，语言使用与谈话对象相宜，能商讨、劝说、谈判、阐述观点。可以讨论一般专业性话题。口语表达接近母语者，话题广泛，措辞准确，与场合相宜，偶有小错。

这说明明德模式对每个年级都规定了明确的教学目标，而且比较细致，阐述得很清楚。其实除了每个年级的教学目标之外，明德模式对每个单元、每课书甚至每节课都有教学目标上的要求，并且是其教学设计上的亮点（详见下文）。

6.2.2.5 制定教学策略

教学策略设计是整个教学设计的核心，涉及教学程序、方法、形式和媒体等因素的总体安排。明德模式在教学程序、教学方法和教学形式的安排上都独具匠心，颇有章法（教学媒体的选择将在下节详细讨论，此处不赘）。

（1）教学程序：包括总体课程设置和课堂教学过程。明德模式无论在总体课程设置还是在课堂教学过程方面都有很出色的安排。如前所述，传统明德模式是按照“大班课-小班课-单班课”的程序来安排的：大班课解决学生“懂”的问题，小班课解决学生“用”的问题，单班课解决学生“活”的问题。上述课程安排与3P教学法的原理暗合：大班课的任务是演示（presentation），小班课的任务是操练（practice），而单班课的任务是活用（production）。个别在华中文项目进一步改进了这一顺序，使之更符合教育学与心理学的规律，如哥大班就是按照“单班课-大班课-小班课-个别谈话”的顺序来安排的。该项目从单班课中分离出了“个别谈话”并将单班课前置，这样安排的作用是使学生在上大班课之前有一个预习准备和复习旧课的环节，可大大提高教学效率并降低学生的学习焦虑。

（2）教学方法：密集强化操练法。教学策略是运用教学方法的方法，明德模式的核心教学方法是密集强化操练法，很显然这一教学方法是明德模式的核心，其教学设计很成功，所取得的教学效果有目共睹。关于密集强化操练法的具体设计情况（包括类型及理据等）我们将在下文详述，此处要说的是：密集强化操练法的成功运用进一步印证了明德模式在教学设计方面完全符合理论基础并走完了教学设计的全部环节，否则不可能取得如此明显的教学效果。正因为明德模式在前期对教学需求、教学对象、教学内容、教学目标等做了充分透彻的分析，才有可能在最短的时间内挖掘出各方面最大的潜力。

我们移植明德模式的初衷就是希望能将密集强化操练法运用到国内长期班中来，提高国内对外汉语教学的课堂效率。但在移植时也应该清醒地意识到，这一教学方法是依据美国对中文人才的需求（教学需求）、面对美国精英学生（教学对象），为完成特定教学内容和教学目标而量身订制的，我们不可能完全照搬过来。若想汲取密集强化操练法的精髓，也必须走完教学设计的全部环节，依据国内的教学需求、面对国内长期班学生、达成国内教学目标而对这一教学方法重新回炉再造。

（3）教学形式：集体授课、小组活动和个别教学。明德模式对教学组织形式的充分运用特别值得推崇。教学组织形式是根据教学的主观和客观条件，从时间、空间、人员组合等方面考虑安排的教学活动的方式。按人数多少可分为集体授课、小组活动和个别教学。这三种组织形式各有利弊，国内对外汉语教学领域普遍采用集体授课的形式，也会在课堂教学中采用小组活动的形式，但几乎没有个别教学这种教学形式（当然也存在个别辅导的情况，但那并不是正规教学的形式）。

而明德模式设计的大班课、小班课和单班课就充分运用了这三种组织形式，并且相得益彰，彼此之间配合得非常好。特别需要指出的是，个别在华中文项目还分离出了更多教学组织形式，如前所述：哥大班从单班课中分离出个别谈话、ACC项目从单班课中分离出讨论课，说明在教学组织形式方面都进行了很好的设计。

采用哪种组织形式或者采用几种组织形式，从根本上来说取决于经济成本，集体授课这种形式无疑是最经济、最省钱的，但缺乏因材施教的针对性；个别教学这一形式当然针对性最强但经济成本也最高。因此，对于资金雄厚的明德中文暑校和在华中文项目来说，采用多种教学形式也是明德模式精心设计的结果。

6.2.2.6　选择教学媒体

从总体上来看，明德模式对教学媒体的选择走过了一个从拒绝现代教学媒体到逐步接受现代多媒体的过程。

（1）传统明德模式：以周质平教授主持的普北班为代表，

在课堂教学中比较排斥现代多媒体的使用，在课堂教学中要求教师仅依靠黑板、粉笔、字卡和直观教具等传统媒体进行教学。目的是要求课堂教学尽可能高效，避免多媒体使用所造成的时间浪费。

(2) 改进明德模式：其他美国在华中文项目相比之下较为开明，多数中文项目已经开始使用课件等多媒体语言教学系统来辅助教学，大大提高了课堂教学的趣味性。

需要说明的是，现代媒体中的电影在明德模式（包括明德中文暑校和美国在华项目）中运用得较为普遍。即便在普北班，中国电影也扮演了较为重要的角色，笔者曾任教的2004年普北班就看了两次电影（《推手》和《洗澡》），并围绕电影的内容师生之间展开了充分的讨论。显然，观看中国电影是当作中规中矩的教学活动来进行的，并非简单的娱乐形式。

6.2.2.7 评价设计成果

对教学设计成果的评估其实涉及多方面，包括教学计划、课程计划、教材、课件和教学方案（教案）等。就明德模式而言主要是针对教师教学效果的评鉴，一共两次，分别在教学中期和教学末期进行。评鉴是对教师工作的一种检查、督促与评价，评鉴结果与最后的薪酬挂钩。评鉴通常采用的方法是观摩与问卷两种形式。课堂观摩是指评鉴者（通常是项目负责人、年级组长或教学秘书）事先不打招呼，随时进入教室观摩，有时候还会随机录像。调查问卷是面向全体学员针对教师教学效果进行的书面问卷调查，通常有很细致的问题要求学生回答，内容涉及教师的教学态度、教学水平及教学效果等方面，在问卷最后通常会留出空白要求学生写上自己的书面意见或建议。

除此之外的其他设计成果的评价应该也是存在的，从教材的不断更新与修订、课型的不断改进与完善等方面可知，明德模式在这方面是不断反思进步的。

6.2.3 亮点之一：教学内容上注重加强语法结构教学

任何一种成功的教学模式都会走过教学设计的全过程，而且常常在诸多环节中都做得不错。那么明德模式作为一种成功的短期速成教学模式，在教学设计方面有什么独到之处呢？我们认为明德模式对教学内容和教学目标两方面理解得比较深刻，在教学设计上也较为稳妥，并取得了不俗的教学效果，这两方面可称之为其教学设计上的亮点。

在教学内容上，明德模式突出地强调对语法结构的练习，而且特别强调纠音的作用。

6.2.3.1 注重语法形式（focus forms），强调结构尤其是语法定式的操练

目前讨论国际汉语教学内容的文献很多，国内比较主流的看法是希望能做到“结构-功能-文化”三方面的结合，不仅体现在课堂教学中，还体现在教材编写、师资培训等多方面。明德模式当然也有关于文化教学的观点，但在教学内容上旗帜鲜明地强调一切关于教学内容的要求都要建立在掌握语法结构的基础之上，突出语法结构在教学内容上独一无二的重要性。

笔者对此深以为然，理由有三：首先，要想做到结构、功能、文化三者之间的有机结合殊非易事，必须要有所侧重，而功能和文化都是建立在语法结构基础之上的。换言之，没有对语法结构的熟练掌握，根本谈不上掌握功能与了解文化。其次，“语言教学教的是语言能力，而不是办事能力”，承认了这一点就应将精力集中在语法结构的操练上，让学生具有听说读写的实际技能；否则学到的很可能就是办事能力而非真正的语言能力。某些以功能为依归的教学方法似乎不太认可这一基本教学原则，经其训练后的学习者尽管也掌握了一定的交际能力，但实际的语言水平并不高。最后，语言和文化尽管不可分，但文化不能取代语言，文化毕竟要通过语言这一载体呈现出来才能为人们所了解。因此，要了解文化就必须首先学会语言，这是不言而喻的道理。而掌握语言，毫无疑问要从掌握语法结构开始，要通过一个个语法点的学习才能最终达到通达的水平，进而了解语言所负载的文化。

6.2.3.2 注重纠音，强调准确先于流利

准确重要还是流利重要？这是每个语言学习者和语言教师都要面对的一个问题。英语教学界不少专家认为流利先于准确，只要学习者可以交流，即便发音上略有瑕疵也可不必过于在意，以免影响或打击了学习者的正常交流，进而影响到他们的学习积极性。明德模式对此持完全相反的观点，认为准确先于流利，即便流利也是准确基础之上的流利。赵元任先生更是强调“一失音成千古恨”！具体到教学设计上就是要求教师“逢错必纠”，对语音错误零容忍。

为什么要逢错必纠？我们认为有以下三个原因：首先是音

位的问题。如果一个音发不好（如平翘舌音部分），那么所有这些音位上的音就都会发错。反之，如果该音位的发音学生可以发得很准确，那么该音位上所有的音就都可以发得很准。其次是化石化的问题。如果在学习的初级阶段不能把音发准确，那么错误固定下来就会形成化石化，到时候再改是非常困难的。（最典型的化石化例子是基辛格：作为犹太育德国人的基辛格尽管英语发音很流利，但仍有德国口音改不了。）因此，在初级阶段就注意纠音，可避免未来错误发音化石化之虞。最后是韵律与语感的问题。学习语言需要建立语感，但错误发音不能形成韵律，也就无法形成语感。因此，要想达到中文的高水平，就必须发音标准，进而建立起语感。

6.2.4 亮点之二：教学目标上注重培养言语生成能力

在教学目标上，明德模式不仅明确规定了每个年级、每个单元以及每一课的教学目标，而且对课堂教学中语法操练的目标领悟得较为深刻，教学设计上胜人一筹。

6.2.4.1 培养学生言语生成能力的重要性

语言点操练的教学目标是一个最低层次的教学目标，但我们认为是所有教学目标中最重要的。如果这一目标不能达成，那么所有上位层次（包括每一课、每个单元和每个年级）的教学目标都无法达成。明德模式认为操练语言点的目的是为了训练学生的言语生成能力，换言之，就是训练学习者的言语编码能力。目前对课堂操练的重要性学界已有充分的认识，不少文献中也一再强调要加强语言点的课堂操练，但却很少有人论及如何进行语法操练。明德项目本身对此也语焉不详，无论在明德项目的教师岗前培训中还是在研究明德模式的论文中都鲜有提及。

我们认为以训练学生的言语生成能力（言语编码能力）为最终教学目标有其心理学理据。明德模式强调听说领先，那么如何才能使学生具备听和说的能力呢？从心理学的角度来讲就是训练学生的言语解码能力（听）和言语编码能力（说）。这二者相比较，言语编码能力（说）比言语解码能力（听）更难一些。而且如果掌握了言语编码能力，那么也就比较容易掌握言语解码能力，换言之，学习者自己说过的话也就比较容易听懂。因此，训练学习者的言语编码能力就成为语言点操练的终极教学目标。

6.2.4.2 训练言语编码的两个过程

言语编码要经过两个过程：言语计划的制定与言语计划的执行（参看娄开阳，2004）。前者是在心里编码，计划自己要说的内容；后者是将已经编码好的言语计划说出去。这两个过程缺一不可，言语计划的制定尚未有语音形式，属于心理内部语言阶段，因此必须将内部语言外化出去（说出去）才算完成了言语编码的全过程。但言语计划的制定是执行的基础和前提，只有先计划好了才能完成执行这一环节。那么如何完成言语计划的制定这一环节呢？这就需要学习者掌握生词和语法结构。

语言点的操练包括词、句和篇三个层次，就初级水平的汉语教学而言主要集中在词和句两个层次上。因此，在操练语法点之前首先要掌握生词，然后才能在扫清生词的基础上操练语法。下面简要说明明德模式是如何针对这两个层次进行设计的：

（1）词层面的教学设计：如何让学习者掌握生词呢？简言之就是让学生尽快建立起该生词形、音、义三者之间的联系，达到能听会说的程度。密集强化操练法两大操练类型中的“单纯机械型”操练就很好地解决了这一问题，通过反复操练，使得学习者可以在最短的时间内掌握所要学习的核心词语。

（2）句层面的教学设计：掌握生词的目的是为了操练语法，使学习者掌握编码一句话的能力（句子的生成能力）。此时教师的任务就是通过提问设置语境，引导学生运用核心词语和语法结构说出教师要学生说出的目标语句。当然，所训练的语法结构有难有易，学习者的水平基础也有高有低，因此必须针对不同的语法点和不同基础的学生设计出不同的提问方式——这就是密集强化操练法中的“引导编码型”操练。语法操练的目的就是尽可能地让学生在教师控制下多练习言语计划的制订（心想）与执行（口说）这两个环节，这两个过程重复练习得越多，其言语编码能力就提高得越快。换言之，学习者的言语生成（说的）能力就越强。

6.2.4.3 针对言语编码能力训练的教学设计

不过由于课堂时间有限，不可能每个学生都有很多机会进行言语计划制定与执行过程的练习。为了解决这一问题，在教学设计上就产生了“独唱”“合唱”及“逢三必合”“一问多呢”等措施。下面简要介绍一下：

（1）“独唱”与“合唱”：独唱就是教师点一个学生说，即单个学习者进行言语计划执行过程的练习。合唱就是大家齐说，即所有学习者一起进行言语计划执行过程的练习。独唱与合唱各有利弊：独唱针对性强，可以很好地训练单个学习者的言语编码能力，但缺点是成本太高，课堂时间宝贵，无法做到让每个人都独唱一遍——这就需要合唱。合唱的优点是比较经济，有规模效益，缺点是针对性差。大家合唱的只能是某个学习者制定的言语计划，而不可能是每个人既制定言语计划又执行言语计划（那就变成了一群人的独唱）。那么如何分配独唱和合唱的比例呢？

（2）“逢三必合”：本质上是一个独唱与合唱比例分配的原则，是指教师在提问三位同学独唱之后，通常要合唱一次，此之谓“逢三必合”。这样算下来，大约独唱的比例占 70%，合唱的比例占 30%。这样安排是比较合适的，可以使学习者尽可能多地练习言语计划的制定与执行两个编码过程。需要说明的是，明德模式要求教师在提出问题时要面向全体学习者，待每个学生在心里都制定完了自己的言语计划（想好了自己要回答的目标句）后，再提问某个同学。这样，尽管其他同学未有机会独唱（执行自己的言语计划），但仍然练习了制定言语计划的过程。再加上不断地合唱，于是就可以得到比较好的操练效果。

（3）“一问多呢”：本质上是一个教师提问原则，指教师在提问学生时要尽量提问一个问题可以有多个回答的问题，然后在后续的提问中不再重复问题而是用“你呢”来代替，从而达到教师少说而让学生多说的目的。如操练语法结构“是……的”，老师可问大家：“你是什么时候来北京的？”由于每个人来北京的时间不同，答案自然也不一样，这时教师就可以用“你呢”来接续后面的提问。由此可见明德模式在教学设计上的精细之处。“一问多呢”原则的提出，使得教师占用课堂时间的比例尽可能少，而学生练习的时间尽可能多，从而达到最大限度提高学生开口率的目的。当然，并非所有语言点的操练都可以采用一问多呢这种提问方式，因此这只是一个指导性原则而非指令性原则。

6.2.4.4　言语编码能力训练与传统口语训练方法的不同

需要说明的是，言语编码能力的训练方法（主要是引导编码型操练）与传统的朗读与背诵等口语训练方法不同。尽管朗读（包括教师领读学生跟读）和背诵也是很好的传统口语训练方法，但从心理语言学上讲，这三种训练方法的内在心理机制完全不同。明德模式坚持以言语编码能力训练为教学目的，充分运用密集强化操练法来训练，亦可见其对语言学习过程领悟的深刻之处。

（1）朗读：是课堂上最常用的一种口语训练形式，而且常常是由教师领读，学生跟读。其心理过程只是对朗读材料（课文）的一个单纯意义解码并语音输出的过程。首先最大的一点是朗读有文字脚本，因此常常出现学习者见字出声“不走心”的情况。尽管通过朗读也可以解决发音问题，有助于教师纠音，但从根本上讲朗读无法直接作用于学习者言语生成能力（说的能力）的提高。

（2）背诵：作为一种传统的强势口语训练方式，经常被语言教学所使用，我们也认为此种训练形式不能丢（详见后文第九章）。其心理过程类似于计算机的“存储-提取”过程：将要背诵的语言材料（课文）写入大脑，记住全部内容；然后再提取出来，语音输出。背诵在语言学习中的作用是毋庸置疑的，但上述心理过程同朗读一样，同样无法直接作用于学习者言语生成能力（说的能力）的提高。

从上述两个教学设计上的亮点我们可以看出，明德模式经过几代人的努力已经日臻完善，很多细节都雕琢得非常细致到位。不但其教学设计成果值得移植使用，其教学设计理念和方法更值得我们借鉴。

6.2.5 传统明德模式教学设计上的不足

当然，传统明德模式也并非十全十美，仍有个别需要改进之处：

（1）对现代多媒体技术的作用持怀疑态度，不太注重教学媒体的选择。随着现代教育技术的发展，多媒体技术已经越来越多地应用于语言教学中。因此，对于传统明德模式而言，似乎不宜坚守只使用传统媒体的原则。

（2）对设计成果的评价不是全方位的，而且对教师的评鉴略显苛刻。教学设计成果的评估是个系统工程，有助于进一步改进和完善教学。但传统明德模式对教学成果的评价似乎不够系统，对教师的两次评鉴也略显人文关怀不足。

6.3 传统明德模式课堂操练方法的类型及其理据①

本节主要阐述传统明德模式所采用的密集强化操练法的类

① 本节的主要内容曾以《美国明德汉语教学模式课堂操练方法的类型及其理据》为题发表在《语言教学与研究》2011 年第 5 期，为统一体例及避免重复，内容略有改动。

型及其内部理据。密集强化操练法是经实践证明行之有效的一套相当成熟的课堂操练方法，在明德模式中、低年级的大班课和小班课中，效果尤为明显。采用明德模式的诸多美国在华中文项目，如普北班（PIB）、哥大班（CIB）和哈佛大学北京书院（HBA）等，都会在教师岗前培训时详细介绍这一教学方法。现任美国明德暑期中文学校校长的白建华教授在其主编的《对外汉语语言点教学150例》（下文简称《150例》）中也详细阐述了操练的步骤和方法。因此，本文的重点不在于介绍这一具体的操练技巧，而是想在此基础上进一步归并出其类型并试图揭示其内在理据，以期对明德模式在国内长期班汉语教学中的移植应用有所借鉴。

我们认为明德模式所使用的课堂操练方法可分为“单纯机械型”和“引导编码型”两类。该方法在应用到国内长期班汉语教学中的时候，必须根据教学参数的变化而有所调整，不宜生搬硬套。

6.3.1 课堂操练类型之一：单纯机械型操练

6.3.1.1 单纯机械型操练的基本形态

该类技巧主要在大班课上使用，针对所学的生词和句子进行，目的是让学生尽快掌握核心词和目标句。其基本操练步骤为：

①教师领唱（1遍）→
②学生合唱（2遍）→
③学生轮唱（1遍）→
④学生合唱（2遍）

教师在操练时要求发音准确，反馈及时并注意纠音。根据内容又可分为核心词操练和目标句操练两小类：

(1) 核心词操练：指操练生词表中的高频词、易错词和难点词。在确定核心词时可考虑：

①高频音节汉字和词语：建议参考《汉语国际教育用音节汉字词汇等级划分》(2010年10月19日国家语委、国家教育部发布)、《现代汉语常用字表》(国家语委、国家教委1988年1月26日发布)、《汉语水平词汇与汉字等级大纲》(北京语言学院出版社，1992) 和《现代汉语常用词表 (草案)》(《现代汉语常用词表》课题组，2008) 以及最新的《通用规范汉字表》(国务院2013年6月5日发布) 等。

②留学生容易读错的词语：不同母语、不同国家的学生由于受母语负迁移的影响，容易读错的词语等。美国来华中文项目中的学生母语基本为英语，在这方面具有较强的规律性。

③本课需要学习的重点词语和难点词语：即本课中要求学生掌握的重点词语或不容易掌握的难点词语等。

(2) 目标句操练：目标句指课文中需要记住、练熟的包含重要句型的句子。操练句子的步骤与操练核心词的步骤大致相同，只是需要注意在遇到长句或难句时，应分步进行。以"近年来，中国不但在经济方面取得了举世瞩目的成就，而且在体育、文化等事务上也取得了长足进步"为例：

①首先，分别操练"举世瞩目"和"长足进步"等核心词；

②其次，分别操练前半句"中国不但在经济方面取得了举世瞩目的成就"和后半句"而且在体育、文化等事务上也取得了长足进步"；

③最后，将上下两句合起来整体练习，以达到掌握"不但……，而且……"句型的最终目的。

6.3.1.2 单纯机械型操练的基本原理

(1) 基本理据。该类操练方法的心理学理据是行为主义心理学的"刺激-反应"理论，通过大量语料的"输入(input)"与"输出(output)"，达到让学习者识记的目的——我们通常所说的机械记忆。词语的记忆，从心理学上来说主要是为了建立词语"音""形"和"义"三者之间的联系，使之内化，达到自动化的程度(不假思索，脱口而出)。操练句子的原理与词语类似，均需通过大量的输入和输出，让学生达到尽快记住所学内容的目的。应该说，只要学生对所学内容有足够的输入量和输出量，那么记住核心词和目标句就没有太大问题。

值得注意的是，单纯机械型操练是一种非常高效的训练方法，单位时间内学生的输入量与输出量是惊人的。以 10 个学生的大班课为例：学生对语料的输入量是 15 遍（教师范读 1 遍；学生输出的同时对其他同学及其自身亦是输入 14 遍)；学生对语料的输出量则达到 14 遍（减去教师的 1 遍范读)。这还不包括教师在学生轮唱过程中经常出现的多次纠音和范读。由此可见，此类操练方法的确可以在短时间内收到"密集"和"强化"的教学效果。

(2) 注意事项。教师在操练时应注意以下三点：

①教师所输入的语料必须是学生理解的，即可懂性材料。学生若不懂所练内容，则所做的操练都是徒劳的。这也就是为什么赵元任先生在其亲任主讲的大班课上用英语授课的原因所在（赵新那、黄培云，1998)。因此，在初级班教学中让学生弄明白所学内容是必要的。

②学生必须大量输出语料。仅仅让学生能懂所学词语和句子是不够的，还必须大量输出。输出的目的在于只有通过学习者发声器官的输出，才能真正掌握所学的词汇；大量输出、多次重复的意义在于可以巩固所学，到用的时候才能做到脱口而出，不假思索。

③不宜大量使用 PPT。在操练时使用 PPT 有方便之处，不过似乎也应注意不能被技术阻隔了学生学习的心理过程。以句子操练为例，大量使用 PPT 的结果很可能是学生建立起了“形”与“义”之间的联系，却削弱甚至割断了“音”与“义”之间的联系。长此以往，必然是能看不能听。

6.3.2 课堂操练类型之二：引导编码型操练

6.3.2.1 引导编码型操练的基本形态

单纯机械型操练主要是解决核心词和目标句的认读记忆问题，这当然远远不够。要能自如运用目标语，学生还须具备言语生成能力（production），引导编码型操练主要就是为了解决这一问题。人类的大脑是个黑箱，如何才能训练学生的言语编码能力呢？引导编码型操练的做法是：教师通过设置语境，提问学生（输入的同时引导学生编码）；学生通过回答问题（输出目标句型），锻炼语言的编码和输出能力。基本操练步骤为：

①提问：教师面向全体学生提出问题→

②独唱：教师指定某个学生回答问题→

③合唱：教师引领大家一起复述或回答。

在单说（独唱）和齐说（合唱）的比例分配上，哈佛大学北京书院前负责人冯胜利教授认为在中低年级的操练课上，独唱的比重至少应占七成，其原则是“逢三必合”。

（1）全控制式操练[①]：根据编码的难易程度，可将引导编码型操练再细分为：全控制式操练、半控制式（半开放式）操练、全开放式操练。操练难度自易至难形成一个连续统：全控制式操练→半控制式/半开放式操练→全开放式操练。不同难度操练技巧的选择取决于课型和学生。普北班负责人周质平教授指出，在大班课上学生是完全捆绑的，小班课上稍有松绑，单班课个别谈话则相对比较自由。这里的“捆绑”指老师控制学生的程度，与操练难度是相对应的。不过学生的基础和学习能力也制约着操练技巧的选择。从教学实践来看，对于基础好、能力强的学生，宜更多采用半控制式或全开放式操练；反之，则需较多使用全控制式的操练方法。简言之，就是要因课施教和因材施教。

全控制式操练是相对而言的，指教师基本主导学生的言语编码过程，学生要输出的内容很大程度上由教师控制。具体操练形式有：

①转述句子法：相当于由直接引语变为间接引语，在哥大班项目中经常被使用。具体方法是：当一位同学成功答出老师的提问时，转而问另一位同学“他说什么?”，由被提问同学重复先前同学刚才所说的话。这种形式难度较低，基本上只需注意人称上由直接引语变为间接引语就可以了。

②否定肯定法：教师通过直接的指令，使学生练习从肯定句型到否定句型之间的转换，虽然简单但效率很高。以“喜欢/不喜欢”为例：

师：我喜欢吃北京烤鸭，你呢?

① 真正意义上的全控制是教师领读，学生跟读，不过这样一来学生也就完全失去了言语编码能力的训练。

生：我也喜欢吃北京烤鸭。

师：否定形式！

生：我不喜欢吃北京烤鸭。

③句子转换法：本质上是改写句子，以“反而”为例（《150例》第85页）：

我弟弟成绩不好，上了补习班，成绩没提高，却下降了。→

学生根据老师提供的句子，按要求将原句改写成含有目标语言点的句子。当然，句子转换内部亦有难易之分，有的句子改写起来难度就大一些。如同样是练习“反正”，下面的句子改起来就比较难（《150例》第91页）：

我一定要参加这场比赛，即使会输也要参加。→

显然，要想将原句改写成目标句就不是替换或增加个别词语那么简单了。

④情景描述法：根据老师提供的情景，用含有目标语言点的句子描述出来。形式与句子转换略有类似，不过总体上来说要稍难于前者。以“竟然”为例：

他喝完咖啡，没有付钱就离开了咖啡馆。真不像话！→

可以看出，“句子转换”和“情景描述”这两种方法内部差异很大，有些已经很难归入全控制式，算作半控制式或许更合适些。

（2）半控制式（半开放式）操练：也是相对于编码的难易程度而言的，而且内部控制/开放的比例差异会很大。主要形式有以下几种：

①成分替换法：句子主干不变，只替换其中的一个成分。如练习“S+打算”时：

师：放假以后，你打算干什么？

生：我打算去上海旅行。

师：（问另一学生）你呢？

生：我打算去杭州旅行。

这种方法的难易由所替换的成分决定，如果需要替换的是整个目标语言点，难度就会加大。如练习“多VV（O）”：

师：生病的时候，你得怎么办（指黑板上的语言点）？

生：我得多休息休息。

师：（问另一学生）你呢？

生：……。

在这里，学生就不太容易答上来，他脑子里必须储存生病时需要多做的事情的对应语言形式才行（如“多喝喝水”等）。

②完成句子法：指老师说句子的一半，由同学补足另一半。在练习关联词语时经常使用，但也不尽然。难易程度差别较大，具体形式有：

A. 补足个别词语。如“不但……，而且……”：“一班的女生不但漂亮，而且……”（聪明、勤奋、可爱）。难度最小，接近全控制式操练。

B. 需补足的部分与出现的部分关联度较强。如“凡是……都”（《150例》第90页）：“凡是……，她都喜欢。”该例有一定难度，不过还是可以回答出来的。

C. 需补足的部分与出现的部分关联度较弱。如“非得……不可/不行；非得……才”（《150例》第98页）：“……，我才会跟他结婚。”“电影七点钟开始，现在已经6：30了，我们……”。显然，要想补足这两个句子就不仅仅是言语编码能力的问题，还需要有较充分的前期积累。

③回答问题法：这是密集强化操练法的精髓所在，关于如何提问的研究很多，这里恕不赘述了。需要简要说明的是，同样是问题，难易差别也会很大：

A. 答案在提问当中，难度最小，类似于成分替换法。如练习“S+建议”：老师问“大卫生病了，你建议他怎么做？”老师实际上已经说出了句架，本质上是完成句子。

B. 答案不在提问中，但事先有铺垫。如“A 跟 B 一样/不一样”：

师：（问一个学生）你喜欢中国菜吗？

生：我喜欢中国菜。

师：（问另一学生）你呢？

生：我也喜欢。

师：（老师指着板书带领大家合唱）……跟……一样，都喜欢中国菜？

无论两个学生回答“一样”还是“不一样”，都容易带出目标句。但有时也会存在这种情况：

C. 答案不在提问中，且事先无铺垫。如“何以”（《150例》第 120 页）：

师：美国总统里根、克林顿、小布什等都连任两届总统。如果你想知道他们能够连任的原因，该如何询问？

生：……。（参考答案：里根、克林顿、小布什何以能连任？）

这个弯儿拐得有点儿大，“何以”又带有文言色彩，属于书面语用词，显然这个目标句不是一般学生能够说得出来的。不过这种提问似乎并非教师课前没准备好，而是要根据学生的情况来决定。对于有些基础好且特别聪慧肯学的学生的确需要设计一些编码难度较大的提问。

(3) 全开放式操练：事实上，在课堂上根本不存在真正意义上的全开放式操练（那样很容易“放羊”，偏离教学目标)。即使单班课（1 对 1 谈话）这种比较开放的教学形式，也并非全无控制。因此，这里介绍的所谓“全开放式操练”只是相对而言。包括下面几种形式：

①角色扮演法：例子很多，恕不赘述。

②合编故事法：两人一组编故事。如练习“即使……也……”时让学生编写故事：“一个用功的同学”（参看《150例》第 132 页)。

③自由谈话法：让学生自由发挥，如“假如……就……”(参看《150 例》第 134 页)。这里操练的色彩已经很淡了，不知道还能不能归入狭义课堂操练技巧的范畴。

老实讲，上述这几种方法已经不是严格意义上的操练了，老师只是设定了目标，至于学生如何实现则很难控制，其控制强度有些甚至弱于单班课的自由谈话[①]。而且在形式上也几乎摆脱了传统操练法的形态，相反与任务型教学法倒有几分类似。

6.3.2.2 引导编码型操练的基本原理

(1) 基本理据：语言传播的基本过程是“(教师）输入→（学生）解码→（学生）编码→（学生）输出→（教师）反馈→（教师）输入”。引导编码型操练主要训练的是学生的言语生成能力，其基本理据是心理语言学中的言语生成理论。汉语口语的生成机制牵涉到“言语计划的制定”和“言语计划

① 自由谈话是师生对话语篇，教师随时可以控制话题走向；而此处是独白语篇，教师不便中间打断。

的执行”两个环节（娄开阳，2004），对于学生训练口语生成能力缺一不可。这两个环节对应的就是语言传播中“编码”和“输出”两个阶段：老师提问后学生在大脑中进行的内部编码就是制定言语计划阶段；学生说出（输出）自己所想的句子是执行言语计划阶段。因此，引导编码型操练就是希望学生在课堂上尽可能多地练习这两个环节，以提高言语生成能力。

（2）注意事项：教师在操练时需要注意：

①必须走完语言传播的全部过程。教师和学生须配合走完全部环节，而且教师要尽可能少占用课堂时间，学生编码输出的频率要尽可能高。因此，教师如果能设计出一问多答的问题，然后用“你呢”来推进，则可收到较好的效果（即前文所说的“一问多呢”式问题）。

②注意使全体同学都得到制定言语计划的训练。教师提问时应面向全体同学，而不宜单独提问某位同学。这样做的结果是只有一位同学得到了练习，而其他同学的大脑根本没动。比较好的做法是：面对全体同学提问，独唱回答，然后大家合唱。

③注意使学生完整执行言语计划。学生在课堂上仅有编码而无输出是达不到最终目的的，必须亲口说出来才算完成了整个言语计划。因此要尽可能提高学生的开口率，让学生多说。实践证明，在独唱的基础上合唱是一个解决问题的好办法。

④教师应注意及时、客观地反馈。学生输出目标句型之后，需要教师给出反馈以评估学生言语计划完成的效果：对的应给予肯定；错了要加以纠正，并重新练习。因此教师及时并客观的反馈是非常必要的，一味赞扬式的反馈对学生的语言学

习并无益处。

6.3.3 明德模式基本操练方法的不足之处

尽管事实证明密集强化操练法是行之有效的，单纯机械型操练和引导编码型操练在教学设计上有科学理据，很符合心理语言学和语言传播学原理。不过，任何一种教学方法都不可能包打天下，密集强化操练法也有其不足之处：

（1）适用对象上的不足：较适合用在成人学习者身上。上述操练方法的特点是高效，但同时也比较容易陷于枯燥。如果教师不能很好地调动课堂气氛，长久下去容易让学生产生厌倦情绪。因此教师要多想办法，注意变换提问的内容和方式。

（2）使用层次上的不足：在初级层次上的教学效果最为明显。上述操练方法主要是针对初级汉语课堂教学设计的，尽管应用于中高级汉语教学中也很有效，但相比之下效果要差一些。中高级汉语教学应另有一套教学方法和技巧，尚需我们进一步研究探讨。

（3）使用课型上的不足：特别适用于小班操练课。上述操练技巧主要是针对明德模式的大班课和小班课的课堂教学设计的，在小班操练课上的教学效果尤其明显，但无法应用于单班课（师生一对一个别谈话）。其实单班课的教学设计也相当有讲究，对教师也有比较明确的要求，容另文讨论。

6.3.4 明德模式基本操练方法对国内移植研究的启示

将明德模式这一短期强化教学模式移植到国内长期班汉语教学中的相关研究一直在进行，并已取得了初步的研究成果

（曹贤文，2007；娄开阳，2009；娄开阳、杨太康，2010）。其中，课堂操练方法的应用部分无疑是整个移植研究的重点。上述分析带给我们的启示是，随着教学参数的改变，教师在课堂操练技巧运用方面也要随之变化，不宜机械照搬。

（1）单纯机械型操练的强度不宜过大：美国在华暑期汉语项目本质上是短期强化教学，学生的基础较好，学习动力强，因此短期内的高强度操练他们是承受得了的。而国内长期班教学属于常规教学，学习时间也较长，学生基础参差不齐，适当降低操练强度是必要的。

（2）确定核心词时要考虑多国学生的因素：国内长期班的留学生来自世界各地，由母语迁移所造成的易错词各不相同，规律性弱。教师应根据不同国家和母语留学生的发音特点仔细研究，不能完全按单一母语的状况来处理。

（3）引导编码型操练的难度选择要适中：美国在华短期中文项目的学习时间短、遴选严，学生的内驱力强，因此可较多采用半开放或全开放式的操练技巧。而国内长期班学生的情况比较复杂，应根据学生的具体情况和学习能力来决定封闭式与开放式操练技巧之间的比例。

总之，国内长期班教学：教学对象由精英教育已经变为普及教育；短期强化教学变为长期常规教学；动机由强学习动机转换为多种学习动机，因此课堂操练技巧的选择也要做相应的调整，要根据教学参数的变化而改变。

第七章

美国明德汉语教学模式移植的顶层设计

本章主要谈明德模式教改移植的顶层设计，从宏观上阐释我们的移植教改方案。下文首先谈明德模式给我国长期语言进修班教学带来的启示，然后谈将明德模式移植到国内长期班遇到的问题与对策，最后谈明德模式移植教改的原则、内容和步骤。

7.1 美国明德汉语教学模式给国内长期班教学带来的启示①

明德模式作为一种行之有效的短期速成中文教学

① 本节主要内容曾发表在《多维视野下的对外汉语教学：第七届国际汉语教学学术研讨会论文集》（广西师范大学出版社，2009）一书中，为统一体例及避免重复，部分内容略有改动。

方法，自开创之日起至今已在北美中文教学界产生了非常深远的影响，美国普林斯顿大学、哈佛大学、哥伦比亚大学和杜克大学等诸多名校的在华中文项目均采用这一模式。随着美国高校在国内暑期汉语培训项目的开设，作为短期强化训练的这套汉语教学模式也给国内长期班的教学理念和方法带来了不同程度的影响。

2006年2月，国家汉办、北京语言大学和南开大学在北京语言大学联合举办对外汉语教学法国际研讨会，特别推介了这一教学模式，可被视为该模式大规模影响国内高校对外汉语教学的标志。截至目前，已有北京师范大学汉语文化学院、北京语言大学速成学院、南开大学汉语言文化学院、中央民族大学国际教育学院和北京外国语大学中文学院等多家教学单位先后采用和移植了这套教学模式。本文希望从课型设计、教材教法以及教学技术等方面略陈浅见，谈一谈明德模式对国内长期语言进修班带来的启示。

7.1.1 课型设计带来的启示：标准独特、自成体系、动态管理

本文认为，明德模式成功的根本原因并不是某位领军人物或项目负责人的出色，也不能简单归因于全体授课教师的优秀，而是其总体教学模式的成功。尤其是课型的设计，标准独特且自成体系，并且在教学中实行动态管理，有利于学生快速建立第二语言的习惯，很值得我们借鉴。

国内汉语教学在课型上通常分为综合（精读）课、口语课、汉字课、听力课和阅读课等；明德模式在课型上与国内不同，分为大班课、小班课和单班课。可以明显看出，二者课型设计的标准完全不同：国内以言语技能为划分标准，而明德模式以人数多

少为划分标准。这背后反映了二者教学理念上的差异：国内汉语教学讲求“精耕细作”，而明德模式似乎更强调“因材施教”。

7.1.1.1 课型设计标准与众不同，教学实践证明有效

明德模式给我们提供了一个新鲜的经验，即课型设计标准不是唯一的，可以分技能训练也可以听、说、读、写齐头并进。表面上看，这是由课程定位、师资力量和教学时间决定的：国内不缺师资，教学时间也比较充足，分课型完全可以做到；而国外的汉语教学限于课程的地位、师资和时间不得不“一锅烩”。不过，明德模式的教学实践证明了两点：其一，这一课型的设置是可以重复并复制的。明德暑期中文学校的教学实践证明了前一点；普林斯顿大学、哈佛大学和哥伦比亚大学等美国高校的北京暑期中文项目证明了后一点。其二，对于初级水平的学习者来说，这一课型设置的教学效果非常明显。来华的一、二年级学生通过在北京 8 周的学习，汉语水平明显提高①。国内长期语言进修班的教学也完全可以借鉴其中的课程设计思想，在初级班教学中更注意因材施教。

7.1.1.2 各课型之间环环相扣，自成体系

明德模式只使用一本教材，大班课、小班课和单班课之间形成了一个有机的整体，彼此是相辅相成、互为补充的。在大班课上学生是“完全捆绑”，通过操练进行大量的输入与输出；在小班课上学生略有放松，在教师的引导下充分进行输出的训练；在一对一的单班课上学生则完全放开，是真实语境下的自由谈话，可以充分练习前面所学。

① 笔者 2004 年在普北班的教学经历也印证了这一点，当时本人是二年级大班老师。

反观国内诸课型的搭配，总体设计上非常注意课型之间的配合，如在初级班开设汉字课，在中级班适度跟进听力课，在高级班适时开设阅读课等。不过，各课型之间的协调仍存在不少需要弥合的问题，如同一个班的各科任课老师并不集体备课，教材的选用也相对独立自由等。此外，各门课的授课性质均类似于明德模式中的大班课，没有明显层次上的差异。

7.1.1.3 教学管理细致，教师轮替，动态调整，有利于教学的针对性

明德模式的教学管理是非常重要的一环，细致到位。具体有以下几种做法：

（1）教师轮替：同一个年级中的教师会轮流授课，有机会跟每一位学生见面。这样做的好处是可以让每一位教师的长处充分惠及所有学生，当然也可以最大限度地避免每位老师的弱点所带来的影响。此外，学生还会因此领略到不同的教学风格，不至于厌倦。

（2）动态调整：学生每周小考一次，年级负责人会根据学生的考试状况了解上一阶段的教学情况，同时做出调整。这种做法使得教学进程始终可以保持一个动态管理的状态，教师能做到知己知彼，因材施教；学生也可以更清楚地知道自己的学习状况，了解弱项所在并及时弥补。

（3）集体备课：各年级的授课教师集体备课是一个总的枢纽，年级负责人与教师之间可以及时沟通，共同应对教学中遇到的情况。教师团队不仅共同准备下阶段的授课内容，也会交流平时的授课情况并做及时调整。

所有这些教学管理举措都非常有助于教学团队形成一个团

结有力的整体，有助于教学时时处于有的放矢的状态，加强针对性。这一点也很值得我们国内长期班教学借鉴。

7.1.2 教材教法带来的启示：集中精力、目标明确

7.1.2.1 教材：通用一本教材有利于师生集中全部精力，彻底解决问题

与课程设计相辅相成的是明德模式只使用一本教材，这样做的好处是：首先，教学内容的一致性有利于教师之间的互相协作。同一本教材的使用使教师可以集体备课，集思广益，尤其是可以将重点难点练熟练透。其次，有利于学生集中精力，使其能在短期内完全掌握所学的内容。“伤其十指不如断其一指”，对于留学生而言（尤其是在初级阶段）与其多门课采取不同教材进行各有侧重的分技能训练，不如师生集中精力于一本教材。这样学生就可以避免同时掌握过多的汉字，接触更多的语言材料。

7.1.2.2 教法：紧扣言语生成这一核心，重点训练编码输出能力。

明德模式讲求操练，而且在教法上颇有章法：

（1）目标明确，紧扣言语生成这一核心。明德模式的操练方法符合二语习得的心理机制，教师在课堂上设置语境，让学生自己说出目标句，这些都是为了一个核心目标：训练学生的言语编码能力，即言语生成能力。相比较言语理解，言语生成显得更为重要。通过大班课和小班课的反复练习，学生可以最大限度地建立起汉语的言语编码能力，而这正是第二语言课堂教学的核心。

国内汉语教学也非常注重精讲多练，分技能训练的课型在客观上必然也要求学生实现多项教学目标。相比较之下，明德模式的教学目标单一，各课型的教学目标一致。究竟是多项目标的教学要求合理还是单一目标的教学要求适用，还需进一步研究探讨。

（2）训练量大，有助于言语技能的内化。要想建立第二语言的生成能力，练习的强度就必须要大。明德模式通过大量的操练，使学生的编码能力能够在较短时间内巩固并内化。国内也很注重练习，但显得过于分散：一是练习内容不集中，多个课本齐头并进，生词和语法点太多，学生常常顾此失彼；二是形式上不连续，多种课型交叉授课，尽管练习总量不少，但平均到每个语法点上就显得强度不够，不能得到彻底的内化。

（3）强调语音，有错必纠，有利于快速形成正确的音位系统。明德模式还有一项严格的教学措施值得国内学习，就是强调语音的准确，逢错必纠。国内也比较注意留学生的语音问题，不少学校还开设有正音课。明德项目中要求所有的教师都必须特别注意学生的语音面貌，见到错误发音必须及时纠正。这样做有其内在的心理语言学依据：汉语是有声调的语言，每个音节背后都代表着不同的音位，若不在学习初期及时纠正，就会形成错误的发音，进而影响整个音位系统。所以，正音应该是一项长期的工作，并且应该是所有授课教师都应该注意的。

7.1.3 教学技术带来的启示：建立音义联系、注重培养听力

目前国内各高校的教学条件都得到了较大改善，大部分教学单位都配有电脑和投影设备，PPT 在教学中的使用也越来越频繁，还有非常多的音像资料可供教学之用。所有这些都说明

我们的教学技术越来越先进了，可以充分利用先进的教学技术帮助提高教学水平。不过正如应该正确认识“人”与“枪”的关系一样，也应正确认识教师与技术之间的关系：武器再先进，依然不能取代人的作用；现代教育技术再先进也不应忽略教师的主导作用。

明德模式中经常使用黑板和字卡等直观教具，其他电化教学设备较少，似乎也不太强调在课堂上使用PPT[①]。这其中有其内在的心理语言学依据，值得国内教师深思。

限于自身功能，黑板和字卡在教学中只能起到辅助作用，学生仍需要自己说出目标句。教师的输入也主要靠口耳相传，这样做有助于留学生在大脑中建立起汉语“语音”和“意义”之间的联系。换言之，师生在课堂上的互动与普通中国人的日常交际形式别无二致。而电化教学设备由于其功能强大，常常从性质上改变这种口耳相传的正常交际形式，从而破坏汉语音义之间的联系（更确切地说是学习者无法在音义之间建立起联系），取而代之的是建立起了“形”和“义”之间的联系。长此以往，课堂教学的形式实际上就变成了电视教学，留学生最好的学习效果就是可以看懂PPT，却不太能听懂老师的话[②]。

这带给我们的启示是，现代教育技术在使用上应该有一个度，在使用过程当中不能违背相关的教学规律和心理语言学规律。

总之，明德模式是赵元任先生开创，历经几代人的完善补

---

① 普北班不使用投影设备或PPT；哥大班在课堂上使用PPT，但似乎不做严格要求。

② 若实行语文分进策略，用拼音取代汉字，则学生只能看懂拼音，而看不懂汉字，更听不懂汉语。

充之后才最终形成的，当然其中也有很多不足之处，但这么多年的教学实践证明这是一套行之有效的教学模式。只不过这套模式本身是为短期汉语强化项目设计的，国内长期班的汉语教学若想从中汲取营养、借鉴经验还需对其进行深入的分析。

7.2 美国明德汉语教学模式移植过程中出现的问题与对策①

明德模式作为一种被实践证明非常成功的短期强化教学模式，已经引起学界的关注，有不少研究者对这一模式进行了介绍、研究（施仲谋，1994；张喜荣、田德新，2004；汲传波，2006；王学松，2007；曹贤文，2007；卫斓，2010；娄开阳，2009等）。国内的研究者们认为这一成功的教学模式可为国内的汉语第二语言长期教学提供借鉴，不过限于经费、师资、教室等客观条件的影响，很难完全照搬。

本文认为，尽管这种教学模式的成功是建立在短期培训、单一生源等特定教学条件之下的，国内教学条件也难以与美国大学在华中文项目相比，但还是可以学其精华，将明德模式移植到国内的长期班教学中去。这里的国内长期班教学特指来华进修语言的长期汉语教学，即长期语言进修班的教学，不包括短期速成、本科及其他学历教育（如硕士生和博士生的教学）。当然，在教学改革过程中会遇到种种问题和困难，本文将比较明德模式与国内长期班之间的异同，指出明德模式在移

---

① 本节主要内容曾发表在《国际汉语教育》2010年第2期，是与杨太康老师合写的，笔者署名在前。为统一体例及避免重复，部分内容略有改动。

植过程中出现的问题并提出相应的解决对策，以就教于方家。

7.2.1 教学时间的变化及其对策

7.2.1.1 总体情况

如前所述，明德模式下的美国留学生一共来华9周，其中前4周与后4周为汉语学习时间，中间一周为语言实践。前4周所上课程为上半段，后4周为下半段，每段课程相当于在美一个学期的学分，两段合起来相当于在美一年所修的学分（美国各高校承认该学分）。即明德模式下的暑期班要在9周之内完成平时一年的课程。

国内长期班的语言进修生，通常一学期有15~18周的教学时间（包括考试），一年的教学时间为30~36周。很明显，国内的教学时间要远远多于明德模式的暑期班。教学时间上的不同将直接影响到教学的性质和内容。

7.2.1.2 教学性质的变化及其对策

由于教学时间较短，明德模式在教学性质上属于短期强化教学；而国内的教学则属于长期非强化教学。有研究指出（翟燕，2000），过量的输入会造成超载，影响学生的理解接受效果。国内速成教学可用的17周有效教学时间，可以完成初级阶段一学年大部分的教学内容。显然，国内的速成教学也要比明德模式长约一倍的时间。

因此，在国内长期班的教学中完全照搬明德模式的高强度训练是学生（包括教师）所无法承受的。比较合理的对策是，吸收明德模式的核心精髓，降低教学强度，改变不适应国内情况的地方，完全按非速成教学的规律来进行。而教学性质上的根本改变，还与教学内容的安排密切相关。简言之，明德模式要遵循速成教学的内在教学规律，而国内长期班要遵循长期班的教学规律，这是课堂教学的起点。

7.2.1.3 教学内容的变化及其对策

明德模式一个暑期每年级使用1册教材（同时补充一些教辅材料），这些教材通常是美国各大学自编的。若以“课”为计算单位，以普北班（PIB）二年级（水平为A+）为例，8周使用《新的中国》（周质平教授等人编写，普林斯顿大学出版社），共37课①。

国内长期班也以初级班为例（水平为A或A+），若采用《博雅汉语·初级起步篇Ⅰ》（李晓琪主编，北京大学出版社），一学期可讲授1册，30课。若采用《新实用汉语课本》（刘珣主编，北京语言大学出版社），根据教学时间长短一学期可讲2–3册，约26–38课。换言之，国内一学年中将讲授60课左右。

比较可见，明德模式讲授的课文数量并不多，但内容是高度压缩的，要在37课书的容量之内完成国内长期班约60课才能实现的教学目标——显然课堂教学的高度强化也是教学内容所决定的。

7.2.1.4 针对教学内容变化的因应对策

明德模式可以做到在8周之内完成一个学年的教学内容，主要是靠以下三点做到的：

（1）学生课前预习课文：教师在课堂上并不讲解课文内

① 《新的中国》是2004年笔者担任普北班二年级大班教师时所使用的教材，当时尚未修订。

容，主要是操练语法点，对课文的理解完全靠学生自己在课前预习，这其中还包括听懂课文录音。

（2）学生课前练习汉字：学生上课后要做的第一件事就是听写本课的句子，课堂上教师从来不教汉字，学生也从不在课堂上写汉字。这就意味着学生在上课之前就要会写本课所学课文的全部句子。

（3）课后做大量的作业：除了课堂上高强度的操练之外，学生还要在课后做大量作业，包括写作文。

可见，大容量的教学内容有相当一部分是靠学生在课下完成的。国内长期班可利用教学时间长的优势扬长避短，一方面降低课堂教学强度，另一方面减轻学生课下负担，尽量在课堂上解决问题。具体建议采用以下做法：

（1）教学安排上，减轻学生课前预习的工作量。可以在大班课上以练代讲，小班课以练为主。这样学生可以在不用特别预习课文的基础上，充分理解课文内容。

（2）教学内容上，在课堂上讲解并练习汉字。教师在课堂上适当讲解汉字的基本知识，使学生能够举一反三，加强汉字学习的理据性。学生也可以在课堂上练习汉字，便于教师及时纠正错误。

（3）教学强度上，降低总体强度，做到张弛有度。在提高教学效率的同时也注意提高趣味性。这与上述教学性质的变化也是密切相关的。

7.2.2 教学对象的变化及其策略

明德模式下的教学对象相对单一，基本为美国学生；而国内长期班的生源来自多个国家，讲多种母语。以中央民族大学国际教育学院为例，学生分别来自以下国家和地区：东亚（日本、韩国）、东南亚（泰国、越南、缅甸）、欧美（美国、法国、英国、加拿大、俄罗斯）、中亚（蒙古、哈萨克斯坦和乌兹别克斯坦、土库曼斯坦、吉尔吉斯斯坦、塔吉克斯坦）等国家。教学对象的变化涉及母语、文化背景、学生素质和学习动机等多方面的变化。

7.2.2.1 学生母语的变化及其对策

明德模式的学生母语基本为英语，在初级班教学中，教师必要的时候使用英语作为辅助语言是没有问题的——不涉及语言歧视的问题。而国内长期班中的学生母语多样，有不少属于双语者（如来自中亚的学生通常均可操本国语和俄语两种语言），教师过多地使用英语作为教学辅助语言可能会引起学生的不满。而国内教师通常只通英语，不会使用其他语言。针对这种情况，建议采取以下做法：

（1）少用或尽量不用英语，不得不用时尽量使用较为简单的、所有学生都能听懂的语句。在初级班教学中，很难不用教学辅助语言，此时教师可在学期的前期使用少量的英语作为课堂用语，之后逐步减少使用量，直至完全不用。初级班之上的教学层次可基本上不使用英语。这样就可以最大限度地避免语言歧视的问题，即使用一些简单的英语，其他国家的学生也可以理解。

（2）储备多语种教师。这也是汉语国际传播大势对我们提出的要求。除了能操英语的汉语教师之外，还要培养通俄、日、韩、泰、越、蒙等多个语种的汉语教师。这其中最重要的一个师资培养渠道就是加快教师的本土化进程，我们可以通过培训各国的本土化汉语教师从根本上解决教学辅助语言的问题。

7.2.2.2 文化背景的不同

明德模式下的学生文化背景基本上是西方文化，而国内长期班中的学生文化背景很复杂。有西方文化也有东方文化（如日、韩、新加坡等地），还有伊斯兰文化（如来自穆斯林国家的学生），以及介于东西方之间的中亚文化等。针对这种情况，我们应该遵循因材施教、彼此尊重、一视同仁，平等相待的原则来对待。具体建议采取以下做法：

（1）了解多国文化习俗。知己知彼方能在教学中游刃有余，教师不能只了解西方文化，还要知道其他各国的文化习俗，包括宗教方面的知识。只有这样才能做到彼此尊重，一视同仁，实现多元文化之间的和谐共处。

（2）注意各国文化禁忌。尊重不同的文化宗教习俗，注意避免在教学中触犯文化禁忌。如当班上有穆斯林同学的时候，就不要触及饮酒的话题或在提问时避免问喝酒的问题。

（3）培养本土化汉语教师。跨文化交际一直是我国外派教师们遇到的一个大问题。若想从根本上解决这一难题，只有通过培养本土化教师一途方可彻底解决。

7.2.2.3 学生素质的不同

以来华参加明德项目的美国留学生为例，他们多是通过激烈竞争才得以入选的，素质相对较高。学生非常珍惜来华学习的机会，学习态度端正，学习热情也很高。而国内留学生来源复杂，素质良莠不齐，多数学生素质较好，学习热情较高，但同时也有部分学生的学习内驱力不强，显得较为散漫。

在这种情况下，教师应有耐心热情、诲人不倦的精神，针对不同素质的学生，灵活吸收其他教学方法，调动学生学习的积极性，激发其学习热情，并引入竞争机制，使学生有学习汉语的兴趣。在教学方法上可兼容并蓄，博采众长，在继承明德模式精华之外，可灵活吸收其他教学方法的长处（如任务法、体演法和游戏法等）。

7.2.3 教学课型的变化及其对策

7.2.3.1 总体情况

如前所述，明德模式的课型由大班课、小班课和单班课构成，国内限于教学成本恐难以全盘复制。

7.2.3.2 应对策略

尽管如此，我们可以遵循学其精髓、改造细节的原则，将明德模式改良后用在国内长期班教学中。具体做法如下：

（1）课型设置：不再分技能教学，改为讲练、复练两个课型。尽管限于教学成本无法分大小班，但可以采用这种形式——前者相当于明德模式中的大班课，以练代讲；后者相当于小班课，课堂上以练为主[①]。

（2）个别辅导：以中央民族大学国际教育学院为例，学院设有课外辅导员，每周有两个晚上辅导学生的功课。尽管无法像明德模式那样设立严格意义上的单班课，但可以通过教师课上辅导与辅导员课下辅导相结合的办法解决。

（3）教材选用：两门课共用同一本教材。这样可使讲练

---

① 事实上，我国对外汉语教学史上初期也是采用讲练–复练这种形式，参看崔永华（1999）和宗世海（2016）。

课教师与复练课教师紧密合作，互为补充。学生也可以集中精力，将所学内容吃透练熟。

7.2.4 文化体验活动的变化及其对策

在华的美国暑期中文项目都有多项文化体验活动：每周安排两次中文桌子（教师和学生一起到中国餐馆吃饭）、每周一次的外出文化考察（参观附近旅游景点或观看京剧、杂技），以及为期一周的语言实践活动（到中国的公司、工厂、农村等地参观旅游，体察生活）。

国内长期班限于经费，不便照搬照抄明德模式，但由于长期班特有的优势，可以在文化体验方面有更好的安排。我们可遵循降低密度、增加内容的原则，合理安排各项文化体验活动。具体做法如下：

（1）降低文化实践密度：无须每周安排数次，可不定期举行，使学生的文化活动合理分布在整个学期之中。

（2）增加文化体验种类：除了明德模式所采用的活动形式之外，还可增加活动种类，由吃饭、看戏、游览增加到购物、参观、比赛、演出等。国内长期班的文化活动理应比明德短期班的更丰富多彩。

（3）增设文化实践项目：仅以比赛为例，就可以有中国传统趣味运动会、中国民族歌咏比赛、中文演讲比赛、中华才艺比赛等。

7.2.5 小结与讨论

在移植明德汉语教学模式的过程中，我们遇到了很多问题，有些问题得到了比较完满的解决，有些问题目前还在逐步探索之中。在教学改革过程中，以下几点是感触颇深的，希望能为后来者提供借鉴：

（1）明德模式作为一个成熟的汉语教学模式是几代人多年来不断努力完善的结果，是个很完整的教学系统。模式中各环节之间彼此相关、环环相扣，改动其中的任何一个环节都会牵一发而动全身，因此在思索问题对策时心中要有系统的观念。

（2）若想成功移植明德模式，除了要有系统的观念之外，还需要弄清该模式的语言学、心理学和教育学内在理据，从根本上全面剖析该模式的所有环节。

7.3 美国明德汉语教学模式移植的宏观设计、总体分析与原则步骤

本节内容主要从顶层设计的角度阐述明德模式移植教改的宏观教学设计、总体移植分析与教改的具体原则与步骤。

前人关于明德模式研究的文献（施仲谋，1994；张喜荣、田德新，2004；汝淑媛，2006；张曼荪，2006；王学松，2007等）给了我们很大启发，2004年暑期在普北班实际工作的经历又进一步加深了对明德模式的了解，这些都促使我们产生将该模式引进移植到国内长期班教学中的想法。

教改的过程也是不断摸索、不断总结经验教训的过程。关于顶层设计我们也曾有过自己的一些想法：在明德模式移植教改之初，依据自己对明德模式的了解撰写了论文《美国明德汉语教学模式给国内长期班教学带来的启示》（娄开阳，2009），

认为明德模式：①课程设计标准独特、自成体系、动态管理；②教材只用一本便于师生集中精力，攻克难点；教法训练目的明确、训练强度大，有助于学生言语技能的内化；③教学技术的应用符合心理语言学规律，有助于学生建立汉语音义之间的联系。在明德模式移植教改进行了一年之后，我们依据前期的教改经验又撰写了论文《美国明德汉语教学模式移植过程中出现的问题与对策》（娄开阳、杨太康，2010），分析了明德模式与国内长期班汉语教学之间存在的教学时间、教学对象、教学课型和文化体验活动等方面的不同，并阐释了由此所带来的教学性质、教学内容、学生母语、文化背景、学生素质以及文化活动安排等方面的变化及问题，最后提出了相应的解决对策。

此后，随着移植教改的逐步深入，在积累经验、化解困难的同时也逐渐加深了我们的认识，意识到此前对明德模式移植的认识是不全面的，主要表现在：

（1）对教育学的相关知识不够了解：教改需要进行教学上的宏观设计，在行动之前宜有一个通盘的计划。但笔者欠缺教育学方面的学术训练，尤其是对教学设计和教学模式等方面的理论素养不足，这就造成了无法从教育学的角度来全方位审视明德模式。这样一来，前期的教改实践也只能“摸着石头过河”，很多情况下是凭感性经验在往前走。因此，有必要补足教育学方面的相关理论知识，使自己的教学改革活动走上更理性的轨道。

（2）对移植的总体把握不全面：移植教改过之前当然要做全方位的分析，厘清我们对明德模式要全面吸收哪些、调整改造哪些、补充增加哪些以及摒弃剔除哪些？这不仅需要我们对明德模式本身要有较全面细致的了解，有较为客观冷静的分析，更需要我们对国内长期班的情况有比较清醒的认识，包括对国内现有分技能教学模式有公正平和的剖析。遗憾的是，移植之前我们对整个教改活动的总体把握不够。因此，从内容上展开全面的分析是很有必要的。

(3) 对教改的基本原则考虑不清晰：在进行移植教改之前还需要考虑的一个重要问题是需要仔细思考移植教改的原则。很遗憾，在明德模式移植教改之初这些教改原则都是不甚清楚的。

针对上述三方面的不足，有必要深入思考，克服缺陷，弥补不足。事实上，我们也是到了教改的后期才逐渐对上述三方面问题略有心得，下面简要阐述之：

7.3.1 明德模式移植的宏观设计：教学设计角度和教学模式角度

宏观设计主要是从教学设计和教学模式的角度来重新审视明德模式，进而依据国内长期班的情况做出重新规划。

7.3.1.1 为什么要重新进行宏观设计

对教学模式进行移植教改当然不能全盘照搬照抄、生吞活剥，这就需要扬弃性地进行引进移植，对国内长期班的汉语教学重新进行宏观设计。为什么要这么做？原因有两点：

(1) 扬弃性地引进移植明德模式必须重新进行宏观教学设计。对明德模式进行移植教改得到的最大认识是深深意识到“(教学) 改革也是一场革命”。换言之，将一种现成的教学模式引进移植到另一种教学环境中，与设计一种全新的教学模式一样，有必要对教学设计的诸要素重新审视，再走一遍教学设计的全过程。这需要做两件事：其一，从教学设计和教学模式的角度重新关照明德模式，对明德模式有一个更为全面透彻的了解；其二，按照教学设计和教学模式的要求，依据教学设计原理，面向国内长期班的具体情况重新进行设计。当然在此过程之中，必然要汲取明德模式教学设计方面的成功经验，也会采用明德模式在某些设计环节上的具体成果。

（2）引进移植之后若仍想保持教学模式的特征就必须重新进行宏观设计。我们之前说过，并非所有的教学活动都可以形成教学模式。教学模式有构成要素和衡量标准，在第四章“美国明德汉语教学模式的基本特点”中曾说过，一个完整的教学模式应在以下六方面具有鲜明的特色：教学对象、教学理念、教学目标、教材选择、教学方法和教学程序。可以想见，移植过后的明德模式已经与国内长期班现有的教学模式不同，与美国传统明德模式也有了很大区别，因此若想保持一种真正的教学“模式”，就必须符合教学模式的六大衡量标准。显然，从教学模式的角度重新审视明德模式，并面对国内长期班教学的诸项要素重新进行设计是非常有必要的。

7.3.1.2　宏观设计之一：明德模式教学设计与教学模式诸要素概貌

如何进行宏观设计呢？主要是从教学设计和教学模式基本要素的角度，对明德模式的基本特点和国内长期班的教学要素做一个通盘分析。对明德模式和国内长期班进行通盘的分析。大家会发现，教学设计和教学模式的基本要素有相当一部分是重合的，有的要素完全一样，如教学对象、教学目标；有的是大体相当，如教学内容（教学设计）和教材选择（教学模式)；还有的是总体与细化的关系，如教学设计中的教学策略在教学模式中细化成了教学方法和教学程序两部分。当然。还有一些要素是二者互不相同、各有侧重的，如教学设计中的教学需求、教学媒体和设计成果；教学模式中的教学理念。

关于明德模式诸要素的基本情况，我们已经在第四章“美国明德汉语教学模式的基本特点”和第六章“美国明德汉语教学模式的内部理据”中阐述过了，基本结论如下：

(1) 教学对象：明德模式的生源较好，通常要进入明德项目必须经过严格遴选，因此参加明德项目的学生基本上是学习动机明确、学习能力较强的精英学生。

(2) 教学需求：主要指美国的外部需求（包括美国社会发展的需求、中文学科发展的需求以及学习者自身对中文的需求）和内部需求（包括教材的教学需求和课堂教学的教学需求）等。

(3) 教学内容与教材选择：明德模式的教学内容是依据《美国21世纪外语人才标准》来确定的，参看图11：

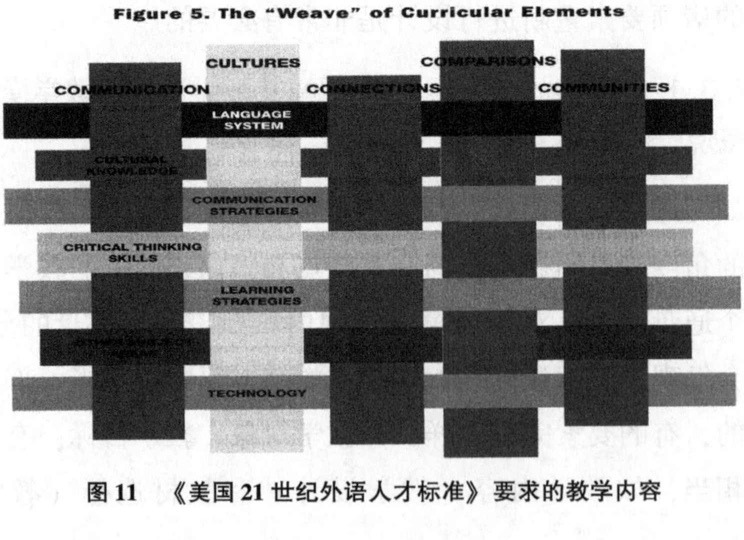

图 11 《美国21世纪外语人才标准》要求的教学内容

明德模式的教材只使用一本综合性教材，听、说、读、写齐头并进。教材编写比较注意与时俱进，同时面向学生生活和中国社会实际。

（4）教学理念：顶层的教学理念是全面沉浸式的外语教学理念，除此之外，还有语言是练出来的不是教出来的；不知亦能行；语言教学教的是语言能力而不是办事能力等下位具体理念。

（5）教学目标：明德模式的教学目标是短期速成，希望能在最短时间内最大限度地提高汉语的听说读写能力。换言之，明德模式下的中文项目要在8周之内完成美国平时一年的课程。

（6）教学方法：明德模式的核心教学方法是密集强化操练法，其操练类型包括单纯机械型操练和引导编码型操练两大类。

（7）教学程序：按人数多少设置课型，分为大班课、小班课和单班课，听书读写齐头并进，在教学程序上采用“大班课-小班课-单班课”的课程设置。

（8）教学媒体：传统的明德模式（如普北班）使用的是传统媒体，如黑板、字卡和直观教具等，不太鼓励使用现代媒体。其他美国在华中文项目相对比较开明，可以使用课件等多媒体设备。此外，所有明德项目都很注意运用电影这一现代媒体手段辅助教学。

（9）成果评估：明德模式比较注重教学设计成果的评估，尤其是对教师教学效果的评估更为严格，并据此不断改进、调整与完善。

实事求是地说，我们对明德模式教学设计和教学模式诸要素的分析仍是粗略的，不够细致、准确与完整。一方面我们对明德模式的观察不够细致，另一方面有些内容也是除项目负责人之外其他外人所无法得知的。此外，明德模式从纵向上来说也是个不断发展变化的教学模式，每年的情况都有所不同；从横向上来说，每个明德项目也各有特色，并不完全统一。因此，我们要从中提炼总结出共性特征也是很不容易的。

7.3.1.3　宏观设计之二：国内长期班的教学对象分析

与明德模式相比，我们对国内长期班汉语教学的情况似乎要知道得多一些。事实并非如此，且不说对外汉语教学事业走过了60多年的历程之后，情况已经发生了翻天覆地的变化；仅目前北京各个高校的情况就非常不一样：学生生源、培养目标、教材选择、教学方法等方面各具特色。因此，将上述几方面的情况逐一摸清并分析透彻殊非易事，要做很多调查研究，而且需要本领域方方面面的通力合作，密切配合。可以说这是一个很大的系统工程，非一朝一夕之功，也非一人之力可为。因此，限于学力与眼界，本文所做的宏观教学设计主要是面向中央民族大学国际教育学院的基本情况（既便如此，每年的情况也不相同，笔者对情况的把握也未必完全准确），可视为国内长期班教学改革的一个案例。

我们的总体设计如下：在初级汉语基础教学阶段进行教学改革，学生的汉语初始水平介于零起点与准中级之间。在课程设置上彻底改变国内分技能设课的做法，不再设立综合（精读）课、口语课、汉字课和听力课并使用四本教材。而是引入明德模式的课程设置方式，将课程分为讲练课和复练课，两位任课教师只使用一本综合性教材（《新实用汉语课本》），在教学中相互配合，听说读写四项技能的训练齐头并进（具体操作流程参见后文）。但因为国内长期班教学的情况与明德项目完全不同，因此我们在引进移植明德模式时也做了相应调整，下面将分别对上述几个方面做出总体教学设计[①]。

首先分析国内长期班的教学对象。

国内长期班的生源通常未经过严格遴选，留学生的素质相对不如明德模式的生源优秀，学习动机各异，学习能力也参差不齐。与明德模式的学生来自单一母语国家不同[②]，国内留学生来自不同的国家，母语背景及文化背景差异也很大。学生们当中有来自信奉基督教国家的，如美国、英国、法国、意大利等西方国家；有来自信奉伊斯兰教国家的，如伊朗、土耳其、哈萨克斯坦、乌兹别克斯坦、吉尔吉斯斯坦、土库曼斯坦等中亚国家；也有来自信奉佛教国家的，如泰国、缅甸等东南亚国家。此外，不仅不同国家学生的宗教信仰不同，不同民族学生的民族习俗差异也很大。

下面从国内长期班留学生的初始能力和学习起点、一般特征和学习风格来进行学习者分析，以便摸清情况，为后续的教学设计打下基础。

（1）初始能力和学习起点：对国内长期班留学生的初始能力和学习起点做出测评没有大问题，问题在于国内班级当中经常出现多个学习起点的学生并存的情况。国内留学生在入学后通常会参加一个分班测试，根据其成绩（初始水平）来确

① 部分教学要素在前文已有所分析，但不成系统，也不够深入，此处希望能按照教学设计和教学模式的基本要素做一个较全面的系统分析。

② 明德项目中的学生也有个别不是英语国家的学生，但比例很低，绝大多数是美国本土的学生。

定其所在的班级。如前所述，我们通常在 A 水平（完全零起点）、A+水平（有一点基础但基本上属于初级水平）和 B-水平（准中级水平）进行教改。目前的问题是，由于每个水平层次上的学生人数多少不均，出于节省教学成本的考虑，常常不得不将临近水平的学生并入一个班。这样做的结果往往是看起来是一个班级，但学生其实并不在同一学习起点上，一个班级中常常有两个甚至是三个层次的学生并存。这给教学带来很大困难，但这种情况几乎是常态，对教师而言就要兼顾所有学生的需求，备课的难度相应的也就加大了很多。

（2）一般特征和学习风格：与明德模式一般均为成人学生不同，国内长期班有时候也会有部分未成年留学生[①]。一个班级存在两类学生，他们的一般特征和学习风格方面的差异是明显的：成人学生学习目的明确、实践经验丰富、自学能力较强、比较注重教学效率并愿意参与教学决策；与此相反，少儿学习者没有自身明确的学习目的（通常是应家长的要求来学习）、基本谈不上实践经验、自学能力较差（常常完不成老师布置的课后作业），同时对课堂教学更多追求的是有趣而非高效，也没有参与教学决策的意愿（基本上是老师怎么要求就怎么做）。这样造成的结果就不仅仅是在学习起点上出现了多层次，而是同时出现了两种性质的汉语教学：少儿汉语教学和成人汉语教学。以 A、A+和 B-这三种学习起点为例，用数学的方法将学习起点和特征风格相交叉排列组合，就会得到 6 种不同的情况（参见表 20）：

① 如中央民族大学国际教育学院中亚班的学生中就有未成年人，这些学生多数情况下并不单独成班，而是插入班级与成年学生一同学习。

表 20　国内同班级不同起点风格类型表

序号	初始能力和学习起点	一般特征和学习风格
1	A 水平	少儿汉语教学
2	A+水平	成人汉语教学
3	B-水平	少儿汉语教学
4	A 水平	成人汉语教学
5	A+水平	少儿汉语教学
6	B-水平	成人汉语教学

综上，我们在进行教改实验时就要围绕着教学对象做相应的调整和改变，转变固有的思想观念：

①从单一文化背景转向多元文化背景：对所有的文化都持欢迎态度，对所有的学生都一视同仁，平等对待。包括教学辅助语的使用也尽量少用英语或不用英语。

②从精英教育转向普通教育：要意识到教学对象不是学习能力极高、学习动机极强的常春藤盟校的精英学生，因此教师要有针对性地设定教学目标，选择教学材料，准备课堂教学。

③由单一追求高效转向“高效+有趣”：这一条与上一条密切相关，由于教学对象不是精英学生而是普通学生，因此无法接受特别高强度的课堂操练，这就要求课堂目标由明德模式的单纯追求高效转为高效与有趣并重。否则，一味追求高效会降低学生日常的出勤率，乃至最终流失学生。

④由单一教学转向多元教学：面对如此之多的教学层次，教师必须把自己培养成多面手，由明德模式中面对的单一教学层次，转向国内长期班的多层次教学。这一转变牵涉到很多方面，最核心的是教师在教学方法上不但要灵活多变，而且还需要掌握多种教法而不能只是密集强化操练法一种。

总之，学习者是学习的主体，对学习者的展开分析是整个教学设计过程的起点，其余几项教学要素很大程度上是由教学对象决定的。

7.3.1.4　宏观设计之三：国内长期班的教学需求分析

明德模式的外部需求和内部需求都是基于美国和美国学生的情况，而来华的留学生教学需求各异，大致说来有四种需求：预科需求、考试需求、工作需求和生活需求。

（1）预科需求：是指来华留学生参加汉语进修的主要目的是为将来在中国攻读学位做准备。大部分低年级的留学生是为了攻读中国的本科学位，也有少数高年级的留学生是为攻读硕士学位做准备。由于中国大部分高校都没有设置预科教学[①]，因此国内长期语言进修班的功能之一就是满足预科教学的需求。

需要指出的是，中国最早的对外汉语教学就是预科教学——1950年清华大学“东欧交换生语文专修班”的教学性质就是预科教育，是为东欧学生入系学习做准备的，后续的很多改进措施也是为了解决学生入系后不能适应学习而增设的[②]（钟棂，1979）。因此，可以说预科教学是对外汉语教学最初的教学性质，比其他教学性质都要早。满足预科需求是国内长期班设置的初衷，这或许就是国内绝大多数高校未单设预科教学班的主要原因。

（2）考试需求：是指来华留学生参加汉语进修的主要目

① 除北京大学增设了预科教研室和北京语言大学近年来新增设了预科学院之外，其他高校似乎单独设置预科教学班的不多。

② 参看《北京语言大学对外汉语教学名师访谈录：钟棂卷》（崔希亮主编，北京语言大学出版社，2010年）。

的是为了通过某种汉语水平考试。这里的考试主要是指国家汉办举办的系列汉语水平考试，包括 HSK（汉语水平考试）、HSKK（汉语水平口语考试）、YCT（少儿汉语水平考试）、BCT（商务汉语水平考试）等。不少留学生来华进修汉语的目的主要就是为了通过上述这些汉语水平考试。教学需求影响到教学目标的设定以及教材的选择、教学方法的选择等一系列的后续问题。

例如由于主要需求是面向考试，不少教学机构在设定教学目标时索性以学完之后可通过某级考试为基本目标，有的高校即使没有明确以通过考试为最终目的，但在教学大纲中也是参照汉语水平考试大纲来制定的。在招生时，为了增加生源也会在招生简章中写明学完之后将达到某级汉语水平来招徕学生，以标榜本单位的教学水平。考试需求也会大大影响到教材和教法的选择，还有的教学机构就以考前辅导材料为基本教材，在课堂教学中也多采用可快速提高汉语水平的教学方法，明确追求课堂的高效率。

（3）工作需求：是指来华留学生参加汉语进修的主要目的是为了将来可以在中国或在所在国的中资公司工作。这部分需求较杂，比较集中在旅游、中医和汉语教育等领域。有部分留学生已经有一定的汉语基础，无意或者无条件攻读相关的本科或者研究生学位（汉语国际教育、旅游汉语或中医汉语等专业），因此想通过参加长期进修的方式来提高汉语水平，以满足将来职业上的需求。

此类教学需求也会影响到教学目标的设定、教材的选择以及教学方法的选择。如果某类需求的人数较多可以单独成班，则教材就可以选用相应的专用汉语教材，如《旅游汉语》《商务汉语》或《中医汉语》等国内均有多套系列教材可供选用。但若单类需求的人数较少无法单独成班，则无法选用专门用途的汉语教材，而只能侧重选择综合性汉语教材，如《新实用汉语课本》《新概念汉语》《博雅汉语》或《发展汉语》等，以兼顾多个方向上的教学需求。在教学方法上也多贴近未来需求，师生均偏向采用角色扮演（role play）类教法，以便模拟未来的工作环境。

（4）生活需求：是指来华留学生参加汉语进修的主要目的是为了应付在华的日常生活。如在驻华大使馆附近的一些高校就经常有各国大使馆的家属前来进修汉语，其主要目的是为了提高汉语水平以适应日常购物、出游的需要。此类需求的教学要求不高，也没有特别明确具体的教学目标。因此，在教材上多侧重选择当下主流的综合性汉语教材，教学方法上也不是特别追求高效，而是注意效率与趣味性相结合。

综上，可以看出国内长期语言进修班的教学需求实际上是一个“大杂烩”，兼顾着多种类多层次的需求。除了个别专门用途的汉语特训班（如专门针对HSK考试的考前辅导班、商务汉语学习班、旅游汉语学习班或中医汉语学习班）之外，绝大多数的长期班教学还是要尽可能满足各种各类需求的——而且每年不同班级的教学需求差异很大。这就对教师提出了很高的要求，不仅要选对教材，而且要掌握多种教学方法，以应对多种不同的情况。我们的应对策略是借鉴工业设计的原则，“满足80%客户80%的需求”：完全满足所有学生的所有需求是不可能的也根本做不到，比较现实的做法是统筹安排、多头兼顾。

7.3.1.5 宏观设计之四：国内长期班的教学内容分析与教材选择

（1）国内长期班的教学内容分析：《国际汉语教学通用课程大纲》中对教学内容的要求是四大块：语言知识（包括语音、词汇、语法、汉字、功能和话题）、语言技能（听、说、读、写）、文化意识（文化知识、文化理解、跨文化意识和国际视野）和态度与策略（学习态度、学习策略、交际策略、资源策略和跨学科策略）等。这当然是教学内容方面全面的要求，在实际教学中比较侧重的仍然是语言知识和语言技能这两大部分。

明德模式与《国际汉语通用课程大纲》一样要求培养学生的语言综合运用能力，它比较突出的特点是：①在课堂上集中操练词汇、语法等语言点（通常以定式的形式出现）；②比较注重纠音（几乎是逢错必纠）；③功能和话题也会在大小班的课上或单班课上讨论（如“空巢老人问题”“老夫少妻现象”“环境污染问题”等）。④课堂时间不讲解汉字，学生练习汉字通常也是在课下。简言之，明德模式注重听说读写的综合训练，在课堂教学上比较重视语音、词汇、语法、功能和话题，汉字的训练基本上靠学生课下自学。这不能说明德模式不重视汉字教学，而是他们不愿把宝贵的课上时间浪费在写汉字上。而明德项目中的学生素质很好，完全可以通过课下自学完成汉字的练习任务。

相比之下，国内长期班的教学对象在各方面都略逊于明德项目的生源，因此在教学内容上的设计大体上是这样安排的：

①与明德模式一样，通过讲练课和复练课综合训练学生的听、说、读、写能力。国内长期班要遵循《国际汉语通用课程大纲》的要求，因此我们将明德模式改造后以讲练课（相

当于大班课）和复练课（相当于小班课）的形式统一综合训练这四种能力。

②与明德模式一样，在课堂上充分练习词汇、语法、功能和话题，内容上不减少。国内长期班与明德项目相比最大的优势就是教学时长比较长，每学期至少有 16~18 周的教学时间，因此完全可以在降低教学强度的条件下完成明德模式 8~9 周完成的教学内容。

③加强汉字在课堂上的讲解，将汉字操练与词汇操练结合起来。对于国内长期班的非精英学生而言，很多人不习惯课前预习，对于课后作业也不是特别上心（常常有完不成作业的现象）。因此，我们在设计时将汉字的讲解与操练纳入课堂教学中，尽量争取在课堂上解决问题，课后的作业作为辅助练习，如能很好地完成将会“锦上添花”，即使完不成也不影响接下来的正常进度。

（2）国内长期班的教材选择：在教材选择上，前文在分析教学对象时已略有提及。由于我们进行的教改实验班不是专门用途的特训班，因此我们选用的都是综合性汉语教材。在前期双人双课型教改时选用的是经典综合教材《新实用汉语课本》（刘珣教授主编，北京语言大学出版社）。《新实用汉语课本》是一套系列教材，教师用书和学生的练习册都很完备，而且该教材是系列教材，共有六册，完全可以满足我们教改的需求。如果学生的学习是零起点则从第一册开始；如果学生有一定的语言基础则从第二册开始。同时，也可以根据学生的学能强弱以及学期的长短来灵活调整教学内容的多少。此外，《新实用汉语课本》最大的优点是语法部分非常强，不但内部编写颇有章法，语法解释也浅显易懂，清晰明了，学生们使用后反响非常好。

在后期单人单课型教改时选用的是北京市精品教材《初级汉语口语》（戴桂芙、刘立新、李海燕编，北京大学出版社）。虽然名称是口语教材，实际上是一本词汇、语法知识相当完备的优秀综合性教材。该教材经过了多次修订，内容浅显易懂，非常贴近留学生的日常生活，很实用。此外，该教材的语法内容很丰富，课后练习比较多样，可满足学生课下的练习。此外，每一课课后练习最后都有与课文内容对应的作文练习，使学生可以得到很好的写作训练。

7.3.1.6 宏观设计之五：国内长期班的教学理念设计与教学目标确定

（1）国内长期班的教学理念设计：基本接受明德模式的教学理念，但又略有微调。具体说来，主要面对教师的一些下位理念，如“语言是练出来的不是教出来的、不知亦能行、语言教学教的是语言能力，不是办事能力”等全部接受并且在教学中严格执行。但主要面向学生的上位教学理念“全面沉浸式”的外语教学理念则基本接受，灵活掌握。如前所述，国内长期班教学的学生属于基本素质比较一般的非精英学生，对他们当然无法用“语言誓约”来约束。因此，也只能是在课堂上要求他们不用母语只说汉语，老师也尽量做到只说汉语，少用或者不用教学媒介语。但下课之后，对学生可适当放松要求，毕竟他们生活在中国，有良好的目的语环境。而且他们的日程安排没有明德模式那么紧凑，平时也要到超市、食堂、医院等地购物、用餐和就医，不用汉语是不可能的①。

① 明德模式由于课程安排过于紧凑，学生虽然是在中国学习但基本上没有时间与外界接触，因而日常实际接触的目的语环境并不多。

（2）国内长期班的教学目标确定：某些美国政府资助的明德项目在教学目标方面的要求比较具体，如果学生项目结束时不能达到要求（如 OPI 某级）就有失去政府资助的危险。相比之下国内长期班在教学目标方面的要求就宽松多了，通常要求学生在一个学期结束之后可以达到上一个班的水平，如本学期是在 A 班（零起点）学习，则学期结束可以达到 A+班的水平即可。当然国内长期班的入班规定比较灵活，是以学期为单位调整班级，只要入学分班考试达到了某级就可以入学某班——留学生不必像国内那样以学年为单位调整班级。所以，常常有学能较强的学生因学得较好而连续跳级的情况出现。在我们的教改历史上，曾有一位伊拉克的学生在 2 班（A+）学习结束之后，下学期直接进入 7 班（C-）学习。当然，这属于特例。

7.3.1.7　宏观设计之六：国内长期班的教学策略选择

在教学策略选择这一设计环节中，主要探讨教学方法与教学程序的安排。

（1）国内长期班的教学方法设计：明德模式的核心教学方法密集强化操练法是我们移植教改的主要内容，正是因为看到了密集强化操练法高效率的课堂教学效果，才引发了我们将明德模式引入国内长期班教学的想法。但毕竟国内外诸多教学要素之间的差异较大，因此也不可能完全照搬这一教学方法。我们的具体做法是：

①汲取精髓，保持高效：在课堂教学中基本上采用密集强化操练法，注意领悟该方法的内部理据，使自己的操练方式符合密集强化操练法的内在理据。

②因人制宜，适当调整：根据不同的学生做出不同的调

整，一切以人为本，不违背教学规律，不强求一律，避免犯形而上学的错误。

③兼容并蓄，博采众长：除了密集强化操练法之外，我们还积极引入任务法、游戏法、体演法以及背诵法等行之有效的其他教学方法（详见第九章）。总之，一切围绕着学生，一切以教学效果为最高的衡量标准。“法无定法，贵在得法”，只要能提高教学效率，都可以大胆尝试，拿来使用。

（2）国内长期班的教学程序设计：教学程序又分为总体课程设置和课堂教学过程。①在课程设置上，明德模式按照“大班课-小班课-单班课”的顺序来安排，我们参照明德模式将课型设置为讲练课与复练课。限于教师成本，这两种课型的人数是一样的，并未仿照明德模式分为大班和小班。日常教学按照先讲练课，再复练课的顺序来进行。同时在时间允许的情况下，将小班课糅进复练课（具体做法详见后文）。

②课堂教学过程：明德模式的大班课基本上分三部分：听写—课堂操练—总结串讲；小班课则基本是语法点操练。我们对此略有调整，借鉴了凯洛夫的“新五段教学理论”，将课堂过程分为五个环节：组织教学、复习旧课、讲授新课、巩固新课和布置作业（具体做法详见后文）。

7.3.1.8 宏观设计之七：国内长期班的教学媒体选择与教学成果评估

（1）国内长期班的教学媒体：以普北班为代表的传统明德模式不鼓励使用现代媒体，相比之下我们更倾向于哥大班等非传统明德模式更为开明的做法。这是因为一方面有可能，另一方面也有必要：

①有可能是因为随着现代教育技术的发展，国内各高校的教学条件得到了极大的改善，一般高校中的国际教育学院都配有多媒体设备，更高级一点的还有听力教室、录播教室和微格教室等高端配置，因此教师在教学媒体方面有更广阔的选择余地。

②有必要是因为国内长期班的教学对象良莠不齐，一个班级之中并存着多种教学需求，而且很可能同时兼有少儿汉语教学和成人汉语教学等多个层次，因此，必须想办法让课堂气氛活跃起来，以增强教学的吸引力。而现代多媒体教学很好地满足了教师这个需求，可以很方便地辅助课堂教学，大大提升教学效果。

（2）国内长期班的教学成果评估：对教学成果的评估可分为两部分，一部分是教学机构本身对教师教学效果的评估；另一部分是从事教改的教师本人对教学设计各环节的评估。

①对教师教学效果的评估现在已基本形成制度，很有可能这一措施也是从明德模式等西方教学项目中学来的。与明德模式一样，每学期有两次，分别在期中和期末。形式也与明德模式一样采用问卷的方式，通过调查学生的反馈，来对教师的教学行为做出评估。这一评估过程是由官方主持的，与教改教师无关，我们只需遵循单位的要求即可。

②我们探讨的重点是教师本人对教学设计各环节的评估。教改要想取得成功，教师就要具备反思意识。改革不是一朝一夕的功夫，期间难免遇到种种困难，克服困难的过程实际上就是教学改革的过程。因此这就要求从事改革的教师勤于思考，善于总结，并及时与配合教改的教师沟通交流，并将自己教学改革中的经验教训物化成科研成果。我们就是这样做的，目前

已在各类场合发表论文9篇。

7.3.1.9　总结与讨论

综上，教学设计是取得教学改革成功的第一步，多花些时间是非常有必要的。衡量教学改革是否成功的标准有二：一是学生是否实实在在提高了汉语水平（学习效果）；二是学生对老师的教学是否真正感到满意（教学效果）。如果能同时达到上述两点，就可以说教改是成功的。教改的成功当然首先取决于教学设计的成功，只有有了比较周全的教学设计，再加上参加教改的教师圆满地执行教改计划，才能最终收到满意的效果。

要做到上述两方面都很不容易，这两条衡量标准虽然分别指学生的学习效果和教师的教学效果，但实际上是紧密相连的，都紧密围绕着教学对象，但二者又不完全一样：

（1）学习效果满意：事实上的确存在可使学生学习效果非常好但令学生本人非常痛苦的教学方法。如在中国古代私塾教育中的背诵法，其学习效果有目共睹、有口皆碑，但在学习过程中学习者本人却是非常不喜欢甚至是憎恨这种方法的。实际上这里的学习效果才是真正的教学效果。

（2）教学效果满意：实际上是指学生对教师的教学满意，严格来说并非真正意义上的教学效果，而且学生对教师满意也可以完全与学习效果无关。事实上也的确存在特别追求课堂效果的有趣而不是太考虑有效的教学方法，如游戏法、电影教学法等。类似此类的教学方法课堂气氛通常都很活跃，可以极大程度地调动学生的学习积极性，也不能说没有教学效果，但课堂成本较高，师生投入产出比较低。

事实上这两方面都要努力达到才能算作真正的教改成功：

只有学习效果而学生苦不堪言，结果往往是教师吃力不讨好，教师在单位的教学评估中分数会很低，长此以往教师有丢掉饭碗之虞；而只有“教学效果”而学生学不到东西，时间久了会造成真正高素质学生的流失，使单位沦为低素质学生的天堂（我们称之为“贫民窟现象”），对教师和单位的损害更大！因此，在移植教改中宜坚持这两大衡量标准，不断完善补充教学设计，精益求精，以求达到最好的学习效果和教学效果。

7.3.2 明德模式移植的总体分析：继承、调整、补充、摒弃

总体分析与宏观设计同属于顶层设计的层次，既有联系又各有侧重。总体分析是从内容上来分析我们在移植教改时要继承哪些、调整哪些、补充哪些以及摒弃哪些。

既然是移植教改，需要将美国的明德汉语教学模式扬弃之后运用到国内长期班的汉语教学中来，根据国内的教学环境和具体情况，领悟汲取其精髓，修改其不适应之处。具体来说包括继承、调整、补充和摒弃四种。所谓继承，是指承继明德模式中原有的好做法，这一部分基本上是全盘接受。所谓调整，是指基本上引入明德模式的某些做法，但又略有变动，既汲取明德模式的精髓，又根据国内长期班的具体情况对明德模式中原有好的做法加以改造，这一部分是“求其神似而不求形似”。所谓补充，是指根据国内长期班的具体情况，吸收明德模式之外的一些做法，补充完善并继承改造之后的明德模式。所谓摒弃，是指剔除原有明德模式中与国内长期班教学不相适应的部分。因此，我们的移植内容就包括四部分：继承部分、调整部分、补充部分和摒弃部分。这四个部分是有内在联系的，实际上是一个由全盘接受逐渐过渡到全

面摒弃的连续统。下面简要阐述一下我们移植教改过程中对明德模式的继承、调整、补充和摒弃。

7.3.2.1 明德模式移植的继承部分：教学理念、教学媒体

目前在教改过程中全盘接受继承的有明德模式的教学理念和教学媒体两部分。

（1）对教学理念的继承：包括顶层的全面沉浸式的外语教学理念，以及“语言是练出来的不是教出来的”“不知亦能行”“语言教学教的是语言能力，不是办事能力”等下位具体理念。前面也已经说过，除了全面接受下位理念之外，我们对“全面沉浸”的理念略微做了调整，不过基本上还是可归入全面继承的部分。

（2）对教学媒体的继承：根据教学媒体的选择可分为两种不同程度的继承。①一种选择是完全采用传统明德模式的方式，只使用黑板和粉笔等传统媒介而不是用现代媒体。这种情况当然应算在继承部分之中。②还有一种选择是采用非传统明德模式的方式，即同时运用传统媒体和现代媒体，只不过在运用过程中更贴近国内长期班学生的现实，以学生的接受度以及课堂教学效果为最终的使用判断标准。在我们的教改实践中，讲练老师更多地采用第一种方式，而复练老师更多时候采用第二种方式。

7.3.2.2 明德模式移植的调整部分：教学方法、教学程序

这是明德模式引进移植的主要部分，可以说除了全面继承教学理念以及剔除完全不适用于国内长期班的一些教学措施之外，大部分内容都属于调整改造部分：主要是教学方法、教学程序。调整改造的原则就是汲取上述明德模式中的精髓，再根据国内长期班的情况加以调整改造。下面分别来阐述之：

（1）对教学方法的调整：前文说过，密集强化操练法是我们移植的主要内容，但根据国内的教学对象是不可能完全照搬的。主要是国内长期班的学生学习动机不是非常明确，学习能力也不是非常强，无法承受高强度的课堂操练，因此我们调整的原则就是：降低难度、增加趣味。

①如何降低难度？主要从两方面下手：一是降低提问的难度，尽量贴近学生学习的起点，按照“i+1”原则，保证学生“跳一跳，能够着”，可以回答老师的问题，顺利地说出目标句。二是降低提问的密度，明德模式不但提的问题较难而且语速较快，一节课最大限度地利用课堂时间操练，尽量让学生多说、老师少说以提高学生的开口率。我们可根据学生的实际情况适当放慢速度，以学生可以说出目标句为准，不过于追求速度。

②如何增加趣味？也是主要从两方面着手：一是在密集强化操练法框架内提问尽量灵活有趣，贴近学生生活，减少课堂操练的枯燥性。二是遵循“一张一弛，文武之道”的原则，在密集强化操练中穿插运用游戏法、任务法及体演法等其他易于活跃课堂气氛的教学方法。当然，后者已经进入补充部分了，下文详述。

（2）对教学程序的调整：包括总体课程安排和课堂教学过程两部分都需要调整。①总体课程安排我们没有办法像明德模式那样设置大班和小班，只能设为讲练课和复练课（并不分班，学生原有人数不变）。这样一来就缺少了单班课教学这一部分。我们的做法是：比照先大班后小班的顺序，先讲练课后复练课，并在时间允许的情况下将单班课教学糅进复练课中。具体操作如下：在保证完成正常复练任务的前提下，如果仍有剩余时间，则按照一对多的形式，请一位同学到前面跟大家练习此前所学的内容，并集体讨论大家感兴趣的话题。②课堂教学过程：讲练课在明德模式大班课原有三部分（听写—操练—串讲）的基础上调整为五部分：组织教学、复习旧课、讲授新课、巩固新课和布置作业。其中复习旧课环节主要也是听写生词和课文，只不过这里听写的是前一课学过的内容（明德模式要求听写当天要学的内容）；讲授新课环节主要以练代讲，采用密集强化操练法来操练主要语法点；而巩固新课环节则采用游戏法、任务法或体演法等方法进行课堂活动，来巩固练习前面所学的内容。复练课与小班课的教学流程类似，主要是操练讲练课上学过的生词和语法点，此外就是邀请学生到前面与大家个别谈话，或者讨论大家感兴趣的话题。

7.3.2.3　明德模式移植的补充部分：教学方法、教学内容上的补充

补充的当然是指现有明德模式中没有，但对国内长期班而言又是有益的部分，主要是教学方法、教学内容上的补充。

（1）教学方法上的补充：前文说过，如果要应对不同教学对象的不同教学需求，教师就要掌握更多的教学方法。因此，除了密集强化操练法之外，从事教改的教师也要开拓思路，博采众长，多掌握一些教学法，如背诵法、游戏法、任务法等。我们比较成功地补充了中国传统语言学习的背诵法，大大提高了课堂教学效果（详见第九章第一节）。

（2）教学内容上的补充：除了正常的教材之外，为了辅助教学还可以补充中华传统文化作为辅助教学材料，如中国传统曲艺形式绕口令、三句半及相声等。这几种形式我们在教改

过程中都使用过，在语音巩固、语法练习及文化浸润等方面都取得了较好的教学效果（详见第九章第二节）。

除此之外，还可以大量补充语言实践。由于明德模式课程安排过于紧凑，学员除了一周的语言实践时间之外很少有自由接触目的语环境、直接体验中华文化的机会。而国内长期班在这方面则很有优势，可安排更多的语言实践活动作为教学内容的有益补充。

7.3.2.4　明德模式移植的摒弃部分：教学对象、教学需求、教学内容、教材、教学目标和教学成果评估

所摒弃的当然是与国内长期班的情况完全不合的部分，即使调整也无法适用于国内的长期班教学，包括教学对象、教学需求、教学内容、教学材料（教材）、教学目标和教学成果评估。

这其中又包括两种情况：一种是国内外情况完全不一样，如教学对象、教学需求、教学内容、教学目标和教材。由于各自面对的学生不一样，教学需求不同，相应的在教学内容、教学目标及教材方面自然也不一样；另一种情况是采用了明德模式的某项教学措施，但其中的具体内容却完全不一样，可谓“换酒不换瓶”。如教学成果评估，国内引入了明德模式对教师的教学评估形式，但调查内容几乎都不一样。

7.3.2.5　总结与讨论

综上所述，我们得出了以下结论：①继承部分：教学理念（全面沉浸）、教学媒体（传统媒体+现代媒体）；②调整部分：教学方法（降低强度、增加趣味之后的密集强化操练）、教学程序（由“大班-小班-单班”调整为“讲练-复练”）；③补

充部分：教学方法（补充游戏法、任务法和背诵法）和教学材料（补充中华文化材料）；④摒弃部分：教学对象、教学需求、教学内容、教材、教学目标和教学成果评估等。

前文说过，从继承到摒弃是一个连续统。继承、调整与补充之间并不是泾渭分明的，相互之间存在着过渡地带。如由于教学对象与教学环境的差异，即便是继承部分也不可能完全照搬明德模式的做法，多少总有一些调整：如果调整幅度较小，则可视为继承部分；如果调整幅度过大，则完全变成了调整部分。此外，补充在某种意义上来说也是一种调整，如在根据学生情况调整教学方法时，如果所用的新方法、新技巧完全与密集强化操练法无关，当然是一种补充；如果某些教学技巧与密集强化操练法有着比较紧密的关联，则可视为一种调整。最后，从某种意义上来说摒弃部分也是调整部分的一种。因为摒弃的只是内容，而原理和思路却是要被汲取的。如针对不同的教学对象，在学习者分析时当然要调整，只不过调整的太多了，几乎等于另起炉灶、重新设计，于是索性另设摒弃部分以示程度上的区分。

简言之，我们这里只是就大的方面而言，具体到教改实践中还需要教师根据当时的情况灵活运用，所谓“运用之妙，存乎一心”。“改革也是一场革命”这句话应用于教学改革依然适用，在教学改革过程中要具体问题具体分析，切不可僵化固执，滑入形而上学的泥潭。此外，我们对明德模式的继承、调整、补充与摒弃不应仅仅看作针对有形内容的，其实很多无形的东西更应进入改革者的视野，如教学设计思想等。这些无形的东西对于明德模式的形成起着非常关键的作用，其功能不亚于那些有型的教学要素。

7.3.3 明德模式移植的基本原则：效率优先、实事求是、以人为本

本节主要阐述将明德模式引进移植到国内长期语言进修班时需要遵循的基本原则。“因材施教”是一切教学活动都要遵循的大原则，在此恕不赘述。这里主要阐述效率优先原则、实事求是原则和以人为本原则。

7.3.3.1 效率优先原则

陆俭明先生多次提到（陆俭明，1999；陆俭明、马真，2016：30），国际汉语教学追求的就是在最短时间内使留学生的汉语水平能得到最大的提高。追求教学效率，希望教学效果达到最好无疑是每一个国际汉语教师追求的目标。我们当然也不例外，追求效率是我们进行移植教改的初衷，正是为了希望提高国内长期班的课堂教学效率，我们才选择了将明德模式引进移植到国内语言进修生的日常教学中来。所以在移植过程中如果遇到问题，应该首先想一下，所采取的教改活动是否符合效率优先原则。

7.3.3.2 明德模式移植的基本原则之一：实事求是原则

在进行移植教改时很容易犯形而上学的错误，往往拿自己当初在普北班的经验来套用到国内长期班教学中，这样做的结果必然是削足适履，无法达到提高教学效率的初衷。我们的经验是，要想避免犯大错误，就必须遵循实事求是的原则。实际上，我们所犯的大多数错误都是因为不实事求是造成的。遵循实事求是原则主要体现在三方面：

（1）对明德模式的观察、分析、理解和把握要实事求是，

不溢美，不隐恶。正因为看到了明德模式的优秀之处，才起了引进移植的念头，所以比较容易犯的错误是只看到明德模式的长处而未注意到明德模式的不足。其实任何一种教学模式或教学方法都是各有利弊的，要针对特定的教学对象或放在特定的教学环境中才能有效果，因此对明德模式的优缺点也要客观公正地看待。但实际上要做到这一点不太容易，保持一个实事求是的态度就非常有必要。

（2）对国内长期班的教学现状把握要有一个实事求是的态度，不主观，不偏颇。与明德模式相比较，国内长期班却是有诸如课堂教学效率不高等不足，但多年的经验积累下来，现行的教学模式还是有很多值得肯定之处。我们在分析把握国内长期进修班教学现状时也要客观公正、不偏不倚，避免犯戴着有色眼镜看世界的错误。

（3）在教改实践中对所面临的诸多问题要实事求是，不躲闪，不盲从。毫无疑问，由于教学参数的变化，整个教学模式必然要重新设计一遍，不可能有现成的答案。遇到问题时很重要的一点是要保持冷静，实事求是，遇到的情况是什么就是什么，不回避矛盾，也不怨天尤人。

7.3.3.3 明德模式移植的基本原则之二：以人为本原则

即国际汉语教学界提倡的“以学生为中心”原则。教学活动是围绕着学生进行的，某种意义上来说教师就是为学生服务的，我们设计好的教学模式也是希望通过该模式使学习者能尽快掌握所学知识和技能。不过由于教学对象的转换，使得从事教改的教师很容易拿过去对待常春藤盟校学生的一套来要求现在来自五湖四海国家的普通学生，从而在教学活动不能顺利进行时责怪学生，抱怨学生的学习动机不强，学习能力太弱等。从根本上来说这一想法是错误的，教师面对的就是这样一批学生，就要为这批学生“量身定制”教学模式，如果教师所推行的模式不能很好地施行，那一定是犯了郑人买履的错误。应该调整的是教师而不是学生，因为学生才是学习活动和教学活动的中心和主体。

7.3.4 总结与讨论

总而言之，“黑猫白猫，抓得住老鼠就是好猫”，在进行移植教改时不必拘泥于明德模式的藩篱出不来，单纯为移植而移植。要不忘初心：当初教改的初衷是为了改变目前国内长期班教学效率相对较低的局面，那么一切要以提高课堂教学效率为最终追求目标，实事求是，以人为本，避免陷入形而上学的泥潭。

陆俭明、马真二位先生（陆俭明、马真，2016：198）在阐述“怎么看待教学法”时谈到的一段话给我们的移植教改总体设计以很大启示：“‘后方法’就是强调不要拘泥于某一种教学方法，要因人、因时、因地、因条件采用有针对性的教学手段。”明德模式移植教改的核心是教学法的移植，那么我们进行教改时也要注意变通，不要犯形而上学的错误。

此外，陆先生和马先生特别强调作为一名汉语教师要明了比教学法更重要的两样东西：一是要有高度的教学责任心；二是自己肚子里要有东西。对外国学生也要像对中国学生一样认真负责，这是毋庸讳言的，我认为更主要的是自己肚子里要有东西。以我自己的教改实践为例，国内长期班所面对的是多母语背景、多文化背景的教学对象，与明德模式面对的单一母语背景和单一美国文化背景的常春藤盟校的学生差异很大，这个时候对教师的要求就更高，要求我们可供使用的本领更多更大。只有“具备了这两个条件，在教学中才会游刃有余，才会有创造性，才能针对不同的对象、根据不同的教学内容琢磨出有针对性的好的教学方法；也只有这样，才能较好地吸收、运用别人提出的好的教学方法。”

第八章

美国明德汉语教学模式移植的两种形式

本章主要阐述明德模式移植教改时采用的两种教学形式：双人讲练-复练教学形式（下文简称“双人移植教改”）和单人单课型教学形式（下文简称“单人移植教改”）。

8.1 明德模式移植的形式之一：双人讲练-复练形式

本节重点阐述双人讲练-复练教学形式，所谓双人讲练-复练教学形式是指由两位教师承担一个班的教学任务，二人共同使用同一本教材。课型分为讲练课和复练课两种，由其中一位教师承担讲练课的教学任务，另一位教师承担复练课的教学任务。

讲练-复练形式最早来源于赵元任先生“二战”期间主持的美国陆军部中文特训班（ASTP），当时赵先生用英语先讲一个小时语法，然后再由邓懿等助教带领学员练习（赵新那、黄培云，1998）[①]。这种形式也是我国对外汉语教学界早期采用的一种教学形式。在1950年清华大学东欧交换生语文专修班上采用的就是这种教学模式：由负责教学的邓懿先生先主讲讲练课（配有翻译），然后再由钟梫等助教复练[②]。美国明德暑期中文学校继承并发展了这一教学形式，同时在讲练课、复练课之后增设了单班课（一对一个别谈话）。这样才形成了明德模式的基本课程设置。我们采用讲练-复练模式等于是将明德模式的历史回溯上去了，或者说是对国内对外汉语教学旧有模式的一种回归。

下文将从以下几个方面来阐释：①进行双人讲练-复练形式教改的意义：为什么进行双人双课型的移植教改；②双人移植教改的基本操作流程：回答在具体教改过程中如何操作；③双人移植教改中汉字教学的加强：回答为什么以及如何加强汉字教学；④双人移植教改过程中可能出现的问题与对策。

8.1.1 进行双人讲练-复练教改的意义

为什么进行双人移植教改？主要有以下两点原因：

---

① 参看《赵元任年谱》（赵新那、黄培云编），北京：商务印书馆，1998年。

② 参看《北京语言大学对外汉语教学名师访谈录：钟梫卷》，北京：北京语言大学出版社，2010年。

8.1.1.1 与旧有“讲练–复练”教学模式的重合

我们当初采用讲练–复练形式进行教改的时候，本是出于经济成本的考虑：如果将明德模式分大班小班的课型设置直接移植过来，则每个班级至少需要三位教师（一位大班课教师和两位小班课教师）。尽管与分技能设课（综合课、口语课、听力课和汉字课）相比可以节省出一位教师和三本教材的费用，但费用节省的程度有限，因此决定不再按大小班分课型，而是直接分为讲练课和复练课，讲练课的功能相当于大班课，复练课的功能相当于小班课（同时整合一部分单班课的功能进去）。

后来通过阅读文献才发现，讲练–复练教学模式原本就是我国对外汉语教学历史上采用过的一种教学模式（崔永华，1999；宗世海，2016）[①]。因此，严格来说我们目前进行的这种教学改革从总体教学模式上来说是一种回归而并非创新。当然，“旧酒瓶”里面装的是“新酒”——我们引入了密集强化操练法以及任务法等新型的教学方法，这些课堂教学方法是20世纪70年代所没有的。我们采用讲练–复练模式进行教改，表面上看是与旧有教学模式的回归重合了，但实际上当然有其内部驱动改革的原因。

8.1.1.2 现行分技能教学模式的不足

崔永华（1999）中明确指出，现有的分技能教学模式有以下三点不足：

（1）分技能教学模式偏离了模式设计者的初衷，不利于

① 笔者深感惭愧！这也说明当前从事对外汉语教学的青年教师比较缺乏对外汉语教学史方面的知识。

学习者对语言项目的掌握。教学设计者最初希望以精读课（综合课）的内容为共核，在对精读课的内容进行复练和巩固的基础上，通过其他课程发展到分技能的运用。不过有两点原因使得这一初衷未能实现：①教材问题：迄今为止尚无较好体现共核的配套教材，多数学校都是多种教材搭配使用，各课型之间的内容差异越来越大。②操作问题：学生在学完头两节的精读课之后，对所学的内容只能是一个初步的了解和练习，并没有很好地掌握。但接下来就要变换课型和教学内容（如转入听力或者口语课），所学的又是全新的内容。这样频繁转换的结果是分散了学生的注意力，使每一阶段的学习内容都没有达到练熟吃透的程度。结果是学了半天，学习者却经常感到没有明确的收获。

（2）按技能分课型未必是学习语言技能的最佳途径。应当承认，分技能设课的初衷是好的，课内外专项技能训练有助于对某一单项技能的掌握。不过各项言语技能之间是互相关联、协调发展的，听、说、读、写很难截然分开培养。一方面，根据学界前辈们的实际教学经验，采用听说法培养出来的学生，语言技能方面未必劣于分技能课培养出来的学生。另一方面，也没有理由证实学习者掌握言语技能的过程像课程设计的顺序那样由说到听，再由听到读写。

（3）分技能教学模式的一个重大的弱点是未能充分反映最新的语言学、教育学、心理学以及对外汉语教学领域的最新研究成果。近年来，由于科学技术的飞速发展，语言学、教育学、心理学领域都取得了丰硕的成果，国内外大学都在积极探索适应21世纪人才培养的新模式，进行教学内容、课程设置和教学方法等方面的改革。作为高等教育一部分的对外汉语教学也应适应社会的发展，应用社会发展所提供的新的教育思想、新技术和新手段。遗憾的是，现行的分技能教学模式这方面还比较欠缺。

因此，有必要对当前的分技能教学模式进行改革，尤其是希望能提高现有对外汉语教学的课堂教学效率。

8.1.2 双人移植教改的基本操作流程

双人讲练-复练教学模式的基本操作流程如下：由两位教师全面负责一个班级的汉语教学，每周上 20 学时，共 16~18 周（含考试）。每天上午上 4 学时，前两节上讲练课，后两节上复练课。两位老师共同使用一本教材，我们选用的是刘珣教授主编的《新实用汉语课本》（1-3 册）。要求两位教改教师密切合作，随时沟通。

在明德模式中大班课着重解决“懂”的问题（让学生弄懂所学内容）；小班课着重解决“熟”的问题（练透、练熟所学知识点，达到内化的程度）；单班课着重解决“活”的问题（让学生能灵活运用，可以活学活用，从模拟语境到真实语境）。为了最大限度地实现上述三大教学功能，明德模式设立了集体备课制度，在制度保障之下使三个课型之间可以保持最大程度的配合，收到最好的教学效果。

我们针对国内长期班的教学环境和教学对象，将课堂教学的功能调整为记、懂、会、用四项，不过其基本内涵是一样的。讲练课与复练课两位教师联合训练学生的听、说、读、写综合能力，在课堂教学上完成记、懂、会、用四大功能，实现训练学生言语生成能力的核心目标。

8.1.2.1 讲练课的功能与任务

讲练课教师扮演的是明德模式中大班课教师的角色，通常由教学经验较丰富的老教师担任，一般要求有丰富的语法知识。讲练课的主要功能是解决学生的理解（懂）与记忆（记）问题：通过讲练课的学习，学生可以实现对当天所学汉字、生词、语法和课文的理解与记忆。讲练课相应的任务就是向学生讲解生词（汉字）、语法以及课文，同时辅之以适当的练习。

8.1.2.2 复练课的功能与任务

复练课教师扮演的是明德模式中小班操练课教师的角色。复练课通常由相对年轻、比较有活力的青年教师担任，一般要求复练课教师有灵活的操练技巧和较强的亲和力。复练课的主要功能是在巩固讲练课学习成果的基础之上，让学生解决输出（会）和运用（用）的问题。复练课的主要任务是复习和练习讲练课上学过的生词和语法点，通过单纯机械型操练来集中火力加强学生对生词的理解记忆，通过引导编码型操练加强学生对语法点的输出与运用。除此之外，在课堂活动（巩固新知）环节，还会运用任务法、游戏法及体演法等其他教学方法来进一步巩固学生所学的内容。最后，还会通过让单个学生上台与其余同学对话讨论来促进学生对所学语法点的灵活运用。

当然，记、懂、会、用这四大功能是密不可分的，在讲练课和复练课中也只是各有侧重而已。实际上在讲练课中也会涉及到语言点的输出与运用，而在复练课中自然也会加深学生对生词和语法的理解与记忆。因此，讲练课与复练课的任务也不是一成不变的，可以互相调剂，灵活补充，这就非常强调讲练教师与复练教师之间的紧密配合。

8.1.3 双人移植教改中汉字教学的加强

在第七章“美国明德汉语模式移植的顶层设计”一章中提到，在我们的移植教改中要特别加强汉字的课堂教学。我们这样做是有其内在理据的，是国内长期班教学环境和教学对象等诸要素所决定的。

8.1.3.1 在国内长期班教学中加强汉字教学的意义

前文说过，由于课堂时间有限和听说领先的理念，使得采用明德模式的美国在华中文项目似乎不是很重视汉字教学，事实并非如此。明德模式并不是不重视汉字教学，只是不把宝贵的课堂时间应用到汉字教学上而已。其实明德模式对汉字的要求一点都不低，要求学生在课堂上可以听写出当天要学的内容(常常是听写句子而非生词)。明德项目的学生完全有能力可以在课下完成预习、记忆和书写的作业，从而达到项目对汉字的教学要求。

海外对汉字的要求相比较听说而言较低，而国内长期班汉语教学对汉字的要求完全不同：国内对汉字教学的要求高多了，学习者要想满足自己攻读学位、通过考试、在华工作或在华生活这四大需求，就必须有良好的汉字功底。不仅仅要能听说，而且还要会写（写汉字和写作文)。具体说来，如果要在中国攻读学位（预科需求)，那就不仅要会写综合性教材中要求的汉字，而且还要学习专有名词，如商务汉语、旅游汉语、中医汉语或汉语教学等领域的常用词语。如果说上述专门用途汉语的语法与综合性汉语中的语法别无二致，那么专有名词的差异是无论谁都无法否认的。至于说到考试需求和工作需求，对汉字的要求更高，不仅需要写对汉字，还要求掌握汉语书面语的写作，如能够撰写专有的应用文书等。因此，在国内长期班汉语教学中必须在课堂上加强汉字教学，而不可能像明德模式那样完全把汉字训练放到课下进行。

8.1.3.2 对汉字教学的顶层设计：讲练课重理，复练课重认，课下作业重写

讲练课和复练课需要联手加强学生的汉字学习，并各有侧重：讲练课重理，复练课重认，课下作业重写。下面分别来阐述之：

（1）讲练课重理：在讲练课上，教师可讲解汉字的偏旁部首以及构形原理，使学生明白汉字构成的最基本文字学原理。从而由机械记忆书写走向有理据性地记忆书写，并可根据形声字等原理掌握一定的汉字推理能力。

（2）复练课重认：复练课要与讲练课配合，巩固学生对汉字学理及意义用法的认识。在复练课上不必讲解汉字构成的学理及其意义，而应将重点放在汉字的认识与运用上，使其在写汉字之前就会认汉字，同时也减轻其写汉字的课业负担。同时也要注意将汉字教学与生词教学结合起来，在运用词汇的过程中加强汉字的识记。我们复练课的教学方法是采用游戏法，在通过课件和字卡认识一到两遍汉字之后，让学生到前边来做“抢字卡”的游戏。具体做法是：将学生分组，每组5~6人，要求学生围站在讲台周围。老师可手持本课所学的生词词卡，逐一将词卡拍到桌子上，认识的同学在口中读出生词的同时用手去抢词卡，最后以抢夺词卡数最多的同学为胜。为了激发学生参与课堂活动的积极性，每次我们都将学生抢得的词卡数作

为平时成绩记录在案，以激发学生课下努力学习生词的动力。

（3）课下作业重写：拿课堂教学的时间教学生写汉字的确是太奢侈了，即便国内长期班的教学时长较长我们也不赞成这么做。还是把书写汉字的任务放到课下，但与明德模式相比又略有变动：

①提出要求，降低要求：所谓提出要求是指在布置作业时一定要有明确的作业要求，就汉字而言要规定清楚写哪些与写多少，内容与数量要清楚明白。并且一定要说明下次上课时第一要听写，第二会批改。所谓降低要求是指所布置的汉字作业一定要适中，数量不宜太多，否则会适得其反，要以大多数学生可以完成为准。此外，课堂听写也要求听写的是此前刚学过的内容，而且在学期之初可只听写汉字而不必听写句子，待学生的汉字水平有了一定提高之后再逐渐过渡到听写句子。总之，要遵循循序渐进的原则，不宜操之过急。这也是实事求是、以人为本教学原则的体现。事实上汉字与词汇、语法是紧密相连的，如果不能很好地处理汉字教学问题，课堂上的语法教学效果也会大打折扣。

②多加鼓励，兑现鼓励：对于非汉字圈的学习者而言，汉字的书写的确是一件很困难的事。要想保证学生在课下能很好地练习写汉字，就必须多加鼓励。这里的多加鼓励包括口头表扬和成绩激励两种，通常后一种做法更为奏效。不但要不吝鼓励，教师还要在课上兑现自己的鼓励：如果学生到前面黑板上听写得很好，则教师应将听写成绩计入平时成绩。作业批改也是一样，对于超额完成作业的同学要有成绩方面的奖赏，要在全班同学面前公开表扬（成绩激励+口头表扬）。

需要注意的是讲练课与复练课之间要彼此呼应，互相配合。讲练课上可每天听写，课后留作业；复练课上注意复习巩固、提高趣味性。总之要注意讲练教师与复练教师应保持一致，尤其教学要求方面不要发生冲突，出现相互矛盾的情况。

8.1.4 双人移植教改中出现的问题与对策

与明德模式相比，我们采用讲练-复练模式进行教改还是有很大差异的，很多明德模式现有的成功经验无法照搬过来应用。因此，在移植教改过程中难免会出现这样或那样的问题。我们遇到的问题很多，下面择要说明并阐释我们的应对办法：

8.1.4.1 教学水平风格的差异问题

这个问题是目前所有问题中最突出也是最严重的问题，如果处理不好，有可能会导致移植教改实践半途而废。主要有两种表现：一种是担任讲练课的教师教学经验比较丰富，教学水平也比较高；相比较之下复练课教师略显稚嫩，经验不足，教学水平也有待进一步提高。另一种情况恰恰相反，讲练课教师尽管经验丰富但知识陈旧，对新教学方法不甚了解，上课气氛较为沉闷；而复练课教师尽管经验不是很丰富但亲和力强，知识更新速度快，勇于尝试最新的教学方法，课堂气氛活跃，因而很受学生欢迎。

这两种情况的出现是必然的，老教师与年轻教师可以说各有所长，教学水平不一是必然的。要克服这一问题最根本的办法是互相学习、取长补短：老教师要解放思想，不耻下问，多向青年教师学习国际汉语教学领域最新的教学方法及科研成果，而不宜倚老卖老，固步自封。同样，青年教师要多向老教师请教，平时注意尊重老前辈，多多学习老教师的长处，毕竟多年的教学经验对于教改而言是一笔很大的财富，这样可避免少走弯路，千万不可孤芳自赏，拿自己的长处去比对方的短处。

8.1.4.2 教学内容的重复遗漏问题

这也是教改过程中比较容易出现的问题，有时候两位教师对本课的核心词语或语法重点都比较重视，就会在课堂上花费大量的时间讲解操练，造成内容重复。与此相反，对于一些次要但又必须讲解的内容双方又都容易忽略掉，造成教学内容的遗漏。这两种情况的后果都不太好，前者会造成学生知识的过载，操练后期易产生厌烦情绪；而后者显然会造成教学内容的不足，长此以往会影响学生汉语水平的提高。

要解决这个问题很简单，就是在上课之前讲练教师和复练教师要互相通气，商量好彼此教学内容的分配与侧重，这样就可以避免教学内容的重复或者遗漏。其实解决上述两个问题的根本途径是两位教师平时要多加强沟通与配合。沟通的渠道和办法可借鉴明德模式的课堂观摩与集体备课两项制度，这两项制度前文都曾提过：所谓课堂观摩制度是指小班课教师每天要观摩大班课教学，这样在小班操练时就可避免过多重复操练大班课上已经练习比较充分的部分，在教学方法上也会有变化。所谓集体备课制度是指一个年级的教师每周两次聚在一起准备下一周的课程，包括教学内容的分配、教学重点的确定等，有时还会具体到提问问题的分配等。这两项制度的功能很多，不限于解决上述两个问题。

就国内移植教改而言，可能无法严格执行这两项制度，不过可变通借鉴这两项保障措施：一是在学期开学之初彼此观摩课堂教学，不但复练教师要观摩讲练教师的课堂教学，我们也建议讲练教师去观摩复练教师的课堂教学，这样可以起到互相学习交流的作用。二是即便不能做到每周两次的集体备课，至少可以在开学之初和学期中间协调分配教学内容，以便统一教学进度。

总之，只要两位教师齐心协力、同心同德，就没有克服不了的困难。

8.2 明德模式移植的形式之二：单人单课型形式

本节重点阐述移植教改中的单人单课型教学形式（下文简称“单人移植教改”）。所谓单人单课型移植形式又可细分为两种形式：一种形式是在海外：汉语作为外语选修课的一种，由一位教师独立承担一个班的汉语课的全部教学任务，使用一本教材，教师在教学中采用密集强化操练法，独自完成讲练和复练的功能。另一种形式是在国内：任课教师担任一门综合课（精读课）或者口语课的教学任务，使用综合或口语教材，与其他分技能课型相配合，教师在教学中采用密集强化操练法，独自完成讲练和复练的功能。我们在实际教学改革中采用的是后一种形式，但最终目的是为前一种形式服务的。

下文主要阐述以下问题：①为什么要进行单人单课型的移植教改：进行单人单课型移植教改的意义；②单人单课型移植教改的基本操作流程：回答在具体教改过程中如何操作；③单人单课型教改的内部理据：回答为什么采用这种形式；④单人

单课型移植教改过程中可能出现的问题与对策。

8.2.1 进行单人单课型移植教改的意义

我们在国内的教改实践采用的形式是一位教师在一个班级的综合课（精读课）或者口语课中完成教学改革，任课教师独自完成讲练与复练的全部功能。此时的教改课型已经成为国内分技能教学模式中的一门课，实际上此种形式的教学改革已经不能算作整个明德模式的引进移植了，而只能算作新型教学方法（密集强化操练法）在国内某个课型（综合课或口语课）中的应用实验。不过之所以进行这一形式的移植教改是有充分理由的，理由有二：

8.2.1.1 对国内长期班中单一课型的意义：提高课堂教学效率

如前所述，现行的分技能教学模式有三大不足，崔永华（1999）在可借鉴参考的模式中第一个就提到了美国明德暑期中文学校的模式。因此，尽管只是一个课型，通过整合密集强化操练法、任务法、游戏法和背诵法等其他教学方法，可大大提高课堂教学效果，从而改变传统汉语教学老师讲解过多，学生开口率不高的局面。

8.2.1.2 对汉语国际教育硕士的示范意义

目前我国培养了大批汉语国际教育硕士，这些人中有相当一部分是要赴海外担任汉语志愿者教师的。但他们在国内所观摩学习的都是现行的分技能教学模式，而到了国外基本上都是独自一人承担当地一个班的汉语课，因此出国后常常不能尽快适应当地情况，难以胜任自己的教学任务。事实上，即便在研究生课程中介绍过明德模式和密集强化操练法，由于缺乏实地观摩机会，学生也难以从根本上具备迅速适应国外教学环境的能力。因此，尽管只是一个课型，但有必要树立这样一个样本，使汉教硕士可以亲身观摩到一位教师如何整合全部的功能和任务，实现最终的课堂教学目标。

8.2.2 单人移植教改的基本操作流程

8.2.2.1 单人移植教改与双人移植教改的不同

与双人讲练-复练模式相比，单人移植教改形式最大的不同是一个人要完成两个人的任务，即在一门课中独自承担讲练和复练任务并实现记、懂、会、用等全部功能。包括既要讲解所学的生词、语法和课文，又要重点操练核心词语和重点语法，进而扩展到功能与话题的练习。

8.2.2.2 单人移植教改的课堂教学过程

我们是按照前文顶层设计中的“新五段教学理论”来展开课堂教学过程的：组织教学、复习旧课、讲授新课、巩固新课和布置作业。组织教学和布置作业相对简单，下面着重介绍复习旧课、讲授新课和巩固新课三个环节。

(1) 复习旧课：主要包括复习旧课和听写词句两部分。

①如何复习旧课：复习旧课包括复习之前学过的生词和课文。我们通常会按照艾宾浩斯曲线中 1-2-4-7-15 的顺序来进行复习（详见第九章第一节“艾宾浩斯曲线在对外汉语课堂教学中的应用”）。如：第 1 天学过的内容会在第 2 天、第 4 天、第 7 天和第 15 天再复习一下，这样就可以保证在最短时间内获得最高的记忆保持率。当然到第 7 天和第 15 天的时候会积攒很多需要复习的内容，这时只需要有选择地复习部分内容即可。

②如何听写词句：听写包括听写生词和听写句子两部分。与讲练-复练模式一样，我们也要求学生每天课上听写。只不过此前只在讲练课上听写，而现在这一任务要由一个课型来承担了。听写也要注意循序渐进，先听写单个生词，不必听写每课的全部生词，可选择性地听写部分难写的词语。然后逐渐听写短语，直至听写整个句子。在听写时注意，为保证听写效果，在开学初期可提前一天选择好要上台听写的学生，这样被选中者课下就会很努力地准备。然后再逐渐过渡到临时随机抽查学生。总之一切要灵活处置，以可以保证学生愿意积极参与听写活动为准。

（2）讲授新课：我们按照生词、课文和语法的顺序来讲解操练。讲练的基本原则是精讲多练和以练代讲。

①如何讲练生词：讲练生词的时候并不是平均用力的，对于重点生词（如动词、形容词和虚词）要多加解释讲解，对一般生词（如名词等）可简单带过。通常生词的讲练要经过三遍：第一遍是运用单纯机械型操练练习生词，使学生迅速建立起生词形音义之间的联系；第二遍是对部分重点生词进行讲解；第三遍是采用游戏法（“抢词卡”）打乱生词出现的顺序，加深学生的记忆。

②如何讲解课文：在扫清生词障碍之后可以进入到课文的讲解环节。对课文的讲解分两步：第一步是领读串讲课文，使学生理解课文的基本意思；第二步是运用艾宾浩斯曲线的原理由老师带领学生当堂背诵主课文①（具体步骤详见第九章第一节），基本上在10~15分钟之后80%以上的同学就可以达到背

① 一课书通常有3~4段课文，第一段是主课文，该课重点生词和语法基本都出现在主课文中。

诵的程度。当堂背诵课文是我们课堂教学上的一项创新，事实证明只要集中精力、遵循科学原理，在较短时间内完成一段课文的背诵是完全没有问题的。

③如何讲练语法：完成课文背诵之后，会大大有助于语法的讲练（此处也体现了明德模式“不知亦能行”的教学理念）。此时采用引导编码型操练，在教师控制下带领学生操练语法，会收到很好的教学效果。这一环节是整个课堂教学过程中最紧张的一个环节。

（3）巩固新课：“一张一弛，文武之道”，在紧张的语法操练环节结束之后可以采用课堂活动的方式来巩固新课，以达到相对松弛的目的。可以采用的课堂活动的形式很多，我们经常采用的方式有：角色扮演（体演法）、课堂游戏（游戏法）、任务完成（任务法）。例如在讲到“去医院看病”的课文时，会让学生扮演医生和病人对话，从而达到在模拟语境中练习口语的目的。有时也会设置任务，让学生基于课文来完成某项交际任务，如外出购物、用餐等。其他采用游戏方式来巩固练习的机会就更多了，在此恕不赘述。

8.2.3 单人移植教改中出现的问题与对策

在单人单课型移植教改时虽然不会遇到讲练-复练模式中的二人配合问题，但也会遇到多项任务在一人内部“打架”的诸多困难。主要就是一人要承担所有任务，难免顾此失彼，要想处理好也殊非易事，并不比两人配合轻松。

8.2.3.1 教学内容的分配

一个人承担一门课，使用一本教材，理论上是不应该出现教学内容分配上的问题，但实际不然。在实际教改过程中，仍然存在汉字、生词、语法、功能、话题和课文相互打架的情况。有时候教师很明白一些高端的内容（如功能与话题）很重要，但这些内容要想讲透练熟是建立在低端内容（汉字、生词和语法）完全掌握的基础之上的，如何取舍也令人犯难。

我们的解决对策是遵循以人为本的教改原则，有时面对的教学对象学能较差，就不得不舍弃部分较难的教学内容，以保证最基本教学内容的教学效果。

8. 2. 3. 2　讲练比例的分配

国内对外汉语学界提倡精讲多练，传统明德模式提倡以练代讲，这里的讲练比例都不好拿捏。国内的精讲多练这是一个非常模糊的原则，到底二者之间比例若何才算是达到要求？传统明德模式的以练代讲似乎又走向了极端，完全不讲解在非精英学生面前是否可行？

我们的解决对策是遵循效率优先的教改原则，面对不同的学生采取不同的讲练比例。如班级中学能较强的学生较多，学习积极性高涨，则可适当加大练习的比例，不必讲解过多。反之如果班级中散漫的学生较多，学能不强，则可适当加大讲解的比例，操练的目标由追求高效转为力求有趣。

8. 2. 3. 3　课堂功能的分配

如何让课堂实现让学生记、懂、会、用的四大功能？对此四大功能的比例如何分配才算稳妥？我们觉得要遵循明德模式“课堂教学的核心目标是训练学生的言语生成能力”的教学理念，把训练学生的言语编码能力作为分配上述课堂功能的准绳依据。因此，“会”（输出）才是国内长期班教学应该紧盯的课堂核心功能，尽量提高学生的开口率，培养学生说的能力。这四大功能中“会”是核心，记忆（记）和理解（懂）是为输出（说）服务的，而运用（用）是输出（说）的高级形式，只有会说才能达到最终活用的目的。

第九章

美国明德汉语教学模式移植的补充手段

本章主要介绍我们在明德模式移植教改中的两项补充手段。在明德模式移植过程中，我们除了汲取明德模式自身的精髓、调整其教学措施来适应国内长期班汉语教学的具体情况之外，还补充了一些其他的教学方法和教学材料，以期提高国内长期班的课堂教学效果。

这些补充措施主要有两项，一项是教学方法上的补充：在课堂教学中采用背诵法，通过运用艾宾浩斯曲线帮助留学生当堂背诵所学课文；一项是教学材料上的补充：将中国传统曲艺形式如绕口令、三句半、相声等运用到汉语教学中来，以调动学生的学习积极性，同时以隐性教学的形式辅助国内长期班的显性教学。

9.1 艾宾浩斯曲线对明德模式移植教改的补充①

本节主要介绍我们在明德模式移植教改中如何运用艾宾浩斯曲线引导学生当堂背诵课文。如前所述，在记、懂、会、用这四项教学功能中，明德模式比较注重后三项，通过大班课、小班课和单班课的密切配合，综合培养了学生听、说、读、写等各项技能。但记忆功能在语言学习中必然是不可忽视的，为了弥补“记”的功能在课堂教学中的缺失，我们在承继明德模式固有精髓的同时，也想借鉴传统教学中的成功经验来完善课堂教学，如背诵。传统明德模式限于时间无法在课堂教学中采用这一方法，而国内长期班的教学时间相对充足，可以运用艾宾浩斯记忆曲线引导学生达到当堂背诵的程度，从而大大提高课堂教学效果。

下面简要介绍：①引导学生当堂背诵课文的必要性和可能性；②艾宾浩斯曲线的基本原理及启示；③如何运用艾宾浩斯曲线记忆原理指导学生当堂背诵课文；④如何运用艾宾浩斯曲线记忆原理指导学生及时复习。

9.1.1 引导学生当堂背诵课文的必要性和可能性

当堂背诵课文的初衷当然很好，那么为什么要这么做？可以做到吗？下面分别阐述在课堂教学中当堂背诵课文的必要性和可能性。

---

① 本节主要内容曾以《论艾宾浩斯曲线在对外汉语课堂教学中的应用》为题载《第11届国际汉语教学学术研讨会论文集》（四川出版集团·巴蜀书社，2013年），为统一体例及避免重复，内容略有调整。

9.1.1.1　当堂背诵课文的必要性

毫无疑问，背诵这一方法是在古今中外语言学习中都普遍采用并且行之有效的一种成功方法[①]。我们当然也很想借鉴这一方法促进学生的汉语学习，但面对学习积极性不高或者学能一般的非精英学习者，让他们课后背诵的作业常常不能很好地完成。这就让从事教改的教师产生了在课堂上完成课文背诵的想法。

事实证明，当堂背诵课文是非常有必要的，不仅极大增强了学生学习汉语的自信心，同时也为后续的教学打下了良好的基础。我们的教改实践证实，如果学生可以达到当堂背诵课文的程度，接下来的有关“懂”“会”和“用”的课堂功能就可以非常顺利地进行。例如，学生背诵了主课文之后对课文内容的理解（懂）会大大加深。而且我们在语法点操练时发现学生的输出（会）能力也加强了，如在语境类似的操练中学生有时候会不假思索地将课文中出现过的整个语块搬上来。这很符合语言学习中的构式-语块理论（陆俭明，2009）。此外，在课堂活动环节经常会让学生角色扮演或者完成任务以训练他们运用（用）语言的能力，有了课文背诵的功底之后，学生不仅参与活动的积极性大大提高了，而且活动完成的质量也大大提高了。令我们非常惊喜的是，不少基础稍差的学生在当堂完成了课文背诵之后，大大地激发了他们的自信心，提高了学习的积极性，不仅上课积极参与课堂活动，课下也投入了更多的学习时间，从而变成了班级进步较快的学生。

---

① 如美国的长期班教学也用背诵法，曾任教美国密西西比大学的朱永平教授就曾告诉笔者，他在美国的长期班教学中也要求学生背课文：学生课下背诵，教师课上检查。

9.1.1.2 当堂背诵课文的可能性

课文的当堂背诵不仅是必要的，同时也是可能的。我们的教改实践证明只要满足了以下三个条件，实现课文当堂背诵不是梦想：一是必须扫清生词障碍，使学生理解本课生词的意思和基本用法，在背诵课文之前不能有学生未学过的生词；二是在背诵之前要理解课文的内容，知道所背诵的课文说的是什么意思，这两点都符合语言材料必须是可懂性输入的原则；三是教师的引领必须符合艾宾浩斯曲线的原理，学生在背诵时必须聚精会神，全力以赴。总之，只要条件具备且方法得当，当堂背诵一段不算太长的课文是完全可以做到的。

需要说明的是，完成当堂背诵课文的任务不需要提前预习。事实上我们的学生除了个别特别优秀的学生之外，大部分学习者都没有提前预习的习惯。这就迫使教师必须课堂上解决主要问题，而不可能对课前预习或者课下作业寄予太大期望。

9.1.2 艾宾浩斯曲线的基本原理及对国际汉语教学的启示

所谓“艾宾浩斯曲线”指的就是记忆遗忘规律。1885 年，德国心理学家艾宾浩斯（H. Ebbinghaus）研究发现：遗忘在学习之后就开始了，最初遗忘的速度很快，以后逐渐变慢。根据他的实验结果绘成的曲线即著名的艾宾浩斯曲线（参见图 12[①]）。

① 来源：文中图表均来自百度百科 http：//baike.baidu.com/view/342589.htm？fromId=326690.

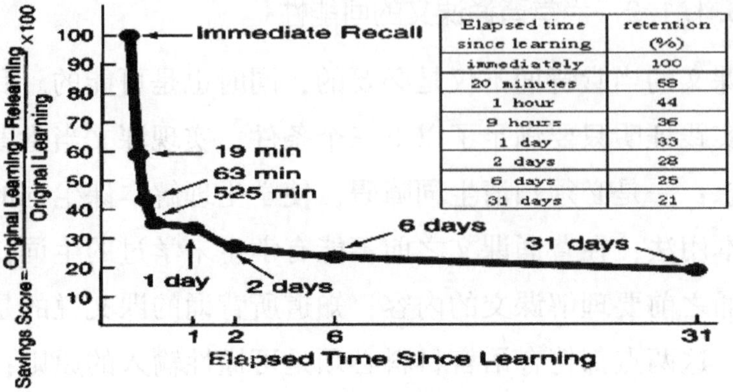

图 12　艾宾浩斯曲线

图 12 中的纵轴表示学习中记住的知识量，横轴表示所需的时间（天数），曲线表示记忆量变化的规律。该理论的主要内容包括：

9.1.2.1　总论一：人的记忆能力从生理上讲是十分惊人的

相关研究表明，人的大脑可以存贮 10^{15} 比特（byte，字节）的信息，可是每个人记忆宝库中被挖掘的只占 10%，还有更多的记忆发挥空间。因此我们有理由相信：只要方法得当，留学生是完全可以做到当堂背诵课文的。我们的教改实践也证明，运用艾宾浩斯曲线的记忆规律，绝大部分留学生都可以做到当堂背诵所学课文，没有必要把背诵作业留到课下。同时，遵循艾宾浩斯曲线的记忆规律及时复习之后，可以大大提高学习效率。

9.1.2.2　总论二：从“记”到“忆”是有个过程的

记忆过程包括识记、保持、再认和回忆四个阶段。从信息处理的角度看，记忆是对输入信息的编码、贮存和提取的过程。材料的第一次学习与背诵只是输入编码的过程，此外还包括存储和提取过程。有些人只关注了记忆当时的效果，却忽视了后期的保持和再认，因而记忆效果不佳。

给国际汉语教学带来的启示是：教师应指导学生完成记忆的全过程，不仅要引导学生当堂背诵，同时也要带领学生在后续的课堂中及时复习。在教学实践中，不少老师都要求学生背诵，并注意督促检查，但引导复习不够，直到考试前才发现学生之前记住的东西几乎全忘光了。因此，教师指导学生走完记忆的全过程是非常必要的。

9.1.2.3　识记阶段一：应注意对识记材料的理解

艾宾浩斯发现学习有意义的材料比学习无意义的材料速度要快得多。人的大脑对不同性质的内容遗忘速度也不同（参见图 13）。从图 13 中可以看出人的大脑对无意义的音节遗忘速度最快，而对诗歌的记忆却能保存很久。他的结论是，无意义材料的学习比有意义材料的学习在难度上几乎达到 9 倍。

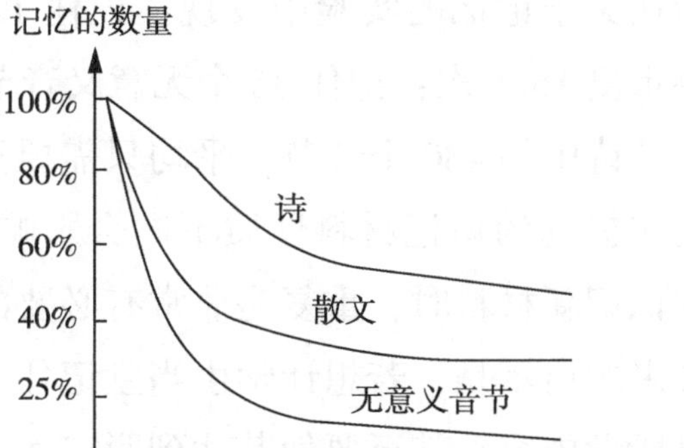

图 13　大脑对不同性质识记材料的遗忘速度不同

这给国际汉语教学带来的启示是：

（1）可懂性材料要比不懂的材料更容易记住，有意义的材料要比无意义的材料更容易记住，教师应使学生理解所学内容。这与二语习得中的“可理解性输入”理论不谋而合。1945年，赵元任先生在ASTP（美国陆军中文特训班）开创明德模式时用英语在大班课上亲授语法，其理据即在于此。定型后的明德模式中大班课的主要教学诉求也是一个“懂”字，希望通过操练等方法使学生理解所学内容。

（2）有韵律的材料要比散文材料更容易记住，教师应设法多提供此类材料或者将现有材料韵律化。学界有识之士已经开始编写相应的教材（参看印京华、孙怡清著的《实用节奏汉语》，外语教学与研究出版社，2008年12月），并取得了较好的教学效果。个别采用明德模式的美国在华短期项目也已经开始为培养学生汉语语感而增设朗读课，如哈佛大学北京书院（HBA）在大班课之后增设了25分钟朗读课（娄开阳、杨太康，2011）。

9.1.2.4 识记阶段二：应注意对识记材料多次重复

艾宾浩斯在关于记忆的实验中发现：记住12个无意义音节，平均需要重复16.5次；记住36个无意义音节，需重复54次；而记忆六首诗中的480个音节，平均只需要重复8次。这固然说明了上文提到的识记材料性质不同会影响到记忆效果，同时也说明在识记新材料时，重复是非常有必要的。给国际汉语课堂教学带来的启示是，若想让学生当堂记住所学课文，就需要大量重复所学内容，甚至要使其达到脱口而出的程度。

9.1.2.5 保持阶段：遗忘规律是“先快后慢”，应注意及时复习

艾宾浩斯发现，遗忘的规律是先快后慢：在遗忘之初的速度最快，遗忘的东西也最多；之后逐渐减慢，遗忘数量也相应减少；过了相当长的时间以后，几乎就不再遗忘了。因此应注

意及时复习。但复习的时机也很重要：在记忆消失过程中会产生一个抛物线状的长时记忆痕迹，这个抛物线的最高点就是最佳记忆点。若能找到该点并进行这一时间段第二次拉高复习，则记忆效果是最好的。

给国际语教学带来的启示是：首先，教师可利用艾宾浩曲线的规律指导学生当堂背诵所学课文。其次，教师可遵循遗忘规律，找到学生的最佳记忆点（记忆周期），把握复习时机，运用艾宾浩斯曲线指导学生及时温习所学内容。

9.1.3 如何运用艾宾浩斯曲线指导学生当堂背诵课文

从表面看，要求学生当堂背诵所学课文是不现实的。实际上，教师只要合理运用艾宾浩斯曲线的记忆规律，指导学生当堂背诵一段不太长的课文完全可以做到。下面以《新实用汉语课本》第一册第12课《我全身都不舒服》中的节选课文为例，具体介绍我们教改中所采用的“五遍背诵法”。识记材料如下：

（背景介绍：马大为是一位美国留学生，有一天他觉得身体有点儿不舒服，他的朋友加拿大留学生丁力波陪他一起到医院看病。下面节选的是医生问诊的片段。）

医　生：S1 你哪儿不舒服？

马大为：S2 我头疼，全身都不舒服。

医　生：S3 我看一下。S4 你嗓子有点儿发炎，还有点儿发烧，是感冒。

丁力波：S5 他要不要住院？

医　生：S6 不用。S7 你要多喝水，还要吃点儿药。S8 你愿意吃中药还是愿意吃西药？

马大为：S9 我愿意吃中药。

医　生：S10 好，你吃一点儿中药，下星期一再来。

9.1.3.1　根据艾宾浩斯曲线背诵课文的第一遍

第一遍课文的背诵最重要，是整篇课文记忆的基础，因此教师应特别重视。这一遍是老师带领学生一起背诵的，对学生的具体要求是：理解所背课文内容，单字和句子的发音准确，语流比较顺畅。不要求完全记住，不要求特别流利。背诵步骤如下：

（1）教师先带领学生标注课文，标出基本背诵单位句子。以句号为分界线，每句前面标一个序号 S＊。上述材料标注好后共有 10 句话。第一遍的记诵，师生就以每句话为基本背诵单位。①

（2）教师领读一句，学生跟读一句。根据句子的长短和学生掌握的情况，通常每句话读 3-5 遍。较难或学生掌握不太好的句子要多重复几遍，最好达到脱口而出的程度。

（3）运用艾宾浩斯曲线及时有序地复习。具体顺序如下：

S1－S2－S1S2－S3－S4－S3S4－S1S2S3S4－S5－S6－S5S6－S3S4S5S6－S7－S8－S7S8－S5S6S7S8－S9－S10－S9S10－S7S8S9S10－S1S2S3S4S5S6S7S8S9S10

上述顺序中画单下划线的是复习一次的部分，画双下划线的是复习两次的部分。当然，这只是大致的背诵顺序。具体到课堂教学中，还要根据当时的教学情况及时调整：遇到较难的句子，应多重复几遍；遇到较重要的内容，也应多多重复、及时复习。

此外，还应注意利用有意义的小单位来背诵：这段材料共

① 熟练掌握这种方法之后，学生也可以不标注，只要老师做到心中有数即可。

有十句话，但实际上相邻的两个话轮构成了医患问答（Question-Answer）的毗邻对，形成了小的意义单位：

（1）毗邻对 1：S1-S2（医生问-患者答）

（2）毗邻对 2：S5-S6（家属问-医生答）

（3）毗邻对 3：S8-S9（医生问-患者答）

尽管也有个别句子不属于“Q-A”模式，如 S3、S4、S7 和 S10。但这三个毗邻对是该段材料的核心，只要集中记住了这三个小单位的内容，其余的句子也就比较容易记了——本质上这也是对艾宾浩斯记忆规律的运用。

9.1.3.2 根据艾宾浩斯曲线背诵课文的后面四遍

上述介绍的只是教师领着学生背诵第一遍的步骤，完成第一遍之后并不足以使学生完全记住材料。但别着急，下面四步进行完之后基本上就会背了。

（1）第二遍：以毗邻对为主要记诵单位，教师带领学生再背诵一遍。

这一遍不再以句子为背诵单位，而是以毗邻对这一有意义的小单位为基础。教师要求学生对材料的内容更熟悉，会背的同学可以不看书，不会背的同学允许看。

（2）第三遍：教师朗读材料，学生集中精力背诵。

这一遍中学生只听老师读，而自己并不跟读，主要是在前两遍的基础上加强记忆。教师通常读两遍，第一遍的速度较慢以便于学生记忆；第二遍速度正常，以巩固学生口语的流利度。要求学生合上书，不会背也不要看材料。

（3）第四遍：学生自己背诵，根据情况查漏补缺。

这是差异化的要求，毕竟每个学生的情况不同。第三遍结束以后，一些记忆力较好的同学基本上就能记住材料大部分的内容了，但还有个别同学需要根据自己的情况补充加强。实际上这一遍是一个背诵阶段，并非只是一遍，时间大约限制在5分钟左右。

（4）第五遍：全体师生一起背诵最后一遍，巩固记忆效果。

四遍过后，师生共同合上书再背诵一遍以巩固效果。之后，教师可抽查背诵效果，也可全体同学都检查。上述五遍背诵法可用表21表示如下：

表21　五遍背诵法

遍数	方法	要求	备注
第一遍			
1	根据艾宾浩斯曲线，以句子为单位背诵。教师领读，学生跟读并背诵。	1. 理解所背课文内容； 2. 单字和句子的发音准确； 3. 语流比较顺畅。	不要求完全记住。
第二遍			
2	以毗邻对为主要背诵单位，教师带领学生再背诵一遍。	1. 要求学生对材料的内容更熟悉； 2. 会背的同学可不看书，不会背的同学允许看。	
第三遍			
3	教师朗读材料，学生集中精力背诵。	要求学生合上书，不会背也不要看材料。	
第四遍			
4	学生自己背诵，根据情况补漏。	时间大约限制在5分钟左右。	
第五遍			
5	全体师生一起背诵最后一遍。	不看书提示，能流利背诵。	

9.1.4 如何运用艾宾浩斯曲线指导学生及时温习所学内容

9.1.4.1 人的记忆周期规律

1999年，在美国世界记忆学大会上公布了一个成果——“关于艾宾浩斯记忆曲线的定量研究”。此项研究终于找到抛物线的最高点（最佳记忆点），科学家通过人机对话的方式找到了最佳复习的时间间隔。人的记忆分为短时记忆和长时记忆两种，这两个范畴的记忆周期分别为：

（1）第一个记忆周期是5分钟；

（2）第二个记忆周期是30分钟；

（3）第三个记忆周期是12小时；

上述三个记忆周期属于短时记忆的范畴。

（4）第四个记忆周期是1天；

（5）第五个记忆周期是2天；

（6）第六个记忆周期是4天；

（7）第七个记忆周期是7天；

（8）第八个记忆周期是15天。

这几个比较重要的周期属于长时记忆的范畴。

9.1.4.2 教师如何指导学生复习

实际上，这一记忆周期规律发现之后人们已经运用它开发出了很多学习方法和学习软件（参看杨鹏，2006），以帮助学习者提高记忆效率。对外汉语教师在课堂教学上当然无法具体运用短时记忆的周期及时复习所背材料，不过却可以参考长时记忆周期的规律指导学生高效复习。

现在不少老师在课堂教学中仍遵循凯洛夫的新五段教学理论：组织教学、复习旧课、讲授新课、巩固新课和布置作业。其中很重要的一步就是"复习旧课"。尽管这一环节的时间有限，我们还是可以高效利用：教师可在第 2 天、第 4 天和第 7 天的上课之初带领学生复习课文。以笔者本人的经验，每天复习两段课文是没有大问题的。尽管完全遵循上述规律复习不太现实，但有这四次及时的复习之后，学生的记忆效果会大大提高。

9.1.5 结语

教无定法，效率优先。我们在明德模式移植教改过程中也遇到了很多问题，积累了一些经验，更多的是品尝了教训的苦果。回过头来看一下，发现所有错误中最不能犯的是教条主义——还是要解放思想，实事求是，一切以教学效果为最终的检验标准。国内长期班的教学参数变了，教师的教学设计也要相应地合理调整，照搬照抄显然是解决不了问题的。只有不拘泥于前人的成功经验，多方尝试，博采众长，方能收到良好的教改效果：艾宾浩斯曲线在课堂教学中的成功应用就充分印证了这一点。

9.2 中国传统曲艺形式在国际汉语教学中的应用①

本节主要介绍我们如何运用中国传统曲艺形式辅助汉语教学。在明德模式教改移植过程中，我们除了运用艾宾浩斯曲线

① 本节主要内容曾以《论中国传统曲艺形式在国际汉语教学中的应用》为题载《第十三届国际汉语教学研讨会论文集》（呼和浩特：内蒙古大学出版社，2015 年），为统一体例和避免重复，内容略有调整。

帮助留学生当堂背诵所学课文之外，还将中国传统曲艺形式绕口令、三句半、相声等运用到汉语教学中来，辅助国内长期班的显性教学与隐性教学。

目前，包括相声在内的中国传统曲艺形式已开始应用于国际汉语教学领域之中，国际汉语教学界发现无论课堂内外，传统曲艺都可以激发外国学生的学习热情，可提高其汉语水平并有利于促进其汉语学习（邱思文，2014）。不过曲艺形式的应用对教师和训练材料均有较高的要求，因此想将传统曲艺应用于汉语教学并不容易。笔者想结合自己的受训、教学及创作经验①谈一谈中国传统曲艺形式在国际汉语教学中的应用问题：①运用绕口令的形式进行语音练习；②运用相声的形式进行语法操练；③运用相声的形式进行交际任务训练；④运用传统曲艺形式帮助外国学生深入了解中华文化等。

我们认为，探讨中华传统曲艺形式在国际汉语教学中的应用是非常有意义的，既可弥补国际汉语教学理论中该方面的不足，亦可为一线教学提供有益的借鉴。

9.2.1 运用绕口令的形式进行语音练习

绕口令是中国的一种传统语言游戏，也是传统汉语口语训练（相声、话剧及播音主持等）最常用的一种练习形式。目前学界已经认识到，绕口令成熟的训练经验及丰富的训练材料是完全可以应用到国际汉语教学中的。根据笔者的教学经验，认为绕口令可以在初始性练习、纠偏性练习和韵律练习方面发

① 笔者毕业于中国传媒大学播音主持艺术学院，接受过正规的口语表达训练，同时也从事过多年对外汉语教学工作，曾结合所学创作过多部相声或三句半作品应用于教学。

挥很好的作用。

9.2.1.1 用绕口令进行初始性练习

所谓初始性练习是指零起点的外国学生刚开始建立正确汉语发音时的练习。初始性训练很重要，是汉语语音学习的基础阶段。不过若长时间采用单一的练习形式，易引起学生的枯燥感。因此，建议采用绕口令的形式以激发学习兴趣，提高教学效果。绕口令在声母、韵母和声调练习方面均有针对性很强的训练材料。[①]

（1）声母的练习：练习声母的材料很多，下面仅举例说明（下同）。

例（1）b/p：八百标兵奔北坡，北坡炮兵并排跑，炮兵怕把标兵碰，标兵怕碰炮兵炮。

例（2）j/q/x：七巷一个漆匠，西巷一个锡匠，七巷漆匠偷了西巷锡匠的锡，西巷锡匠偷了七巷漆匠的漆。

（2）韵母的练习：相关的练习材料也很多，例如：

例（3）a：门前有八匹大伊犁马，你爱拉哪匹马拉哪匹马。

例（4）-i（后）：知之为知之，不知为不知，不以不知为知之，唯此才能求真知。

例（5）iao：水上漂着一只表，表上落着一只鸟。鸟不认识表，表也不认识鸟。

（3）声调的练习：针对不同国别的学生以及绕口令的难度，可分初级练习和高级练习两类。初级阶段的练习一般只是单纯区分四声；到了高级阶段可把声调不同的易混淆词编在一起，十分绕口，若练习者能说得很清楚，也就达到了区分声调的目的。参见下例：

① 限于篇幅，本文仅举个别例子稍作说明，如需更多的绕口令可上网检索。

例（6）初级练习：麻妈妈骑马，马慢麻妈妈骂马；牛妞妞骑牛，牛拗牛妞妞拧牛。

例（7）高级练习：阎圆眼，袁眼圆；两人比眼看谁圆。不知道是阎圆眼的眼比袁眼圆的眼圆，还是袁眼圆的眼比阎圆眼的眼圆。（节选）

9.2.1.2 用绕口令进行纠偏性练习

所谓纠偏性训练是指针对外国学生语音上出现的问题而进行的针对性正音练习。在初始性练习过了一个阶段之后，由于发音习惯和发音方法的问题，开始有学生显现出不同的偏误。传统绕口令有不少针对性的练习材料，可为我们的汉语教学提供借鉴。

（1）声母易混淆音练习：常出现同一音位上的一组音发不好的问题，参看下面几例。

例（8）n/l：老龙恼怒闹老农，老农恼怒闹老龙。农怒龙恼农更怒，龙恼农怒龙怕农。

例（9）f/h：粉红墙上画凤凰。凤凰画在粉红墙，红凤凰、黄凤凰，粉红凤凰花凤凰。

例（10）s/sh：四是四，十是十，十四是十四，四十是四十，谁能分得清，请来试一试。

（2）韵母易混淆音练习：

例（11）u/ui：山前有个崔粗腿，山后有个崔腿粗，二人山前来比腿。不知是崔腿粗比崔粗腿的腿粗，还是崔粗腿比崔腿粗的腿粗。（节选）

（3）儿化练习：还有的国家的语言没有儿化的发音，可练习以下材料：

例（12）：二月二，上小镇儿，买根烟袋儿不通气儿，回来看看是根棍儿。

9.2.1.3 用绕口令进行韵律练习

汉语学习须尽快建立正确的语感，国际汉语教学界已有有识之士认识到了这一点，并提出了相应的理论（冯胜利，2010），同时编写了实用的汉语教材（印京华、孙怡清，2008）。在绕口令中，不管是练习声母还是韵母，都有一些材料是具有典型节奏感的，有助于学习者快速建立汉语的语感。

例（13）：哥挎瓜筐过宽沟，赶快过沟看怪狗，光看怪狗瓜筐扣，瓜滚筐空哥怪狗。

例（14）：扁担长，板凳宽，板凳没有扁担长，（那个）扁担没有板凳宽。扁担绑在板凳上，板凳偏不让扁担绑在板凳上，（那个）扁担偏要绑在板凳上。

不同的外国学生在语音练习中会出现不同的问题，上述只是择要举例而已，实际上只要教学需要，几乎都可以找到有针对性的绕口令。如果练习得好，在高级阶段就可以继续练习一些难度较大且有故事情节的绕口令，如比较有名的“喇嘛与哑巴”“顾老五”等①，这些就可以作为节目表演了。

9.2.2 运用相声的形式进行语法操练

语法操练是课堂教学的重点，不过长时间的机械操练容易使学生产生疲劳感（娄开阳、吕妍醒，2011），运用相声这种形式可以极大地激发学生的练习兴趣并提高教学效果。例如在

① “喇嘛与哑巴”的首句是“打南边来了个喇嘛”；“顾老五”首句是“村里有个顾老五”，可上网检索。

操练“比字句”时，笔者写了一个群口相声“哪里哪里”[①]，以练习作为排练，以演促练。下面是详细的脚本：

（一群同学在公园里游玩，从远处走来了一个人——）

哈提姆：啊，你们好！

大家合：（齐声）你好！

哈提姆：我是伊拉克人哈提姆，认识你们很高兴！

（大家各自介绍自己的姓名和国籍）

哈提姆：（对吴惠泳）你们是哪个大学的学生？

吴惠泳1：我们是中央民族大学的留学生，你呢？

哈提姆：我是世界民族大学的留学生！

吴惠泳：世界民族大学？在哪儿？我没听说过。

哈提姆：世界民族大学是一所非常、非常、非常好的大学！

吴惠泳：啊，那你的学校比我们的好多了。

哈提姆：哪里哪里！（对白思妮）你们在几班？

白思妮2：我们在2班。你呢？

哈提姆：我在12班。

白思妮：啊！你比我们高多了。

哈提姆：哪里哪里！（对克拉拉）你来北京多长时间了？

克拉拉3：我来北京3个月了。你呢？

哈提姆：我来北京3年了。

克拉拉：啊，你来的时间比我长多了。

哈提姆：哪里哪里！（对爱国）你来北京的时候带了多

---

① 脚本亦可参见：http：//blog. sciencenet. cn/blog-47089-805104. html，该节目曾参加中央民族大学2009年秋季留学生汉语汇报演出并获一等奖。

少钱？

爱　国4：我带了1万美元。你呢？

哈提姆：我带了10万美元。

爱　国：啊，你比我有钱多了！

哈提姆：哪里哪里！(对阿兹马特）你有几个中国朋友？

阿兹马特5：我有两个中国朋友。你呢？

哈提姆：我认识20个中国朋友。

阿兹马特：啊，你认识的人比我多多了。

哈提姆：哪里哪里！(对詹多斯）你有女朋友吗？

詹多斯6：我有一个女朋友。你呢？

哈提姆：我有5个女朋友。

詹多斯：啊！你比我帅多了！

哈提姆：哪里哪里！(对穆拉特）你家有几口人？

穆拉特7：我家有4口人。爸爸、妈妈、哥哥和我。你家呢？

哈提姆：我家有40口人。

穆拉特：啊，你家的人比我家多多了！

哈提姆：哪里哪里！(对柯尔玛）你家有小狗吗？

柯尔玛8：我家有1条小狗。你家呢？

哈提姆：我家有39条小狗。

柯尔玛：39条小狗？

哈提姆：对！我家有40口人：39条小狗，和我！

柯尔玛：啊！你家比我家热闹多了！

哈提姆：哪里哪里！(对蒙佳妮）你的衣服真漂亮，是什么做的？

蒙佳妮9：布做的，你的呢？

哈提姆：丝绸的！

蒙佳妮：（上去摸衣服，对观众）不像啊？

哈提姆：没问题，（对观众）伊拉克丝绸！

蒙佳妮：啊，你的衣服比我的好多了。

哈提姆：哪里哪里！（对孟和）你的衣服多少钱买的？

孟　和10：200块。你的呢？

哈提姆：2000块！

孟　和：啊，你的衣服比我的贵多了！

哈提姆：哪里哪里！（对大卫）你今年多大年纪了？

大　卫11：我今年70了。你呢？

哈提姆：我今年80了！

大　卫：真的吗？

哈提姆：真的！我从火星来。

大　卫：从火星来？

哈提姆：对！从火星来的伊拉克人，哦不，从伊拉克来的火星人！

大　卫：啊，那你比我老多了！

哈提姆：哪里哪里！（对贾士华）你有多高？

贾士华12：我1米78，你呢？

哈提姆：我2米78。

贾士华：啊，没问题！（对观众）他，火星人！

哈提姆：哪里哪里！（对彼什卡）你的表现在几点？

彼什卡13：（看表）下午4点。

哈提姆：我的表，下午5点！

彼什卡：啊，没问题！火星时间！

哈提姆：哪里哪里！（对热合曼）你们国家冬天冷吗？

热合曼14：很冷！零下10度。你们国家呢？

哈提姆：不太冷，零下40度。

热合曼：啊？这还不冷？比我们国家冷多了！

哈提姆：哪里哪里！（对傅澄倩）你们国家夏天热吗？

傅澄倩15：非常热！35度。火星呢？

哈提姆：嗯，不太热，55度。

傅澄倩：没问题！（对观众）火星的温度！

哈提姆：哪里哪里！（对吉姆）你觉得北京的天气怎么样？

吉姆16：哦，不太好。我感冒了，是流感！

哈提姆：我觉得北京的天气非常好！我也感冒了，我——甲流！

大家合：（齐声）啊！

在排练演出时，全班同学齐上阵，每位同学都有一句台词，大家比、学、赶、帮、超，收到了良好的教学效果。脚本中所出现的目标句型“A 比 B+adj. 多了”，例（15）：

① 你的学校比我们的好多了。

② 你的班级比我们高多了。

③ 你来北京的时间比我长多了。

④ 你比我有钱多了！

⑤ 你认识的人比我多多了。

⑥ 你比我帅多了！

⑦ 你家的人比我家多多了！

⑧ 你家比我家热闹多了！

⑨ 你的衣服比我的好多了。

⑩ 你的衣服比我的贵多了！

⑪ 你比我老多了！

⑫ 你们国家比我们国家冷多了！

在短短几分钟的表演中，先后重复了12次目标句型，在排练时更是重复练习了无数次，使学生很好地掌握了该句型。[①]

9.2.3 运用相声的形式进行交际任务训练

当今国际汉语教学比较强调对交际任务的训练（娄开阳，2008；李玉、娄开阳，2013），初次见面时的自我介绍与寒暄是留学生最早需要掌握的交际任务之一，教师也常常设计成任务让学生练习。笔者独辟蹊径，自编了一个群口相声“名字有道理”[②]，帮助来华短期游学的美国东北大学留学生来掌握这一初级交际项目，收到了良好的教学效果。脚本如下：

丹奇：大家好！我是美国东北大学的“中国通”。看，我汉语说得多流利啊！(道林上)

丹奇：你好！请问，你叫什么名字？

道林：你好！我叫道林，这是我的名片。

丹奇：哦！道理！好，这个名字好！非常有道林。(梅金上)

丹奇：你好！你呢？你叫什么名字？

梅金：我姓梅，叫梅金。这是我的名片。

丹奇：哦！没劲！好名字！有道林，很有道林！我也觉得你不太有劲。(布朗上)

① 需要解释的是，该群口相声是为句型操练服务的，经过了加工改造而并非典型的群口相声。典型的群口相声最多4个人表演，而我们为捧哏的12位同学每人设计了一句台词，几乎成了小品。

② 脚本详见：http://blog.sciencenet.cn/blog-47089-805108.html，该节目曾在美国东北大学短期汉语进修项目结业式上演出。

丹奇：你好！你呢？你叫什么名字？

布朗：你好！我叫布朗，这是我的名片。

丹奇：哦！布狼！有道林，很有道林！以前只知道有纸老虎，现在知道还有布狼。(艾瑞卡上)

丹奇：你好！你呢？你叫什么名字？

艾瑞卡：我叫艾瑞卡。这是我的名片。

丹奇：哦！矮瑞卡！好，有道林，很有道林！我也觉得你不太高。(艾德姆上)

丹奇：你好！你呢？你叫什么名字？

艾德姆：你好！我叫艾德姆。这是我的名片。

丹奇：哦！矮德姆！嗯，有道林，很有道林！我也觉得你不太高。

艾德姆：嗯？我很高！

丹奇：我比你高！(艾利可上)

丹奇：你好！你呢？你叫什么名字？

艾利可：你好！我叫艾利可，这是我的名片。

丹奇：哦！矮立克！非常有道林！都不太高嘛，请吃美国东北大学的矮立克！(瑞尔上)

丹奇：你好！你呢？你叫什么名字？

瑞尔：我叫瑞尔，当然，我的名字也很有道林，翻译成汉语就是"累了"。

丹奇：啊，是吗？有道林，很有道林！

大家：你呢？你叫什么名字？

丹奇：我叫丹奇，这是我的名片。

艾德姆："氮气"，嗯，有道林，很有道林！

丹奇：NO！丹奇，是丹奇！

梅金：他听错了。是“单骑”，嗯，一辆自行车。

丹奇：NO！丹奇，是丹奇！

梅金：有道林，很有道林！

艾利可：她听错了。是“担起”，a verb！

丹奇：NO！I'm not a verb，I'm a noun！

艾利可：嗯，有道林，很有道林！

艾瑞卡：他听错了。是“丹七”，嗯，女人的药。有道林，很有道林！

丹奇：NO！我不是女人的药！

瑞尔：她听错了。是“胆气”！嗯，有道林，很有道林！

丹奇：O！My God！

道林：他们都听错了，应该是“蛋奇”，这个最有道林！

丹奇：O！God save me！

上述脚本也是按群口相声来设计的，并根据学生人数增加了捧哏的数量及台词。作品围绕着“初次见面”这一交际任务，巧妙地设计了戏剧冲突，反复练习初次见面中自我介绍的相关核心句型，达到了以演促练的教学目的。

9.2.4　运用传统曲艺形式帮助外国学生深入了解中华文化

上述三种情况基本上还是把传统曲艺形式当作汉语教学的辅助手段和练习方式，其主要目的是为了掌握汉语语音、语法及交际项目等。而与之不同的是，这里是运用中国传统曲艺形式来介绍中国概况或中华文化，让外国学生在掌握汉语技能的同时潜移默化地接受中华文化的精髓。

9.2.4.1 运用贯口的形式介绍中国饮食文化、地理常识及中华才艺

贯口是指曲艺演员以很快的速度背诵或连续叙述许多事物，一般是在不换气或不明显换气的情况下进行的，也被视为高级绕口令的一种。大家比较熟悉的贯口有“报菜名”和“地理图”。前者可用来介绍中国饮食文化，后者则可用来介绍中国地名，加深学生对中国的了解。此外，还有介绍舞蹈的“报舞名”，可用来介绍中国民族舞蹈（根据需要可做适当删减）；还有介绍中华武术的“报拳名”，这些贯口都可以在大型汉语汇报演出中与中华才艺展示搭配呈现，相信会起到相得益彰的效果。下面是报菜名、地理图、报舞名和报拳名的具体脚本：

（1）报菜名（“满汉全席”）：

蒸羊羔、蒸熊掌、蒸鹿尾儿、烧花鸭、烧雏鸡、烧子鹅、卤煮卤鸭、酱鸡、腊肉、松花、小肚儿、晾肉、香肠、什锦苏盘儿、熏鸡、白肚儿、清蒸八宝猪、江米酿鸭子、罐儿野鸡、罐儿鹌鹑、卤什锦儿、卤子鹅、卤虾、烩虾、炝虾仁儿、山鸡、兔脯、菜蟒、银鱼、清蒸哈什蚂、烩鸭腰儿、烩鸭条儿、清拌鸭丝儿、黄心管儿、焖白鳝、焖黄鳝、豆豉鲇鱼、锅烧鲇鱼、烀皮甲鱼、锅烧鲤鱼、抓炒鲤鱼、软炸里脊、软炸鸡、什锦套肠儿、麻酥油卷儿、熘鲜蘑、熘鱼脯、熘鱼片儿、熘鱼肚儿、醋熘肉片儿、熘白蘑、烩三鲜、炒银鱼、烩鳗鱼、清蒸火腿、炒白虾、炝青蛤、炒面鱼、炝芦笋、芙蓉燕菜、炒肝尖儿、南炒肝尖儿、油爆肚仁儿、汤爆肚领儿、炒金丝、烩银丝、糖熘饹炸儿、糖熘荸荠、蜜丝山药、拔丝鲜桃、熘南贝、

炒南贝、烩鸭丝、烩散丹、清蒸鸡、黄焖鸡、大炒鸡、熘碎鸡、香酥鸡、炒鸡丁儿、熘鸡块儿、三鲜丁儿、八宝丁儿、清蒸玉兰片、炒虾仁儿、炒腰花儿、炒蹄筋儿、锅烧海参、锅烧白菜、炸海耳、浇田鸡、桂花翅子、清蒸翅子、炸飞禽、炸葱、炸排骨、烩鸡肠肚儿、烩南荠、盐水肘花儿、拌瓤子、炖吊子、锅烧猪蹄儿、烧鸳鸯、烧百合、烧苹果、酿果藕、酿江米、炒螃蟹、氽大甲、什锦葛仙米、石鱼、带鱼、黄花鱼、油泼肉、酱泼肉、红肉锅子、白肉锅子、菊花锅子、野鸡锅子、元宵锅子、杂面锅子、荸荠一品锅子、软炸飞禽、龙虎鸡蛋、猩唇、驼峰、鹿茸、熊掌、奶猪、奶鸭子、杠猪、挂炉羊、清蒸江瑶柱、糖熘鸡头米、拌鸡丝儿、拌肚丝儿、什锦豆腐、什锦丁儿、精虾、精蟹、精鱼、精熘鱼片儿、熘蟹肉、炒蟹肉、清拌蟹肉、蒸南瓜、酿倭瓜、炒丝瓜、焖冬瓜、焖鸡掌、焖鸭掌、焖笋、熘茭白、茄干儿晒卤肉、鸭羹、蟹肉羹、三鲜木樨汤、红丸子、白丸子、熘丸子、炸丸子、三鲜丸子、四喜丸子、氽丸子、葵花丸子、饹炸丸子、豆腐丸子、红炖肉、白炖肉、松肉、扣肉、烤肉、酱肉、荷叶卤、一品肉、樱桃肉、马牙肉、酱豆腐肉、坛子肉、罐儿肉、元宝肉、福禄肉、红肘子、白肘子、水晶肘子、蜜蜡肘子、烧烀肘子、扒肘条儿、蒸羊肉、烧羊肉、五香羊肉、酱羊肉、氽三样儿、爆三样儿、烧紫盖儿、炖鸭杂儿、熘白杂碎、三鲜鱼翅、栗子鸡、尖氽活鲤鱼、板鸭、筒子鸡。

（2）地理图：

走清河、沙河、昌平县、南口、青龙桥、康庄子、怀来、沙城、保安、下花园、辛庄子、宣化府、沙岭子、榆林、张家口、柴沟堡、西湾、天镇、阳高县、聚乐堡、周氏庄、大同、孤山、宏赐堡、丰镇、苏集、集宁、三岔口、十八台、卓资、三道营、旗下营、陶卜齐、呼和浩特、西包头、甘肃兰州、西凉、凉州、永昌、甘州、嘉峪关、安西、哈密、吐鲁番、新疆乌鲁木齐、精河、伊犁、温宿进西藏、聂拉木、里拉、扎多木、扎什、拉萨、伦布、墨竹工卡、巴塘、理塘、雅砻江、四川成都府、岷江、简阳、重庆、丰都、宜昌、荆州、沙市、汉阳、汉口、孝感、武胜关、河南信阳县、郾城、许昌、荥阳、洛阳、渑池、陕县、灵宝、陕西华奶县、长安、西安、渭水、渭南到山西、平遥、太原府、寿阳、平定州、井陉、石家庄、新乐、望都、河北保定府、深、武、饶、安、河间府、沧州、南皮、东光、德州、平原、禹城、山东济南府、党家庄、张夏、万德、界首、泰安、东北集坡、大汶口、吴村、曲阜、兖州府、梅城、沙沟、韩庄、利国驿、柳泉、茅村、徐州府、固镇、新马桥、曹老麻、蚌埠、门台子、安徽凤阳、临淮关、小溪河、石门山、张八岭、担子街、浦镇、浦口过江到南京、龙潭、下蜀、高资、镇江府、新丰、丹阳、吕城、常州、石塘湾、无锡、苏州、外跨塘、正仪、昆山、陆家滨、安亭、南翔、在场到上海。

走松江、沙丘江嘉兴、绍兴、宁波、台州、温州、福建福州、南平、南昌、湖南长沙、常德、贵州贵阳、安顺、云南昆明、开远、广西桂林、梧州、广东广州、佛山、奔雪州半岛、海南岛过北部湾、走越南河内、高棉、寮国、泰国、缅甸仰光、印度新德里、再到阿富汗。

京城喀布尔、巴基斯坦、不丹、锡兰、伊朗德黑兰、阿拉伯半岛出红海奔欧罗巴洲、走土耳其、俄罗斯、莫斯科、冰岛、芬兰、丹麦、荷兰、比利时、挪威、瑞典、德意志、奥地利、瑞士、亚得里亚海、意大利、法国巴黎、西班牙、葡萄牙、英国伦敦、罗马尼亚布加勒斯特、捷克布拉格、阿尔巴尼亚地拉那、保加利亚索非亚、匈牙利布达佩斯。

出欧洲地中海、奔阿非利加洲、走埃及开罗、阿尔及利亚、莫三鼻给、埃塞俄比亚、突尼斯、摩洛哥、奔大西洋到美洲、走纽芬兰、魁北克、加拿大渥太华、旧金山、圣弗兰、落基山、密执、美国纽约、华盛顿、墨西哥、古巴、马那瓜、巴拿马、亚马孙河、巴西、苏克雷、蒙得维的亚、拉巴拉他河。

出美洲奔澳大利亚洲、走新西兰、印度尼西亚、南洋群岛、菲律宾、品宋、台湾、朝鲜汉城、琉球、奔日本、对马、横滨、大阪、名古屋、北海道、库页岛、回东北黑龙江。

齐齐哈尔、哈尔滨、双城堡、蔡家沟、虎市、布海、朱城子、长春、范家屯、陶家屯、刘房子、公主岭、郭家店、四平街、泉头、双庙子、昌图、马仲河、金沟子、开原、铁岭、八里庄、新城子、虎石台、沈阳、皇姑屯、裕国站、马三家子、兴隆店、巨流河、新民县、大虎山、高山子、青堆子、赵家屯、沟帮子、大凌河、双羊店、锦州、女儿河、高桥、塔山、锦西县、兴城、白庙、沙后所、缓中县、前所、山海关、出喜峰口、奔赤峰州、走热河、巴沟、喇嘛庙、草地、库伦、买卖城、穿过西伯利亚到了北冰洋、坐飞机再走十七个星期、这才到天津城隍庙。(少数地名改用今称)

(3) 报舞名：

蓝陵王入阵舞、飞蕾可勒巴舞、卡拉格尔卓舞、秦王破阵舞、希腊泽本奈舞、阿舞阿西舞、霓裳羽衣舞、送鼓舞、彩鼓舞、恒鼓舞、童鼓舞、手鼓舞、长鼓舞、太平鼓舞、面具舞、祭祀舞、宫廷舞、霍拉舞、拉鼓舞、秧歌舞、红绸子舞、水袖舞、草帽舞、狮子舞、顶龙舞、盾牌舞、旱船舞、龙升舞、安代舞、倘格舞、伦巴舞、恰恰舞、多榔舞、芭蕾舞、跳脚舞、扁担舞、水萍舞、踢踏舞、欧亚舞、波让舞、让达利舞、达漫溢舞、织布舞、多耶舞、拍手舞、扇子舞、孔雀舞、韩波舞、天鹅舞、轮舞、象舞、盆舞、圣舞、赞舞、伞舞、花舞、弓舞、蛇舞、罐舞、竹马灯舞、花鼓灯舞、采茶灯舞、康布拉舞、珍珠舞、畅洋舞、南旺舞、角灵舞、乡村舞、净演舞、恭驳舞、社交舞、中将舞、体育舞、农作舞、草编舞、插秧舞、丰收舞、面巾舞、集锦舞、青春舞、宗匠舞、荷花舞、盘子舞、纱巾舞、中峦舞、群燕舞、蔷薇舞、红花舞、种瓜舞、拍球舞。

(4) 报拳名：

一宗拳、二元拳、三趟拳、四通锤拳、四把岳家拳、五占拳、五虎爬山拳、六合拳、六合八法拳、七圣拳、七星访友拳、八仙拳、八极拳、九进飞龙拳、十把内外拳、十二钩拳、十三太保拳、十三抓少林拳、一十八内闪翻拳、二十四擦马拳、三十六匕首拳、七十二横拳、小石拳、一百零八罗汉拳，飞虎拳、伏虎拳、青龙拳、蛟龙拳、螳螂拳、白鹤拳、大黑拳、大蟒拳，有鼠拳、牛拳、虎拳、兔拳、龙拳、蛇拳、马拳、羊拳、猴拳、鸡拳、狗拳、豹拳、狮拳、熊拳、凤拳、鹞拳、飞虎鞭拳、白猿通臂拳，大洪拳、小洪拳、大成拳、密宗拳、内家拳、外家拳、殷家拳、杨家拳、霍家拳、赵家拳、蔡家拳、莫家拳、朝阳拳、宝剑拳、开山拳、靠山拳、工力拳、崩磨拳、子母拳、白眉拳、拖靠拳、士门拳、地趟拳、太子剑拳，空手、硬手、行手拳，形意、心意、如意拳，劈拳、挂拳、截拳、跳拳，弹拳、快拳、绷拳、攒拳、长拳、短拳、横拳、断拳、南拳、泰拳、仰拳、插拳、花拳、套拳、撩拳、扎拳、劈挂手拳、自然拳、阴阳太极拳、五当太乙五行拳。

需要说明的是，我们的目的是为了辅助汉语教学，上述脚本均为相声基本功贯口，不少材料有多个版本，我们没必要原版照搬，可根据学生水平和教学需求合理选择截取。

9.2.4.2　运用三句半的形式介绍中国人勤奋敬业的精神

三句半也是一种中国民间传统曲艺表演形式，一般由四人演出，三人说三长句，最后一人只说简短两个字的半句，故称“三句半”。笔者自编自导了一部三句半“说说学院新面貌”[①]，通过留学生之口向外国同学宣传了中国人积极向上、勤奋敬业的精神。演出取得了很好的效果，受到了观众们的热烈欢迎。下面是拙作的脚本：

三句半：说说学院新面貌

喜庆锣鼓敲起来，
我们四人走上台。
上台说段三句半，
拜拜。(其他三人齐喊：别走，回来!)

初次登台经验少，
欢迎大家来指导。
不管说得好不好，
别跑!

我们为啥这里站，
四人站成一条线。

① 详见：http：//blog.sciencenet.cn/blog-47089-805112.html，该节目获中央民大2013年春季汇报演出获一等奖。

今天任务很简单，
称赞！

又是一年盛夏到，
我向各位来报告。
讲讲学院新面貌，
贼拉好！

创新办学有特色，
教学设施翻了个。
领导个个都出色，
祝贺！

学院专业真齐全，
各项设施肯花钱。
暑期培训认真管，
实干！

宿舍环境真是好，
空调冰箱电饭煲。
只有一样受不了，
臭脚！

我们学院故事多，
学生天天乐呵呵。
学习不累又快活，

没的说！

老师上课个顶个，
灵活风趣又幽默。
明德模式真不错，
呵呵！

语法写了一排排，
大呼小叫练起来。
发音错了怎么办，
再来！

高效老师多又多。
高效课堂活又活，
优秀学生不必说，
贼多！

学生个个都神气，
全面发展出成绩。
“汉语之星”就是我[①]，
狗屁！

自编自演不在行，
不管听的爽不爽。

① 北京市国际教育交流中心主办的在京留学生“汉语之星”大赛曾在中央民族大学多次举行。

还要请您多捧场，

鼓掌！

为了今天联欢会，

大家辛苦来准备。

后面还有好节目，

撤退！

9.2.4.3　运用群口相声的形式介绍中国传统文化的精髓

如果到了汉语学习的高级阶段，可以创编一些难度较大的作品，内容上也可对中华文化做更深入的介绍。笔者曾自编自导了群口相声“我也是博士后”，与三位汉语水平较高的外国同学联袂出演，通过这一传统曲艺形式向大家传播了中华文化中谦虚谨慎、戒骄戒躁的精神。脚本如下①：

群口相声：我也是博士后

（娄、洪、蜂三人出场。）②

娄：大家好！我们来自北京语言大学，我是语言大学的博士后娄开阳。

洪：大家好！我是北京语言大学商务汉语专业的博士生洪明秀，我是韩国人。请大家多多关照！

娄：（对蜂）你呢？

蜂：大家好！我是语言大学同声传译专业的研究生蜂谷诚，

① 该脚本曾经著名相声表演艺术家丁广泉先生指点，在此谨致谢忱！该节目曾参加2012年全国博士后迎春晚会的演出，反响热烈。

② “洪”指北京语言大学商贸汉语专业的韩国博士生洪明秀；“蜂”指北京语言大学同声传译专业的日本硕士生蜂谷诚，曾获第三届“汉语桥”大赛第一名。

我是日本人！从小在中国长大。请大家多提宝贵意见！

娄：大家看见了吧，我这两个学生汉语说得很不错。（对二位）今天啊，我要教你们俩一点儿新的东西，相声。（换位到旁边）

蜂、洪：相声？

娄：相声是一门汉语言的表达艺术知道吗？

合：哦，不知道！

娄：嗨！不知道“哦”什么？

洪、蜂：我们为什么要学相声啊？

娄：你们看，我们是语言大学的，了解相声对你们了解中国文化、提高汉语水平都有很大帮助。说相声啊，首先要吐字清晰，你们可以练练绕口令。

洪：（换位到中间）绕口令？我会呀，你们听着：扁担长，板凳宽，板凳没有扁担长，扁担没有板凳宽。扁担绑在板凳上，那个板凳不让扁担绑在板凳上，扁担偏要绑在板凳上。您看我说得怎么样？

娄：嗯，说得不错！你这个吐字呢，还带一点韩国口音，要想吐字清楚得这么练：扁担长。

洪：扁担长（跟着练）……

娄：这就对了。这是练嘴皮子的，还有一种是练气息的，要求一口气把一个绕口令说完……

蜂：（换位到中间）我来我来，出东门，过大桥，大桥前面一树枣；拿着竿子去打枣，青的多红的少：一个枣、两个枣、三个枣、四个枣……九个枣十个枣，十个枣九个枣……两个枣、一个枣，这是一个绕口令，一口气说完才算好！（喘气）

娄：好，好！不过真正的高手不能喘气，最后还要留有余气才行。不过你们已经练得很不错了，接下来还可以练一些更难的，比如说相声中的贯口。

合：贯口？您能不能举个例子？

娄：可以，例如世界地理图，就是把世界各国一下子都说出来。你们听啊：世界各国都在学汉语——

蜂、洪：都有哪些国家呢？

娄：太多了，有太平洋、印度洋、大西洋、北冰洋……（洪、蜂二人学）

（华从侧幕上）[①]

华：（接话上来）欧洲亚洲非洲美洲大洋洲、东亚南亚西亚东南亚、韩国、朝鲜、蒙古、日本、越南、印度、缅甸、老挝、新加坡、菲律宾、尼泊尔、印度尼西亚、孟加拉，亚美尼亚，斯里兰卡、冰岛、丹麦、瑞典、芬兰、波兰、捷克、德国、法国、奥地利、俄罗斯、乌克兰、爱尔兰、匈牙利、南斯拉夫、摩尔多瓦、比利时、爱沙尼亚、拉脱维亚、玻利维亚、阿尔巴尼亚；还有，（换位到中间）贝宁、埃及、多哥、加蓬、刚果、马里、汤加、喀麦隆、摩洛哥、冈比亚、赞比亚、赤道几内亚、澳大利亚、新西兰、萨尔瓦多、尼加拉瓜、洪都拉斯、墨西哥、美国、加拿大，等等等等，（对娄）！我还没说完。

（蜂、洪上来鼓掌、握手）

娄：你好你好！说得太好了！你们看，只有学过相声的老师才能说这么好。

华：哪里哪里！俺不是老师，俺是学生。

娄：是吗？（对洪、蜂）你们看，这段贯口很难，只有这样

① “华”指北京语言大学中国文学专业的伊朗博士生华家德，曾获首届“汉语桥”大赛金奖。

的中国学生才能说好……

华：不，我是老外，不是老内。

娄：哦，您是从……

华：我是伊朗人，叫华家德，性别男，年龄成年，家庭出身地主，本人成分学生，没参加任何反动会道门，没有任何不良嗜好，双眼皮、大眼睛、长睫毛，不抽烟、不喝酒、会使筷子爱吃中国菜。体重二百五——十斤。

娄：（拉过华，对洪、蜂招手）来来来，你们一定要跟这位同学好好学学，如果能像他说得这么好，那就太好了。（换位到最左侧）

华：哪里哪里！

洪、蜂：哇！太好了！（换位到右侧，华的右边，热情搭讪）

娄：以后你们要多交流交流。

蜂：你什么时候有时间也教教我们。

华：好的，那要看我有没有时间。

娄：哎呀，您说得太好了！你是在哪儿学的汉语啊？

华：我是在世界语言大学学的。

洪、蜂：世界语言大学？

蜂：世界语言大学在哪儿啊？

华：世界语言大学在……，你们北京语言大学在哪儿？

蜂：北京语言大学在五道口。

洪：清华大学旁边。

华：我们世界语言大学在十道口，世界大学旁边。

洪：世界语言大学教什么？

华：我先问问你们，你们北语教什么？

洪：（自豪地）我们北京语言大学教很多种语言，主要教汉语。

华：我们世界语言大学也教很多种语言，主要教世界语。

洪、蜂：世界语？

华：没错啊！世界语就是把汉语变成全世界通用的语言，简称世界语！

洪、蜂：哦，世界语。

娄：（打断他们的谈话）请问你攻读的是什么学位啊？

华：不好意思，我也是博士后。

洪：太好了！今天刚好是全国博士后的春节联欢晚会。

蜂：（换位到华旁边）等等，你是哪年拿到博士的？

华：我后年就拿到了。

蜂：你不是说你是读博士后吗？

华：是博士后啊。

洪：怎么个博士后啊？

华：两年以后我就能拿到博士了，博士等候嘛！

两人（合）：嗨！

洪：（换位到华旁边，骄傲地说）要这么说啊，我是博士后后！

蜂、华：博士后后？

洪：对啊，你们说皇帝的老婆叫什么？

蜂、华：皇后！

洪：照这个逻辑，那博士的老婆呢？

蜂：博士后！

洪：对呀！我先生是博士，我又是等候毕业的博士，加在一起不就是“博士后后”嘛！

蜂、华：哦，您太厉害了！（娄站在旁边摇头）

洪：（学华）哪里哪里！

蜂：要这么说啊，我还是博士老后后呢！

洪：博士老后后？

蜂：对啊，我是等候考博士的博士候；我女朋友也是等候考博士的博士候，加在一起就是博士后后；而我们又老在等候结婚，这不就是“博士老后后”嘛。

华：嗯，有道理！

娄：（打断）什么有道理！没有这种词。中国上下五千年，汉语是很博大精深的，专有名词都不能胡乱解释。你们在中国不仅要学习汉语言，更要学习汉文化，其中很重要的一点就是要谦虚谨慎、戒骄戒躁。尤其是华同学，千万不能像某些人那样，刚学了一点点就一瓶子不满，半瓶子晃荡！

华：谢谢！（对娄）老师，您真是太伟大了！听君一席话，胜读万卷书，您帮助了我，您教育了我，我一定不辜负教我汉语的老师，要对得起世界上那么多学汉语的同学们。从今往后，我一定好好学习、天天向上、克服缺点、奋发图强，你们看着，再过三年——

合：怎么样？

华：就赶上我了。

洪、蜂：又吹上了。

华：我也赶不上您。

娄：哪里哪里！

9.2.5 结语

除了上述几点之外，在运用传统曲艺形式进行汉语教学时还须注意以下几点：

（1）明确教学目的，不宜喧宾夺主，不失之偏颇。传统曲艺形式是为汉语教学服务的，是工具，不能为了排演节目而打乱了正常的教学秩序。

（2）传统曲艺的练习材料要因地制宜，因时制宜。对于较长的练习材料（如“报菜名”），在实际教学中可截取片段来练习。此外在自创作品中也须紧扣汉语教学，形式上不必太拘泥于正规的创作要求。

（3）对汉语教师也有一定的要求，既要懂得汉语二语教学原理、汉语本体知识、语言教学技巧，同时也要对传统曲艺有一定的了解，最好能接受专门的口语表达训练。

总之，应该意识到中国传统曲艺形式是一种灵活的教学手段，不仅可运用于显性教学，亦可运用于隐性教学之中——课外排练演出活动本身也是汉语教学的一种形式，如果运用得当，将可大大提高汉语教学的效果。

第十章

全文总结与下一步要做的工作

本章主要总结全文的主要观点，同时介绍我们下一步要做的工作。

10.1 全文总结：主要观点

我们将分别介绍美国明德汉语教学模式的基本情况、基本特点、改进措施、内部理据以及明德模式移植的顶层设计、教学形式和补充手段。

10.1.1 明德模式的基本状况与基本特点

美国明德汉语教学模式是由赵元任先生在“二战”中开创，后经陈大端、周质平等几代美国明德暑期中文学校教师努力完善后最终定型的一种短期速成中文教学模式。

（1）教学理念：明德模式所秉持的最高教学理念是全面沉浸（total immersion）的外语教学理念，并且用“语言誓约”等多项措施保证这一教学理念的施行。除此之外还有一些下位教学理念，包括：①语言学习是一种新习惯的建立而不是新知识的获得；②语言是练出来的不是教出来的；③不知亦能行；④语言教学教的是语言能力，不是办事能力；⑤重视听说，以练代讲等。

（2）教学对象：是美国单一母语文化背景下的精英学生。除了美国明德暑期中文学校招收部分政府雇员及社会学员之外，美国在华中文项目的学生大部分来自以常春藤盟校学生为主的美国高校学生。申请明德项目的学生通常要经过严格的遴选之后才能进入项目学习，通过比例通常很低。这些学生的基本素质较好，一般都有明确的学习动机和较强的学习能力。

（3）教学目标：是短期速成，明德模式采用密集上课的方式，教学总时长为9周，其中第5周为语言实践周。前四周为上半段，后四周为下半段，每段课程相当于在美一个学期的学分，两段合起来相当于在美一年所修的学分（美国各高校承认该学分）。换言之，明德模式下的暑期项目要在8周之内完成平时一年的课程。

（4）教学程序：课型按人数分为大班、小班和单班，教学顺序按照“大班-小班-单班”的顺序来上课，通常上午四节为大班课和小班课，下午是30分钟左右的单班课。

（5）师资队伍：教师与课型相对应，分为大班课老师、小班课老师和单班课老师。通常大班课老师是由经验丰富的、多年在明德项目任教的美国各高校的教师担任，小班课教师由项目在中国国内的中文专业、对外汉语教学或国际汉语教育专业的青年教师或研究生中聘任；单班课教师以前由大班课老师和小班课老师共同担任，现在部分美国在华中文项目也单独招聘。小班课和单班课教师通常要经过一周的岗前培训之后才上岗。

（6）教学方法：课堂教学方法主要采用的是密集强化操练法，即教师通过设置语境、提问问题，引导学生说出包含语言点的目标句，从而达到操练语言点的教学目的。这一教学方法的核心目标是训练学生的言语生成能力，尤其是训练学生的句子生成能力，具体又可分为单纯机械型操练和引导编码型操练两种。

（7）教材选用：教材选择上只使用一本综合性教材，通常为自编的综合性教材，不按技能分课型，所有课型（大班课、小班课和单班课）均使用一本教材，听说读写四项技能齐头并进。所编写的教材比较注重语法结构的系统与重现，课文内容较贴近学生的生活，比较注意反映中国社会的最新发展。

10.1.2 明德模式的改进措施

美国在华短期中文项目对传统明德模式的改进措施主要有：①增加朗读课和讨论课；②将传统单班课分化为单班课和讨论课；③增设住家计划（Homestay）；④细化语言实践周；⑤增加三校汉语演讲比赛等。这些措施从本质上来说是一种宏观教学设计上的改革，改革的内部理据是随教学参数的变化而变化的，即根据教学地点由模拟语境转换为目的语语境而调整、补充相应的教学环节。

美国在华长期中文项目对传统明德模式的改进措施主要有：①在项目安排方面增加了中国学生为居住语伴。②增加了中华文化课的内容以及增加了远程预科教学。③在课型设计方面增设了讨论课，缩小了教学规模。④在师资培训和教学方法上都做了进一步深化和完善。上述改进措施背后都有语言学、教育学和传播学的内在理据。

10.1.3 明德模式的内部理据

明德模式之所以能取得成功，取得经久不衰的教学效果，与其科学的内部教学设计是密不可分的。明德模式的总体教学设计具有以下两个特点：①明德模式的教学设计符合语言学理论、学习理论、教学理论和传播理论等教学设计的理论基础。②从教学设计的角度来看，明德模式走完了教学设计中教学需求分析、教学内容分析、教学对象分析、阐明教学目标、制定教学策略、选择教学媒体和评价设计成果等全部环节。此外明德模式在教学设计上还有两大亮点：①在教学内容上，明德模式突出强调对语法结构的练习，而且特别强调纠音的作用。②在教学目标上，注重培养学生的言语生成能力，即以训练学生的言语编码能力为核心目标。

明德模式的课堂操练方法可分为单纯机械型操练和引导编码型操练。①单纯机械型操练又包括核心词操练和目标句操练两个小类，其内在心理学理据是“刺激-反应”理论，目的是要建立“音、形、义”之间的联系。②引导编码型操练又分为全控制式操练、半控制式（半开放式）操练和全开放式操练三个小类，其内在理据是心理语言学中的言语生成理论，通过教师的提问，达到训练学生言语计划制定和执行能力的目的。

10.1.4 明德模式移植的顶层设计

我们在引进移植明德模式时遵循效率优先、实事求是和以人为本等三项基本原则。此外，引进移植并不是全盘照搬，而是要对原有的明德模式进行继承、调整、补充或是摒弃。①继承部分：基本上全部吸收继承明德模式的教学理念和教学媒体。②调整部分：对明德模式的教学方法和教学程序大部分吸收，但又会根据国内长期班的情况略做调整。③补充部分：在教学方法上，除了密集强化操练法之外，还补充背诵法、游戏法和任务法等其他教学方法。在教学内容上，除了正常的教材之外，还补充中国传统曲艺形式绕口令、三句半及相声等作为辅助教学材料。④摒弃部分：与国内长期班情况差别较大的教学对象、需求、内容、教材、目标及成果评估方面的原有设计基本上剔除了，但又根据其设计原理重新进行了教学设计。

10.1.5 明德模式移植的教学形式

明德模式移植教改时采用两种教学形式：双人讲练-复练教学形式和单人单课型教学形式。①所谓双人讲练-复练教学形式是指由两位教师承担一个班的教学任务，二人共同使用同一本教材。课型分为讲练课和复练课两种，由其中一位教师承担讲练课的教学任务，另一位教师承担复练课的教学任务。②所谓单人单课型移植形式又可细分为两种形式：一种形式是在海外：汉语作为外语选修课的一种，由一位教师独立承担一个班的汉语课的全部教学任务，使用一本教材，教师在教学中采用密集强化操练法，独自完成讲练和复练的功能。另一种形式是在国内：任课教师担任一门综合课（精读课）或者口语课的教学任务，使用综合或口语教材，与其他分技能课型相配合，教师在教学中采用密集强化操练法，独自完成讲练和复练的功能。我们在实际教学改革中采用的是后一种形式，但最终目的是为前一种形式服务的。

10.1.6 明德模式移植的补充手段

我们在移植教改中，在教学方法和教学材料方面都有所补充：

(1) 教学方法上包括背诵法的补充：在课堂教学中，除了密集强化操练法之外，还可运用艾宾浩斯曲线帮助学生：①当堂背诵所学课文，掌握所学语法；②根据记忆规律及时复习之前所学过的生词和课文，温故而知新，从而最终达到提高教学效率的目的。

(2) 教学材料上，包括中国传统文化材料的补充：可将中国传统曲艺形式绕口令、三句半、相声等运用到汉语教学中来，通过隐性教学的方式辅助国内长期班的显性教学。

10.2 下一步要做的工作

实事求是地说，我们对明德模式的研究还有许多需要完善之处，不仅内容分析上有待进一步深入，在覆盖面上也需要进一步扩展加强，下一步我们要做的工作是在教学管理、师资培训、教材编写和测试评估方面做进一步研究。

10.2.1 对明德模式教学管理的进一步研究

如前所述，明德模式本质上既包括狭义的教学模式也包括管理模式，本书集中研究狭义的教学模式，但实际上教学效果是由一整套行之有效的管理模式来保证的。尽管各个在华中文项目对明德教学管理模式各有修订改进，但仍有一些核心的措施是大家共同坚守的。明德管理模式与狭义教学模式之间是相辅相成的，很值得研究。需要特别强调的是，明德模式的成功是模式的成功而非某个教师个人的成功，这其中管理模式起了很大的作用。因此，有必要深入研究明德模式中的教学管理模式。

10.2.2 对明德模式师资培训的进一步研究

前文曾提到明德项目的师资（尤其是美国在华中文项目）中小班课和单班课老师基本上是就地招聘的，这些老师多数是在读的汉语国际教育硕士研究生。在经过了短暂的岗前培训（通常为一周时间）之后绝大多数受训者都可以胜任教学，这一点不能不让人佩服。这说明明德模式的师资培训具有短时、高效的特点，是一种行之有效的教师培训方式，很值得我们学习和研究。

此外，明德项目基本上都有自编的综合性教材，这些教材颇具特色，已经过多轮教学的修改完善，被证明是很实用的，其编写理念和教材内容都很值得我们学习借鉴。另外，我们除了对明德项目的教师评鉴略有所知之外，对其他教学成果的评估与完善机制并不了解。而实际上据我们的观察，明德模式是一个不断发展完善的教学模式，很多明德项目都做了改进和完善（参看第五章“美国在华中文项目对传统明德模式的改进”），这其中必然有一套评估与完善机制，也很值得我们深入研究。

10.3 余论与思考

经过十几轮的移植教改之后，我们发现除了对明德模式本身需要深入挖掘研究之外，另有几个问题也是需要我们加以了解的：

（1）明德模式的发展简史：我们知道该模式是赵元任先生“二战”期间在哈佛大学举办“美国陆军中文特训班（ASTP）”时最早开创的，但后续是如何一步一步逐步形成现在被大家认可的明德模式的，这一点仍需进一步摸清情况。

（2）明德模式与国内长期语言进修教学模式之间的关系：我们知道1950年清华大学“东欧交换生语文专修班”的业务负责人邓懿先生是赵元任先生当年在哈佛大学美国陆军中文特训班时的助教，那么国内的教学模式与明德模式之间是否是同源的关系，这一点也需搞清楚历史。

（3）美国明德暑期中文学校与美国在华中文项目对明德模式的发展贡献是怎样的：我们无论是对美国明德暑期中文学校还是在华中文项目的了解都很不够（尤其是对明德中文暑校），作为明德模式发展的两条支脉，它们都为明德模式的发展做出了贡献。那么它们为什么要调整改变传统明德模式，其内部的理据何在？尽管我们在第五章中略有阐述，但实际上很值得进一步深入研究。

（4）移植教改带给我们最大的思考是“道法自然”，即一切教改行为都要遵循客观规律，遵循第二语言教学的规律。说起来很空泛，但实际都是一个个惨痛的教训才带来了最终的醒悟。在教改过程中我们也得到了不断的成长，由不关心不了解教育学、心理学，到逐步开始学习教育学的基本理论以及教学设计的相关原理，并将自己所学应用于教改实践当中去。希望我们的移植教改可以为国内对外汉语教学界带来借鉴，为未来构建更科学的对外汉语教学模式做出自己的贡献！

主要参考文献

（以姓氏音序为序）

1. 白建华（主编）. 2009. 对外汉语语言点教学 150 例［M］. 纽黑文：耶鲁大学出版社.

2. 曹贤文 . 2007. 明德模式与中国大陆高校基础汉语教学常规模式之比较——兼谈汉语教学的精英模式与大众模式的差异和互补［A］. 对美汉语教学论集［C］. 北京：外语教学与研究出版社.

3. 陈彤（主编）. 2013a. 明德之路［M］. 北京：北京语言大学出版社.

4. 陈彤 . 2013b. 明德大学中文暑校一年级教学特点及教学安排简介［A］. 明德之路［C］. P3-9，北京：北京语言大学出版社.

5. 崔希亮 . 2007. 谈汉语二语教学的学科建设［J］. 世界汉语教学，第 3 期.

6. 崔希亮 . 2007. 不畏浮云遮望眼［J］. 云南师范大学学报（对外汉语教学版），第 6 期.

7. 崔希亮（主编）. 2010. 北京语言大学对外汉语教学名师访谈录：钟梫卷［M］. 北京：北京语言大学出版社.

8. 崔希亮 . 2011. 从问题到理论还是从理论到问题［A］. 汉语国际传播研究，第 2 期.

9. 崔永华 . 1996. 略论汉语速成教学的设计［J］. 语言教学与研究，第 2 期.

10. 崔永华 . 1999. 基础汉语教学模式的改革［J］. 世界汉语教学，第 1 期.

11. 崔永华 . 2008. 对外汉语教学设计导论［M］. 北京：北京语言大学出版社.

12. 陈枫（主编）. 2008. 对外汉语教学法［M］. 北京：中华书局.

13. 程裕祯（主编）. 2005. 新中国对外汉语教学发展史［M］. 北京：北京大学出版社.

14. 丰琨 . 2013. 明德暑期中文学校介绍［A］. 明德之路［C］. P40-50，北京：北京语言大学出版社.

15. 冯胜利 . 2010. 汉语的韵律、词法与句法（修订版）［M］. 北京：北京大学出版社.

16. 付继伟 . 2005. 直接法与高级汉语教学的模式［J］. 云南师范大学学报（对外汉语教学版），第 2 期.

17. 高晨 . 2007. 哥伦比亚在北京暑期汉语项目个案研究［D］. 硕士学位论文，北京语言大学.

18. 高晨 . 2009. 美国短期汉语教学项目一例——“哥伦比亚在北京”暑期汉语项目研究［A］. 国际汉语教育，第 2 期.

19. 郜云雁等 . 1996. 美国的“汉语热”与汉语教学——美国明德大学中文系主任姜贵格访谈录［N］，中国教育报，1996. 05. 28.

20. 国家汉语国际推广小组办公室 . 2008. 国际汉语教学通用课程大纲［M］. 北京：外语教学与研究出版社.

21. 国家语言文字工作委员会 . 2013.《通用规范汉字表》，国务院 2013 年 6 月 5 日发布.

22. 黄自然 . 2007. HBA 的教学模式探析［D］. 硕士学位论文，北京语言大学.

23. 郝志军、徐继存 . 2003. 教学模式研究 20 年：历程、问题与方向［J］. 教育理论与实践，第 12 期.

24. 汲传波 . 2006. 论对外汉语教学模式的构建——由美国明德大学汉语教学谈起［J］. 汉语学习，第 4 期.

25. ［美］加涅等 . 1999. 教学设计原理［M］. 上海：华东师范大学出版社.

26. 李恺、刘芳 . 2010. 略论美国在华中文教学项目［A］. 国际汉语教学，第 3 期.

27. 李泉 . 2009. 教学模式与分技能设课教学模式思考［A］. 多维视野下的对外汉语

教学研究：第七届国际汉语教学学术研讨会论文集［C］. 桂林：广西师范大学出版社.

28. 李雁冰 . 1994. 简论教学模式［J］. 山东教育科研，第 3 期.
29. 李宇明 . 2000. 论语言运用与语言获得［J］. 语言文字应用，第 3 期.
30. 李宇明 . 2007. 探索语言传播规律［A］. 国际汉语教学动态与研究，第 3 辑.
31. 李宇明 . 2003. 语言学习与教育［M］. 北京：北京广播学院出版社.
32. 李玉、娄开阳 . 2013. 初级汉语常用交际图式结构研究：简单“问路”图式［A］. 汉语国际传播，第 2 辑.
33. 刘颂浩 . 2014. 中国对外汉语教学模式的创建问题［J］. 华文教学与研究，第 2 期.
34. 鲁健骥 . 2003. 口笔语分科，精泛读并举——对外汉语教学改进模式构想［J］. 世界汉语教学，第 2 期.
35. 刘乐宁 . 2013. 国际汉语教学的重镇——美国哥伦比亚大学［J］. 云南师范大学学报（对外汉语教学版），第 2 期.
36. 刘珣 . 2000. 对外汉语教育学引论［M］. 北京：北京语言大学出版社.
37. 娄开阳 . 2004. 现代汉语口语即兴表达的生成机制研究［A］. 播音主持艺术（第 6 辑）［C］. 北京：中国传媒大学出版社.
38. 娄开阳 . 2008. 试论程序性知识在汉语第二语言教学中的应用［J］. 民族教育研究，第 6 期.
39. 娄开阳 . 2009. 美国明德汉语教学模式给国内长期班教学带来的启示［A］. 多维视野下的对外汉语教学：第七届国际汉语教学学术研讨会论文集［C］. 桂林：广西师范大学出版社.
40. 娄开阳、杨太康 . 2010. 美国明德汉语教学模式移植过程中出现的问题与对策［A］. 国际汉语教育，第 2 期.
41. 娄开阳、杨太康 . 2011. 论美国在华短期汉语项目对明德汉语教学模式的改进［A］. 第九届国际汉语教学研讨会论文集［C］. 北京：中央民族大学出版社.
42. 娄开阳、吕妍醒 . 2011. 论美国明德汉语教学模式课堂操练方法的类型及其理据［J］. 语言教学与研究，第 5 期.
43. 娄开阳 . 2016. 论美国在华长期中文项目对传统明德模式的改进及其理据［A］. 语言及语言教育和语言技术，第 2 辑，上海：上海交通大学出版社.

44. 吕必松 . 2005. 对外汉语教学概论（修订版）［M］. 北京：北京大学出版社.
45. 吕妍醒 . 2012. 国际汉语教师短期培训模式研究：以“普北班（PIB）”教师培训模式为例［D］. 硕士学位论文，中央民族大学.
46. 陆俭明 . 1999. 关于开展对外汉语教学基础研究之管见［J］. 语言文字应用，第4期.
47. 陆俭明 . 2009. 构式、语块、汉语教学［A］. 多维视野下的汉语教学：第七届国际汉语教学学术研讨会论文集［C］. 桂林：广西师范大学出版社.
48. 陆俭明、马真 . 2016. 汉语教师应有的素质与基本功［M］. 北京：外语教学与研究出版社.
49. 马箭飞 . 1995. 汉语速成教学的几个问题［J］. 语言教学与研究，第3期.
50. 毛悦 . 2010. 海外企业人员短期汉语教学模式研究［J］. 世界汉语教学，第1期.
51. 欧洲理事会 . 2008. 欧洲语言共同参考框架：学习、教学、评估［M］. 北京：外语教学与研究出版社，2008.
52. 亓华、李雯 . 2009. 中美联办普北班中、高年级课堂话语互动模式研究［J］. 北京师范大学学报（社科版），第6期.
53. ［美］乔伊斯等 . 2002. 教学模式［M］. 荆建华等译，北京：中国轻工业出版社.
54. 邱思文 . 2014. 论传统曲艺在对外汉语教学中的应用［J］. 才智，第21期.
55. 汝淑媛 . 2006. 美国明德中文暑校的教学理念特点与教学策略评介［A］. 国际汉语教学动态与研究，第2期.
56. 施仲谋 . 1994. 明德中文暑校经验的启示［J］. 世界汉语教学，第1期.
57. 石锋、施向东 . 2007. 南开汉语教学新模式的探索［A］. 南开语言学刊，第2期.
58. 王晓钧 . 2004. 美国中文教学的理论与实践［J］. 世界汉语教学，第1期.
59. 王学松 . 2001. 短期班教学为长期班教学提供的启示［A］. 中国对外汉语教学学会北京分会第二届学术讨论会论文集［C］. 北京：北京语言文化大学出版社.
60. 王学松 . 2007. “明德模式”研究述评［J］. 语言文字应用，第S1期.
61. 王学松 . 2008. 来华美国留学生对汉语教师的评价标准——以PIB“教学评价”为例［J］. 东北师范大学学报（哲社版），第2期.
62. 温晓芳、修玉霞 . 2012. 美国在华汉语教学项目概述［J］. 语文学刊，第18期.

63. 卫斓 . 2010. 明德中文暑校为代表的美国中文项目教学模式的思考［A］. 第九届国际汉语教学研讨会论文集［C］. 北京：高等教育出版社.
64. 乌美娜 . 1994. 教学设计［M］. 北京：高等教育出版社.
65. 吴凤涛 . 2013. 关于四年级的教学［A］. 明德之路［C］. P22-30，北京：北京语言大学出版社.
66. 吴勇毅 . 2014. 关于汉语教学模式创建之管见［J］. 华文教学与研究，第 2 期.
67. 杨鹏 . 2006. 17 天搞定 GRE 单词［M］. 西安：西安交通大学出版社.
68. 姚瑜雯 . 2013. 齐心协力共创明德中文暑校三年级的课程［A］. 明德之路［C］P18-21，北京：北京语言大学出版社.
69. 印京华、孙怡清 . 2008. 实用节奏汉语［M］. 北京：外语教学与研究出版社.
70. 张和生 . 1997. 美国明德大学的汉语教学［J］. 中国高等教育，第 1 期.
71. 张锦 . 2013. 明德大学中文暑校二年级教学情况简介［A］. 明德之路［C］. P10-17，北京：北京语言大学出版社.
72. 赵金铭（主编）. 2004. 对外汉语教学概论［M］. 北京：商务印书馆.
73. 赵金铭 . 2005. “十五”期间对外汉语学科建设研究［A］. 对外汉语研究，第 1 期.
74. 赵金铭 . 2008. 汉语作为第二语言教学：理念与模式［J］. 世界汉语教学，第 1 期.
75. 张曼荪 . 2006. 明德中文暑校 2006 年师资培训纪实与评述［A］. 国际汉语教学动态与研究，第 4 期.
76. 张美青 . 2004. 短期中文强化教学的运作模式及它与日常循序教学的衔接［A］. 国际汉语教学，第 2 期.
77. 张喜荣、田德新 . 2004. 美国明德学院的中文教学［J］. 世界汉语教学，第 1 期.
78. 赵新那、黄培云（编）. 1998. 赵元任年谱［M］. P268-269，北京：商务印书馆.
79. 翟燕 . 2000. 汉语速成教学的时间观［J］. 语言教学与研究，第 2 期.
80. 中国教育部 . 2007. 英语课程标准［M］. 北京：北京师范大学出版社.
81. 钟梫 . 1979. 十五年（1950-1965）外国留学生汉语教学总结［J］. 语言教学与研究，试刊第 4 集.
82. 周质平 . 2015a. 美国中文教学史上的赵元任（上）［A］. 国际汉语教学研究，第 1 期.

83. 周质平 . 2015b. 美国中文教学史上的赵元任（下）［A］. 国际汉语教学研究，第 2 期.

84. 朱永平 . 2010a. 逻辑推理方式与对外汉语教学法和课程设计——对外汉语教学之“普林斯顿模式”探讨之一［A］. 国际汉语教育，第 2 期.

85. 朱永平 . 2010b. 明知故问：相关式提问技巧——对外汉语教学之“普林斯顿模式”探讨之二［A］. 国际汉语教育，第 4 期.

86. 朱永平 . 2012. 继承与发展：赵元任汉语教学理念与普林斯顿模式——对外汉语教学之普林斯顿模式探讨之三［A］. 国际汉语教育，第 1 期.

87. 朱志平 . 1996. 目的语环境中的强化教学一例——北京师范大学“普北班”评介［J］. 语言教学与研究，第 3 期.

88. 宗世海 . 2016. 我国汉语教学模式的历史、现状和改革方向［J］. 华文教学与研究，第 2 期.

89. Bai jianhua（白建华）. *The spiraling principle and chinese language curriculum design*［J］. *Journal of the Chinese Language Teachers Association，2001，Volume36：1，pp15-29.*

90. Cornelius C. Kubler. *A Framework for Basic Chinese Programs*［J］. *Journal of the Chinese Language Teachers Association，1997，Volume32：3，pp41-49.*

后 记

自 2008 年秋季开始至今，我已经进行了 15 个学期的美国明德汉语教学模式移植教改实验，其中与杨太康等老师合作进行的“讲练-复练模式”教改实验有 9 个学期，分别为 2008 年秋、2009 年春、2009 年秋、2010 年春、2010 年秋、2011 年秋、2012 年春、2012 年秋和 2013 年春（其中 2012 年春季学期是与郭红焱老师合作的），使用的教材是刘珣教授主编的《新实用汉语课本》（北京语言大学出版社出版）；自己独立课型单人模式教改实验 6 个学期，分别为 2013 年秋、2014 年春、2014 年秋、2015 年春、2015 年秋和 2016 年春，使用的教材是戴桂芙、刘立新和李海燕老师编的《初级汉语口语》（北京大学出版社出版）。在教改过程中也有一些经验教训，陆陆续续写了七、八篇论文，拙著是对前期成果的一个全面总结和系统梳理。

然而要想比较圆满地完成此任务并不容易，记得当年在北大旁听陆俭明先生“语法研究”课的时候，先生说：“进行语法研究要做到三个充分：充分观察、充分描写和充分解释”，我想这三个充分的要求也完全适用于本书的写作。遗憾的是无论是对明德模式的观察还是描写都无法做到充分（且不说明德模式本身也是在不断发展完善的），限于自身的学养学力，充分解释就更谈不上了。宇明老师在指导我博士论文写作时多次强调“要力争每句话都放稳”，然而通读全稿，仍不能达到老师的要求。不仅语言不够精练，行文上也多有含糊其辞、表述不严谨之处。因此，本书也只能是一部勉为其难、尽力而为之作。笔者之所以仍然坚持最大限度地把自己的一些经验教训奉献给读者的意义在于，希望可以使后来者少走些弯路，能避免再犯笔者曾经犯过的错误。在移植教改过程中可以说尝遍酸甜苦辣，成功的喜悦固然也有，但更多的是教训，主要的研究成果已写入书中，欢迎大家批评指正，这里另有几点肤浅的心得与大家分享：

一是对“道法自然”哲学法则的领悟。任何事物都是有发展规律的，汉语作为第二语言教学当然也不例外。在进行教改过程中我也深深意识到了这一点：当我们的教学行为符合客观规律的时候，就是我们取得成功的时候；反之就是我们栽跟头、遇挫折的时候。话说得很俗白，似乎在重复政治课上的教条，但我老老实实地告诉大家，这是我最宝贵的经验，也是我最深刻的领悟。

二是对“改革也是一场革命”的领悟。教学改革也是改革，所谓“引进移植”也并非直接拿来照搬就可以的，而是要重新进行教学设计，本质上是一场“革命”而非改良。教学参数发生了变化，相应的教学设计自然也要随之发生变化，否则机械性复制所得到的结果只能是头破血流——我们教改的过程就是由形而上学逐步走向辩证唯物的过程。

三是对“学然后知不足，教然后知困”的领悟。“书到用时方恨少，事非经过不知难”，在教改过程中我深深认识到自己学识的浅陋，明白做一名合格的汉语教师仅有汉语语言学知识是不够的，还需要具备教育学、心理学与传播学等多学科的知识才能把教学活动背后的理据说清楚，才能在实际教学中游刃有余。“学然后知不足，教然后知困”就是我们整个移植教改的真实写照，尽管也补充学习了部分相关学科的知识，但仍然深深觉得自己学养不足，需要钻研的科目还有很多。

感谢我的教改合作伙伴杨太康老师和郭红焱老师。他们是我教学上的师傅，给了我很多无私的帮助，明德教改能取得成功，他们功不可没！

感谢周质平教授、李恺教授、靳洪刚教授、冯胜利教授、刘乐宁教授、朱永平教授、刘芳教授、印京华教授、陈彤教授、张锦教授和姚瑜雯教授所提供的无私帮助！

感谢陆俭明先生和马真先生，他们年过八十仍笔耕不辍的精神深深鼓舞了我！他们发给我帮忙校对的大作《汉语教师应有的素质与基本功》给了我很大启发，加深了我对很多问题的认识！

感谢我的博士导师李宇明教授和博士后导师崔希亮教授！宇明老师的耳提面命使我深受鼓舞，咬牙坚持写完了全书！希亮老师的言传身教惠我良多，送给我的“道法自然”的条幅使我对人生有了更深刻的领悟！

感谢徐赳赳教授和刘海涛教授！赳赳老师总是那么和蔼可

亲，愿意给我指点迷津，解除困惑；海涛老师的谆谆教诲从不敢忘，使我对语言研究充满了信心和希望！

感谢崔永华教授不吝赐教，使我对教学设计有了比较初步的认识，纠正了文中不少相关的谬误！

感谢吴应辉院长、刘玉屏副院长及国际教育学院诸位同仁在教改过程中给予我的帮助！同时感谢学院资助学术著作出版基金，使这样一本很不成熟的小书得以问世！

感谢我的责编戴佩丽编审，她的认真、负责、细致和周到令我深深感动，没有她的帮助拙著是不可能这么顺利出版的！

最后但并非不重要，要特别感谢我的家人，是他们给了我一个温馨的家庭，使我有时间和精力从事我所喜爱的科研工作，我把这本书献给他们！

娄开阳　谨识

2016年9月1日